てくださったみなさまへ

ひとり暮らしは自由で楽しいこともあるけれど、
家事のこと、お金の管理、防犯のことなど
はじめてづくしの毎日に、悩みや不安が多いのも、また事実。
せっかく始めたひとり暮らし。
どんなトラブルにも負けず、快適にすごせるように、
しっかりサポートしたくてこの本を作りました。
例えば、「おいしいご飯の炊き方がわからない」なら56ページへ
「月々の出費を1円でも多く節約したい」なら100ページへ
「勧誘、押し売りの断わり方を知りたい」なら174ページへ
「心の不調を解決したい」なら191ページへ――

部屋探し、引越しのコツはもちろん、家事の基本、節約法、
危機管理術まで、知らない土地で誰にも聞けない疑問や悩みを
今日からはこの本が解決します。
いつもそばに置いて、なにかあるたびにページを開けば、
快適で幸せなひとり暮らしが、きっと実現するはず！

ひとり暮らし完全サポートBOOK
CONTENTS

ひとり暮らしの心得10カ条

The dos and don'ts for your single life ●●

自由で楽しいはずのひとり暮らしも、
一歩間違えれば落とし穴の連続!
この本を読む前にぜひ頭に入れてもらいたいのが
これからご紹介する10カ条です。
どれもひとり暮らしに最低限必要な心得ばかり。
これを肝に銘じて、次からのページを読めば
ひとつひとつの言葉の意味を、しっかり理解できるはず!

第1条 部屋探しはひとり暮らしの要

ひとり暮らしの第一歩は、なんといっても部屋探し。一時的な衝動で契約して、住んでから「外の騒音がひどかった!」「北向きで、まったく日がささない!」なんてことになっては、あとの祭り。条件を絞り込み、きちんと下見をし、たくさんの物件を比較検討しましょう。納得のいく部屋を見つけてこそ、幸せなひとり暮らしが始まるのです。

第2条 「ちゃんとごはん」でちゃんと健康

忙しいからといって、外食やインスタントもので食事をすませていると、おなかいっぱい食べているのに栄養失調になったり、カルシウム不足で骨密度が80代並みなんてことも……。楽しい生活は健康な体があってこそ。毎日でなくてもいいので、なるべく自分で食事を作り、外食するときも、栄養のバランスを考えるように心がけましょう。

第3条 買って財布のひも絞めよ

家賃はもちろん、生活にかかるお金もこれからは自分で管理しなければなりません。だからこそ、見直さなければならないのが、お金の使い方。窮屈に感じるほど節約に励む必要はありませんが、湯水のようにお金を使っていては問題外。気づいたときには「貯金がゼロになっていた!」なんてことにもなりかねません。使うところには使って、絞めるところは絞める。お金の使い方に緩急をつけてこそ、ひとり暮らしを楽しめるのです。

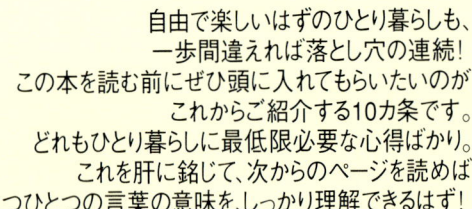

第4条 本当に必要なものを見極める目を養おう

ただでさえ狭いひとり暮らしの部屋。そこに「使わないもの」があっては、スペースはますます減るいっぽう。新生活に向けて、あれこれ買いそろえたい気持ちはわかりますが、15秒間、本当に必要か考えてみましょう。生活にムダをつくらず、スッキリ暮らすことも、快適なひとり暮らしの秘訣です。

第5条 帰りたくなる部屋にすることが成功への近道

「足の踏み場もないほど、ゴミが散らかっている」「テーブル上にメイク道具と汚れたカップが同居」――。どうせ自分しかいないからと汚いままにしておくと、気分も沈んでしまいます。確かに部屋もキッチンもトイレもバスも狭いけれど、工夫しだいで快適な空間に変えられます。まずはグリーンを飾る、雑貨にこだわるなど、小さなところから始めてみましょう。お気に入りがふえるごとに、ひとり暮らしはどんどん楽しくなるはずです。

第6条 自分を守るのは自分 危機管理も万全に

病気やケガの看病、火事や地震が起こったときの対処、不審な人物が現れたときの警備――。今までは家族がしてくれたことを、これからはすべて自分でしなければなりません。犯罪、災害、病気などは「いつでも自分に起こりうること」と心得て、いつ何が起きても対処できるように、事前に準備しておくことが大切です。

第7条 月に一度はごほうびの日をつくろう

掃除、洗濯、料理、お金の管理と、やることが山ほどあるひとり暮らし。すべて完璧にしようと自分を追い込まず、ときには息抜きもして。「先月は節約したから、今月は買い物しよう」「掃除を頑張ったから、レストランで夕食！」など、ストレスを上手に発散させましょう。自分の心をコントロールすることも、ひとり暮らしのポイントです。

第8条 渡る世間にマナーあり

ひとり暮らしでは、自分の生活ぶりがそのまま周囲からの評価につながります。ゴミ出し、隣人への騒音、近所の人に会ったときの対応など、マナーを守らないと「迷惑な隣人」になりかねません。自分の部屋とはいえ、すぐ隣には多くの他人が住む賃貸マンション。毎日気分よく暮らすためにも、隣人や、近所の人への気遣いを忘れずに。

第9条 「ひとり時間」を制する者がひとり暮らしを制す

ひとり暮らしでは、実家にいたころよりもずっと、ひとりの時間が多くなります。仕事や学校、アルバイトから帰ったあとの時間をいかに有意義にすごすか――ひとり暮らしを楽しむカギはここにあるといっても過言ではありません。「寂しい、寂しい」としょげていないで、食事やバスタイム、趣味の時間を楽しむ工夫を考えてみましょう。

第10条 責任と義務を果たしてこそひとり暮らしの自由がある

「親がいないから、夜中まで遊んでも平気」「これからは毎日、大好きなパスタだってOK」――。ひとり暮らしは何時に帰ろうと、何をどれだけ食べようと自由です。でもその代わり、夜遊びして病気になった、偏った食事で栄養失調になった責任をとるのも自分。家賃を忘れずに払う、分別してゴミを出す、夜間は騒音をださないなどの義務も忘れてはいけません。自由で楽しいひとり暮らしのためには、自分を律する姿勢も必要なのです。

第一章

First step of your single life

部屋探しから引越しまで――
新生活準備・虎の巻

いよいよ憧れのひとり暮らしは目前。
ウキウキする気持ちはわかるけど、その前に
部屋探しから引越しまで、やらなきゃいけないことはいっぱい!
第一章では、新生活のスムーズな幕開けを助けるノウハウを
徹底レクチャーします。

CONTENTS

ひとり暮らしのための必須授業

賃貸住宅に関する法律基礎講座

Lecture of the law about the rental room

「壁に画びょうって刺していいの？」「床にシミをつくったら怒られる？」——
部屋を借りるうえでの決まりごと知っていますか？
賃貸ルームは実家の部屋とは違って、好きなようには使えません。
だからこそひとり暮らしを始める前に、
必ず身につけたいのが法律についての基礎知識。
知らないうちに多額の請求をされるなんてことにならないように、
今からしっかりマスターしましょう。

賃貸住宅でしてはいけないことってどんなこと？
まずはあなたの理解度をチェック！

Q1
画びょう程度の穴なら壁にあけても大丈夫。
YES　NO

Q2
家具の重みでカーペットがへこんでしまったら、借主の責任に。
YES　NO

Q3
タバコのヤニで壁が黄色くなったが、普通に生活していただけなのでOK。
YES　NO

Q4
冷蔵庫の後ろの壁が電気焼けした。壁紙の張り替え代を請求される。
YES　NO

Q5
窓から雨が吹き込んで、カーペットにシミがついた。故意じゃないからOK。
YES　NO

Q6
カーペットにタバコの灰を落とし、焦がした。その張り替え代を請求される。
YES　NO

Q7
模様がえしたくて壁に絵を描いた。壁紙を全面張り替える代金を請求される。
YES　NO

Q8
大家さんの許可をとって取り付けたエアコンは、退去時に買い取ってもらえる。
YES　NO

Q9
壁のキズを自分で穴埋めした。それでもキズの責任を問われる。
YES　NO

Q10
ほとんど掃除をしなかったとしても、見た目にきれいならOK。
YES　NO

◀気になる答えは、次ページ以降をスタディ！

Step 01

あとで後悔しないように

基礎知識を身につけよう

Q 画びょうの穴ならあけてもOK？

A 下地ボードに影響がなければ大丈夫です

壁に画びょう程度の穴があくことは、「通常の使用による損耗」と考えられます。でもそれは「下地ボードの張り替えが不要な程度」という限定付き。釘などは、下地ボードに影響が出て、故意・過失による破損とみなされるので、もちろんNG。

Q 家具の重みでできたカーペットのへこみは大丈夫？

A カーペットのへこみはもとに戻るので問題ありません

家具を置くことでできたへこみは、「通常の使用による損耗」と考えられます。また、へこみは戻るので問題ありません。

ただし、キャスター付きの家具を移動することによってできたキズは、「注意していれば防げた」と考える例もあります。

Q タバコのヤニで壁紙が黄色くなったら張り替え代を請求される？

A クリーニングで除去できる程度なら大丈夫です

退室後のクリーニングで除去できる程度なら、「通常の使用による損耗」の範囲内。しかし、換気や壁の拭き掃除をせずに、クリーニングでは落ちないほど汚れた場合は×。壁紙を全面張り替える必要があるので、借主負担となることが多いよう。

Q 冷蔵庫による電気焼けは大丈夫？

A 「通常の使用による損耗」ですが予防する努力は必要です

冷蔵庫は生活必需品なので、電気焼けも、「通常の使用による損耗」とみなされます。ただし、壁から離すなどの配慮は必要。「壁にくっつけたことによる電気焼けは善管注意義務違反」とされた判例もあるので、注意！

知らなきゃ損する 法律の基礎用語集

●敷金

借主が家賃を滞納したり、建物を破損した場合などに、貸主が損害を埋め合わせできるように、貸主に最初に預けておくお金のこと。

Q敷金が全額戻ってくることはある？

本来は全額返還が当たり前。ただし特約に、「汚れによる修繕費は借主負担」などとあれば、全額戻るかは微妙。

●善管注意義務

貸主からある一定期間借りている賃貸物件について、借主はその期間、細心の注意を払って物件を管理しなければならないという義務のこと。

●通常の使用による損耗

普通に暮らしていてもできてしまう汚れのこと。家具の設置による床のへこみ、テレビや冷蔵庫などによる壁紙の電気焼けなどがこれにあたる。

Q 雨でできたカーペットのシミはOK？

A 窓を閉めればいいこと　つまり、過失とみなされます

雨でできたカーペットのシミは、窓を開けっぱなしにしたあなたの過失。自分の部屋といえども、借りているものなので、すぐに拭くなどしてシミを防ぐのも、借主の義務（＝善管注意義務）。敷金返還トラブルの多くは、この善管注意義務を果たしたか否かが争点になります。

Q タバコの灰で床を焦がした！

A 過失による破損は借主の負担です

畳は1畳単位、カーペットは全面、フローリングは最低㎡単位で負担義務があります。逆に、畳やフローリングで「全面」負担をさせられたら、不当と考えて。

Q 壁に絵を描くのはやっぱりNG？

A その面のみの支払いは必要

絵を描いてしまった壁紙1枚だけではなく、色や模様合わせの関係上、その壁1面を負担するのが妥当と考えられます。ただし部屋全体、つまり4面を張り替える義務はありません。

Q 取り付けたエアコンは買い取ってもらえる？

A 貸主の同意を得てつけたものは買取り請求ができます

借主には貸主の同意を得てつけたものに関して、造作買取請求権が認められています。ただし、特約に「取り付けは認めても買い取らない」とあれば、無効です。

Q 原状回復のための補修って有効？

A 有効です

原状回復義務には、過失による破損の修繕義務もあるとされています。つまり、自分で行った補修や修繕も有効ということ。万が一キズをつけてしまった場合は、市販の補修剤などで目立たなくしましょう。ただし、修繕に失敗して逆にキズをつけたり、修繕跡が目立つ場合には、「原状回復」と認められない場合も。

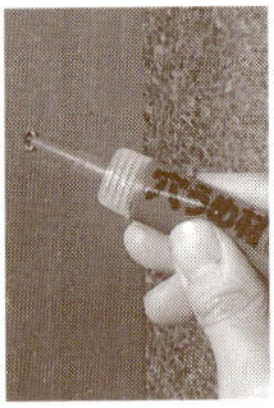

知らなきゃ損する

法律の基礎用語集

●自然消耗による損耗

年月がたつことで生じる、色あせや摩耗、故障のこと。例えば、日照などによる畳やクロス、床の変色、設備機器の故障などがこれにあたる。

●原状回復

「借りたとき新築だった物件を新築のようにして返す」ということではなく、「取り付けたものは取り外して返す」ということ。

●造作買取請求権

賃貸住宅に関する法律である借地借家法で定められた、借主の権利のひとつ。貸主の同意を得て取り付けたエアコン、畳、建具（扉や障子、ふすま）などの造作について、賃貸借契約の終了時にそれを取り外したくなければ、借主は貸主に対して買取りを請求できるというもの。

Q 掃除をまったくしないとどうなる?

A 善管注意義務違反でクリーニング代を請求されます

掃除も借主の義務。掃除を怠って、しつこい汚れをためると、特別にクリーニングしたぶんの代金を請求されます。ただし左の相場を大幅に超えていたら、説明を求めましょう。また、通常、クリーニングは、次の入居者を確保するための、貸主負担の行為。掃除をまめにしていたのに請求されたら、内訳明細を要求して。

クリーニング代の相場

関東地域のクリーニング代の相場。あくまで目安です。

	平米単価
壁	
クロス 塗装	650～1100円
床	
クッションフロア	2400～4500円
パンチカーペット	2300～4000円
フローリング	1100円～
畳	
表替え1枚 裏替え1枚	3000～4500円
ハウスクリーニング	
ワンルーム	13000～17000円
1DK 1LDK・2K	15000～20000円
2 DK	20000～27000円
ロフト付き	+3000円

キズをつけない 模様がえグッズを選ぼう

●着脱可能テープ●

Pタイル貼りに最適!
片面のみ弱粘着性の両面テープ。Pタイルを床に貼る場合も、弱粘着性の面を床に向ければ、あとではがしてもキズがつく心配がない。

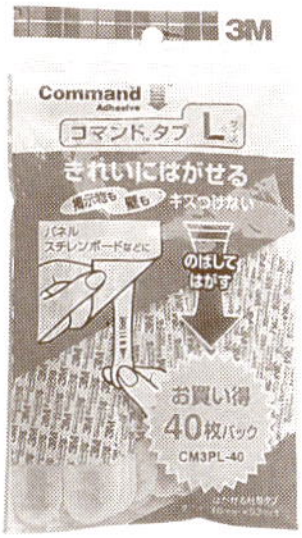

壁の模様がえもこれで安心
しっかり接着して、しかもゆっくり引きのばすだけで壁に跡を残さずにはがせる両面粘着シート。パネルやスチレンボードなどの重さにも対応。

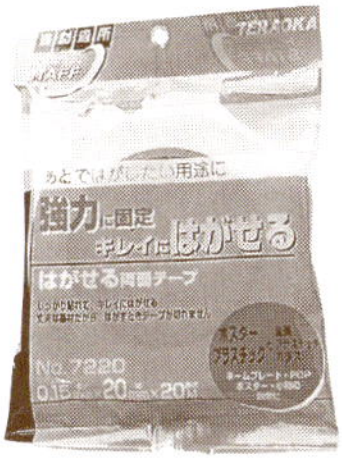

強力かつはがせる両面テープ
ピンを刺せない壁に最適なのがコレ。強力なうえ、きれいにはがせるのが魅力。ポスターだけでなく、お気に入りのCDなども壁に飾れそう。

●フック●

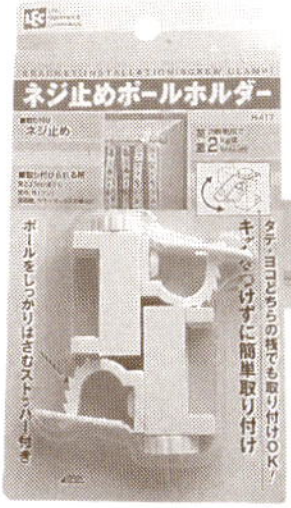

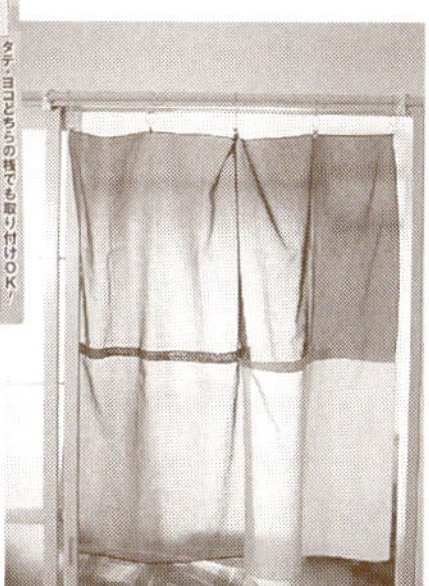

釘・ネジ不要
鴨居や窓枠などにはめ込み、ネジを締めて固定し、ホルダー部分に棒を渡せば、間仕切りカーテン完成！ キズをつけずに棒を渡せるスグレモノ。

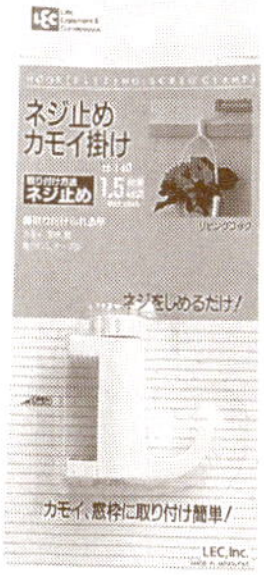

鴨居に挟んで
鴨居に挟み、ネジを締めつければOK。これで壁にも柱にも穴をあけずに、バッグや帽子などがかけられる。観葉植物を壁面にハンギングしても。

Step 02

借りたものは
きちんと返すために

原状回復の腕を磨こう

床のキズを直す

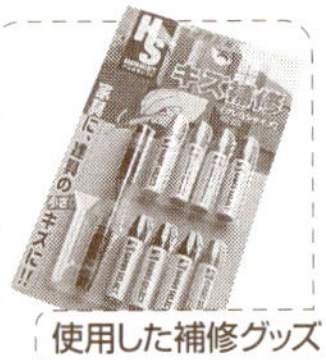

使用した補修グッズ

木部にできた小さなキズを補修するのに便利。クレヨンタイプで、扱いやすい。

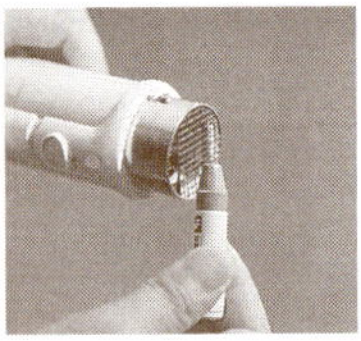

1 パテを溶かす

補修面に合う色を選び、キズの細部まで入り込むように、ドライヤーで軽く温めて溶かす。

2 キズを埋める

キズに対して横方向にていねいにすり込み、凹部を埋める。色が合わなければ色を混ぜて。

壁紙の穴を直す

使用した補修グッズ

パルプ繊維のパテなので、乾燥後、クロスと同じ弾力になる。布壁には不向き。

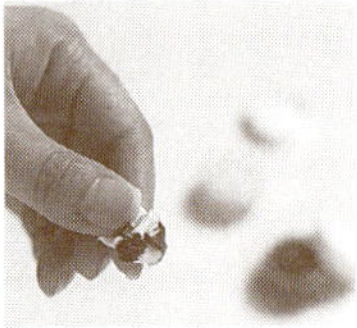

1 型取り剤を練る

型取り剤A、Bを同量ずつとり、色ムラがなくなるまでよく練り合わせる。

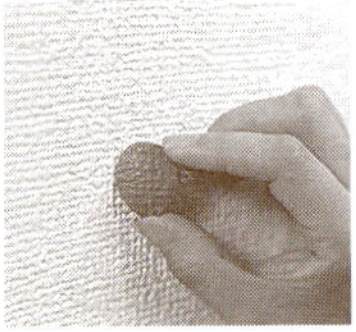

2 型をとる

1をクロス壁のキズ部分と同じ模様になる場所にあて、指で押しつけて、模様の型をとる。

柱のへこみを直す

使用した補修グッズ

木部のへこみキズ補修に便利なパテ。乾いたあとは、釘を打てるほど硬くなる。

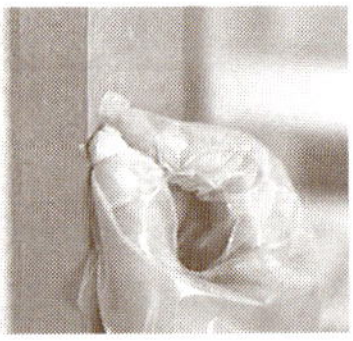

1 パテで埋める

パテを必要なぶんだけとり、均質になるまでよく混ぜ合わせたあと、へこみに埋め込む。

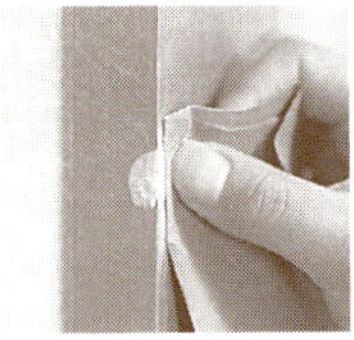

2 ヤスリがけ

ごく小さなへこみならドライヤーで乾かしても。硬化したら、余分な部分を紙ヤスリで削る。

3 余分をとる

周囲にはみ出した部分を、ヘラで押しつけるようにしてこすりとる。とり残しは布で拭く。

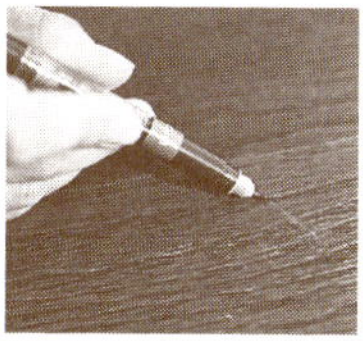

4 木目を描く

最後に、必要に応じて、付属の木目ペンで木目を描いたり、着色を施せば完璧！

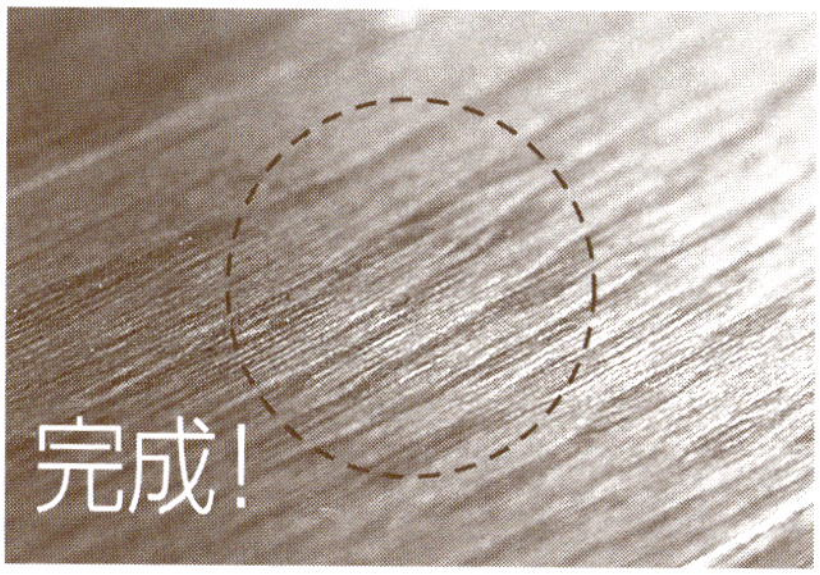

ぬり絵感覚の簡単さで、しかもここまできれいに仕上がった。接着力も優れているから、あとでずれることもなく、安心して使えそう。

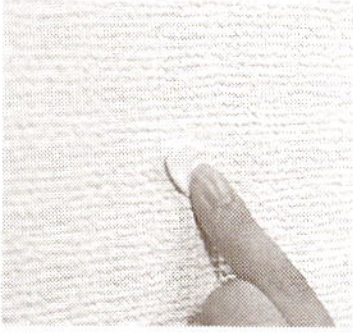

3 パテで埋める

パテを適量とり、指先で押しつけながら、平らになるように穴部分に埋め込む。

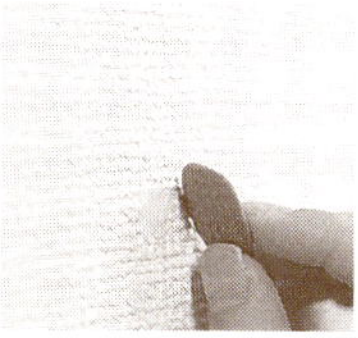

4 型押し

パテが乾かないうちに、**2**の型を均等に圧力をかけながら押しつけ、模様をパテに移す。

壁紙の模様までよみがえり、見事に補修完了！塗装が必要な場合は、水性塗料や油性塗料などを使って。またパテに直接絵の具を混ぜても。

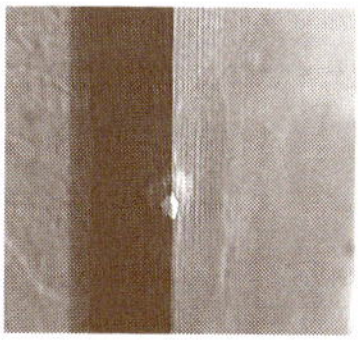

写真のように、へこみ部分だけにパテが残るように、余分な部分が平らになるまでヤスリをかけて。

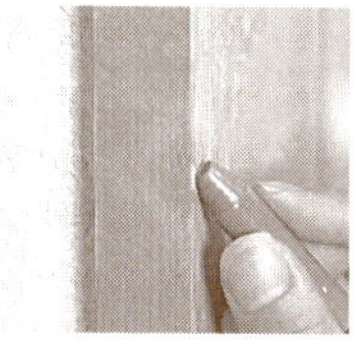

3 着色する

平らになったら、クレヨンや水性絵の具で着色する。最後に細いペンなどで木目を描く。

ごらんのとおり、まったくへこみがわからなくなった。着色は、うすい色から濃い色へ、徐々に塗り重ねていくようにすると失敗がない。

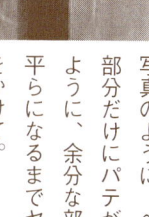

● Step 03

不当な請求には断固対抗

少額訴訟について学ぼう

不当な請求・契約とは少額訴訟で闘おう！

「きれいに暮らしていたのに敷金が戻らなかった！」という場合には、少額訴訟という手段があります。たった５００円から起こせて、なんと約70％が勝訴！　不当な請求には毅然とした態度で訴えて。

訴訟を起こすには何が必要？

まず大家さんの住所か、もと住んでいたアパートの住所を管轄する簡易裁判所に、定型訴状用紙をもらいにいくこと。手続きについては相談窓口があるので気軽に利用しましょう。訴状には、証拠書類、手数料分の収入印紙も必要なので用意。また、毅然とした態度で裁判に臨むには、原状回復についての知識や、今までの判例の勉強も大切です。

どんなものが証拠になるの？

「この汚れは通常の使用によるものだ！」と訴えたいわけですから、当然、入居時・退室時の写真が証拠になります。また、●賃貸借契約書、●敷金の預かり証、●部屋の間取図、●補修・クリーニングなどの見積書と領収書なども証拠に。いずれも、訴状提出時に一緒に添付します。

少額訴訟のメリット・デメリット

少額訴訟は５００円から起こせて、１回の裁判で終わる手軽さが最大のメリット。しかし以下の場合は、少額訴訟ではなく、本訴も考えてみて。❶裁判所が遠距離にある場合。交通費がかかり、本訴と同等の費用がかかってしまいます。❷相手がかなり悪質な場合。結局、１回では解決できず本訴にもつれ込むことになります。❸自分は気が弱いほうだと思う場合。１回きりの審判では言いたいことも言えないまま終わってしまう可能性が。下準備できる、本訴のほうが無難でしょう。

少額訴訟のメリット ●

1 30万円以下の金銭トラブルに利用できる

訴える額が30万円以下という、少額な金銭トラブルに限って行える裁判。手数料も下の表のとおり、500円からとかなり安い。この制度ができてから、敷金返還に関する訴訟がふえたというのも納得。

2 裁判に１回行くだけでOK

何度も裁判所に足を運ぶことなく、原則として審理は１回で、30分から１時間くらいで終わる。その間に双方の言い分を聴いたり、証拠調べをしたりして一気に判決がでるので、スピーディー。

3 分割払いも可能

判決によって、たとえ貸主の言い分が認められて、敷金を払うことになったとしても、３年を超えない範囲内での分割払いや支払い猶予、遅延損害金免除のついた判決をもらうこともできる。

4 不服申立ても可能

少額訴訟の判決に対して異議がある場合、上位裁判所への控訴はできないが、判決を出した同じ裁判所へ不服申立てをすると、審理をやり直してもらえる。ただしその場合も手数料がかかる。

訴訟手数料

単位は円

訴額	～５万	～10万	～15万	～20万	～35万	～30万
手数料	500	1000	1500	2000	2500	3000

少額訴訟の流れ

原告＝借主
被告＝貸主

訴状の提出 → 定型訴状用紙をもらった裁判所に訴状を提出。

期日の連絡 → 訴状が受理されると裁判の期日の連絡がくる。

答弁書の受領 → 被告から答弁書（訴えに対する言い分）が届く。

証拠書類・証人の準備 → 入・退室時に撮った部屋の写真など、証拠となるものを集める。

裁判 → 被告、原告ともに質問を受けたあと、たいていは互いの言い分を汲んで「和解」の提案。

判決 → 和解するかどうかは提示された条件で決めてOK。審理のあと、判決がでる。

私の敷金はこうして返ってきた！
～敷金返還のための少額訴訟日記～

覚えておきたい 賃貸住宅に関する 基礎知識5

1 借主として注意すべきは故意・過失・善管注意義務違反

2 敷金とは不払いなどの担保 本来は全額返還が当たり前

3 原状回復義務には「自然損耗」と「通常使用」は含まれない

4 普通に使い、掃除をしていればクリーニング代は貸主の負担

5 不当な請求に泣き寝入りは禁物 少額訴訟で戦うべし

01・02

絶対に後悔したくない！

部屋探しのコツ

How to get your best room ●●

ひとり暮らし成功のカギをにぎっているのが部屋探し。
でも、情報収集、物件訪問、契約となにもかも「はじめて」では、
「困った！」「どうしよう…」がつきもの。
そんな疑問や不安を乗り越えて、理想どおりの部屋と出会うために、
部屋探しのノウハウをご紹介します。

●Step 01

これをしなくちゃ始まらない！

条件を絞る

1 家賃 収入の3分の1が目安

家賃の上限は、管理費込みで手取り収入の3分の1が目安。例えば20万円くらいの月収だと、6～7万円の部屋を探すことになります。残り13万円ほどで食費、光熱費、電話代、交際費などをまかなうと考えれば、納得の数字になるはず。

2 立地 住みたいエリアを限定しすぎない

駅名と駅からの距離によって家賃にも差が。●●駅から▲▲駅までと幅をもたせておくのがコツ。駅から遠ざかるほど家賃は下がります。駅から徒歩15分以上、バス利用などの場合はさらにダウン。また、乗り換え路線の多い主要駅、急行が止まる駅などは家賃が高めです。

3 広さ 6畳の1K＝18㎡を基準に

広さは家賃に比例します。平米数（㎡）で表されることが多く、1畳＝1・62㎡。6畳の居室スペースに2畳ほどのキッチンがついた1Kの物件で、18㎡くらいと考えて。シングル向けの1Kは17～20㎡のものがほとんど。また、バスとトイレが別なら、家賃は1～2万円アップします。

4 入居希望日 いつから住むのか明確に

漠然と探すと不動産会社も対応に迷います。せめて2カ月後には住むと決めて探しましょう。春秋の引越しシーズンは物件が少なくなるので、早めに動いて。

5 優先項目 条件に優先順位をつける

築年数	新築であれば家賃は高め。ほかの条件が同じでも、築10年以上の物件なら家賃は約1万円安い。
騒音	線路沿いは安いが、騒音が気になるならやめたほうが無難。日中不在がちの人なら穴場かも。
日当たり	一般的に南向きは明るく、北向きは暗い。日が入るかどうかで、気分も冷暖房費も違ってくる。
マンション	木造アパートに比べ、防音がしっかりしているのが特徴だが、それだけに家賃は高め。
バス・トイレ別	家賃は高めだが、古い物件だと変わらない場合も。バスに追い焚き機能があるかもポイント。

Step 02

物件を比較検討するために

情報を収集する

1 賃貸情報誌

賃貸情報誌を見れば、どんな物件がどんなエリアに多いのか、家賃はどれくらいが相場なのかなどがわかります。また、不動産会社探しにも役立ちます。

2 インターネット

引越し先が遠いなど、情報が入手しずらい場合に便利なのが、不動産情報サイト。立地や家賃などの条件を入力すれば、24時間、どこからでも物件探しができます。

3 不動産会社のウインドー

希望しているエリアに行く機会があれば、駅前などの不動産会社をのぞいてみましょう。おすすめの物件情報を窓貼りにしているので、中に入らなくてもある程度の情報が得られます。家賃相場や物件数などを知るのに役立てて。

Step 03

あとで力になってくれる

不動産会社を選ぶ

免許番号は信頼度の目安

店頭やチラシにある、「東京都知事（1）12345号」などは不動産業の免許の番号のこと。チェックポイントは（ ）の中の番号。免許は5年ごとに更新する決まりなので、この番号が大きいほど営業期間が長く、信頼度をはかる目安になります。

大手VS地元不動産会社

「○○線沿線」など、少し広範囲で探すなら、多くの物件をもつ大手の不動産会社、特定の街に限定するなら、地元の会社が有利かも。地元の業者どうしだけで情報交換している物件も多いからです。

業務形態で見分ける

不動産会社の業務は「貸主」「代理」「仲介」の3種類ですが、ほとんどが、借主を探して貸主と契約を結ばせ、両者から仲介手数料をもらう「仲介」業務を主としています。不動産会社自体が「貸主」か、または、貸主に代わって契約を結ぶ権限をもっている「代理」なら、交渉がスムーズなので、手数料や家賃などが安くなることも。

チラシから情報を読み取って
希望どおりの部屋をピックアップしよう!

Step 04

理想の部屋を見きわめよう!

物件チラシをチェックする

Check!

物件の名称。アパート・マンション名などが書いてある。


Check!

部屋番号と賃料。同じ間取りでも、高層階や角部屋は高い場合も。


Check!

敷金・礼金や管理費・共益費など、部屋を借りる際に必要なお金に関すること。


Check!

最寄り駅と、そこからの所要時間。実際に歩くと違う場合もあるので、しっかり確かめて。

シャトレーゼ福尾

JR山海線 三川駅徒歩5分
新川田駅徒歩12分

203	202	201
78,000円	76,000円	78,000円
103	102	101
74,000円	74,000円	74,000円

＜賃貸条件＞
礼金/2カ月
敷金/2カ月
共益費/なし
駐車場/10,000円

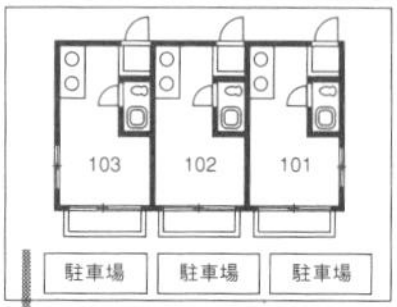

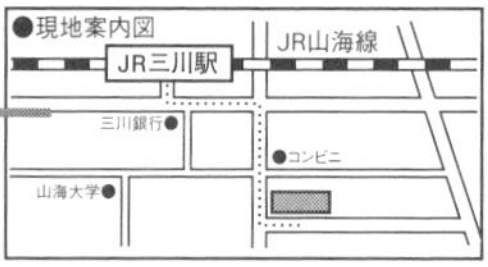

＜物件概要＞
所在地/海谷市山谷町
5-27-7
建　物/RC2階建
築年月/平成12年1月
現　況/空
入居日/即
設備/都市ガス・公営水道・システムキッチン・オートロック・CATV・フローリング

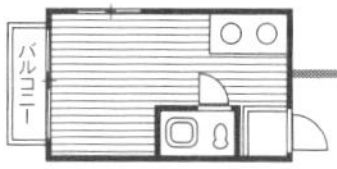

株式会社とことん商会 海谷市山谷町1-1-1　上野ビル10F
建築大臣免許(1)第1111号　TEL 11-1111-1111　FAX 11-1111-1112

Check!

駅からの経路や周辺にある施設について書いてある。便利そうかを確認。


Check!

所在地や構造、築年月、設備など。「入居日/即」とは、現在空き室という意味。


Check!

この建物の代表的な部屋の間取り。入居できる部屋の間取りと違う場合もあるので、要確認。


Check!

不動産会社など、扱い業者の名前と連絡先。信頼度にかかわる免許番号の(　)の中の番号なども要チェック!

(P.21のStep03を参照)


Check!

各居室の配置図。壁の向こうがどうなっているかを知っておけば、オーディオ類など、騒音になりそうなものの配置をどうするかも決めやすい。

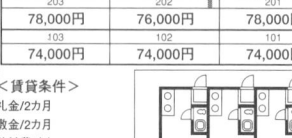

Check!

「UB」とはユニットバスの意味。例外もあるが、浴室、トイレ、洗面所のどれか、もしくは全部が一緒になっているタイプが多い。


Check!

「クロゼット」は、収納スペースのこと。「押入れ」、「物入れ」などと表示される場合も。奥行や高さなどは、実際に見てチェック。


Check!

「洋6」は洋室6畳という意味。図のように線が入っているものはフローリング。無地の場合はクッションフロアかカーペット敷き、畳模様は和室。ただ、木目調のクッションフロアだと、フローリング表示されている場合もあるので注意しよう。

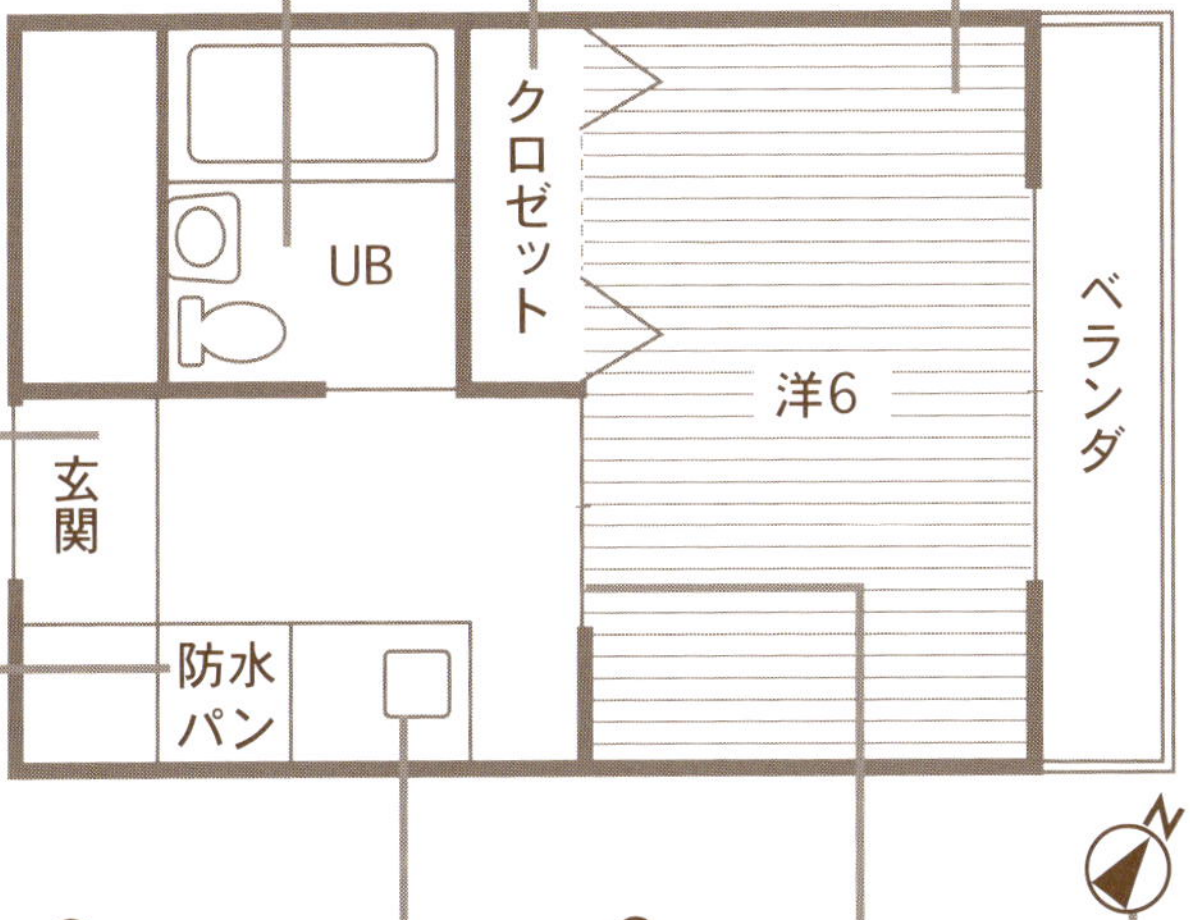

Check!
玄関を入って右手・左手は、靴箱の可能性もある。もしここにも収納スペースがあればかなり役立つ。間取図だけでわからない場合は、下見でしっかり確認して。

Check!

洗濯機置き場のこと。室内にない場合は、洗濯機をベランダや外廊下に置くか、最悪の場合は置けないこともあるので要注意。


Check!

シンクの表示でキッチンであることを示す。ガス台か電気調理台か間取図でわからない場合は、要確認。また、シンク横のスペースは冷蔵庫置き場。


Check!

引き戸。玄関から室内が丸見えになるのを防げる。ドア(◺で示す)だと開閉スペースがいるが、引き戸なら場所を有効に使えるので便利。


Check!

「N」の方角が北。この部屋の場合は、ベランダが北東向き。冬はちょっと寒いかも、という予想をつけられる。

チラシ用語の「ウラ」の読み方

ウソは書かれてないが、実際は……ということもあります。宣伝文句のウラを読むワザを紹介しましょう。

オモテ	ウラ
閑静な住宅街	周辺に店がないのかも。
日当たり良好	大通りに面していてうるさい。もしくは畑の真ん中にあるのかも。
駅近し	駅は近くても、改札口の反対側かも。
東南角部屋	隣がビルで日が当たらないということも。
美築	不動産会社が「美しい」と思っただけ。
ルーフバルコニー付きの部屋も	「…も」の部屋は、空いてない場合がほとんど。

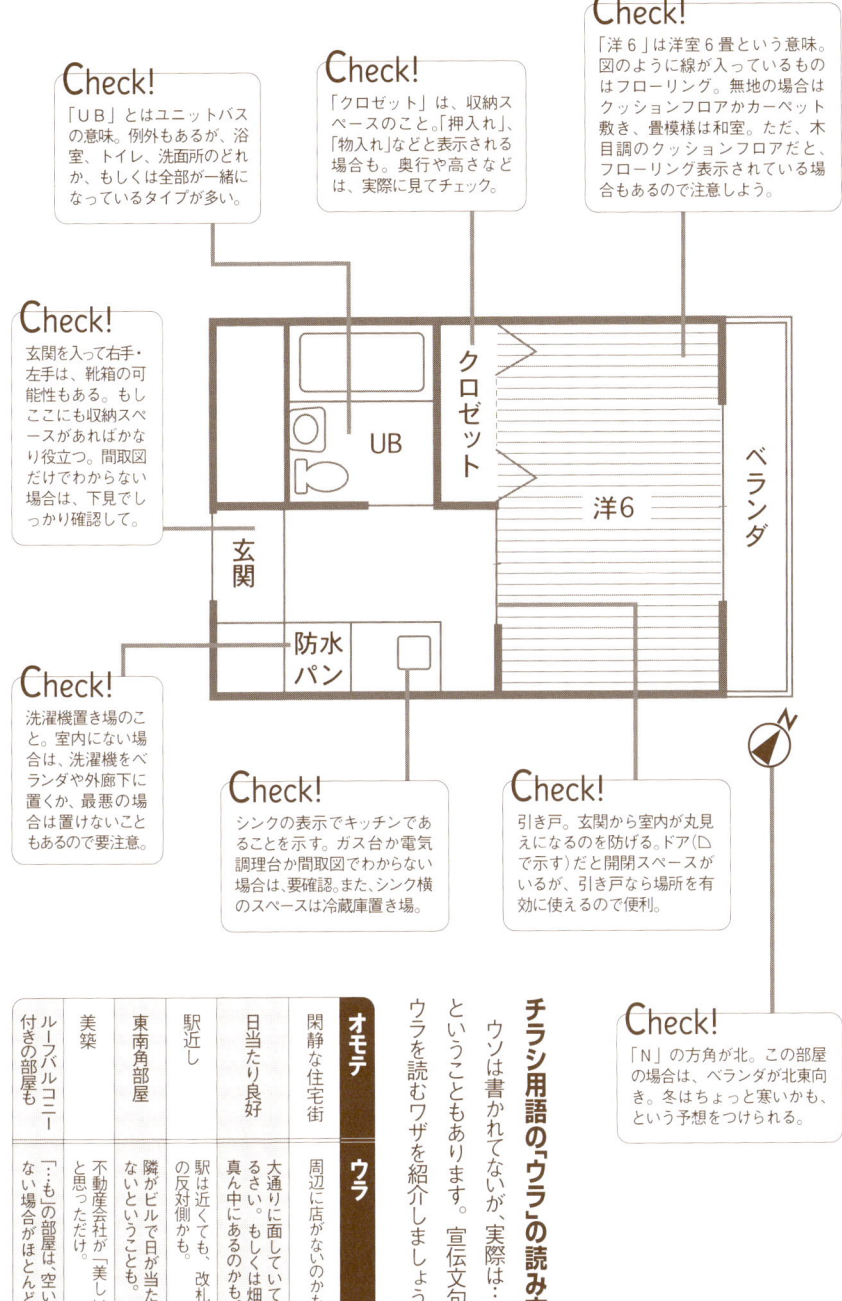

Step 05

訪問の仕方をしっかりチェック

不動産会社を訪問する

いつどんな格好で行くか

水曜日が定休日の会社が多いので、電話確認してから、訪問の予約をして。また、誰だって、「汚くて、恐そうで、だらしなさそう」な人には部屋を貸したがらないはず。清潔で好印象を与える服装で行くのがポイントです。靴は脱ぎやすいものを。

店頭での注意点

目的を伝え、下見したい物件情報を見せてもらいます。アンケート用紙に希望条件などを記入し、ほかにもどんな物件があるかを確認。譲れない条件などを担当者に話しておけば、お互いにムダが省けます。ちなみに、恋人と一緒に行くと、「同棲するのでは？」と思われて、心証がダウンするので、気をつけましょう。

契約までの流れ

START

電話をかける
間取図を手に入れていないなら、まずはＦＡＸで送ってもらおう。

訪問する
店頭で物件情報をチェックしたうえで、ドアを開けよう。

カウンターで物件情報をチェック
カウンターに座ると、アンケート用紙を差し出され、そこに自分の連絡先や希望条件などを書くことが多い。

下見に行く
状況しだいでは、すぐに下見に行く場合も。また、何件か見てまわりたい場合は、下見のアポイントをとっておくことも必要。

現場では…
P.25のStep06の下見のポイントをしっかりチェック。わからないことがあったら担当者にどんどん聞くこと。

不動産会社に戻る
もし、下見した物件が気に入っても、それがいちばん最初に見たものなら、すぐ申し込まないこと。借りたい部屋のイメージが具体的になったところで、さらに物件情報を見せてもらおう。

検討する
あわてて決めずに、冷静な頭でよく考えて。下見の際に確認した点を、間取図と見比べながらしっかり検討するべし。

決定する

申し込む
借りる部屋の申し込み＝賃貸契約ではなく、借りたいという意思表示をすること。所定の申込書に記入する。その際、源泉徴収票や住民税の納付書などの書類が必要な場合もある。

審査を受ける
審査は、「この人に貸してもいいかどうか」を検討する作業。本来は貸主が審査するが、仲介や代理の不動産会社に審査を委任している場合もある。

契約する
審査に通ったら、いよいよ契約。必要書類と必要費用を用意して、不動産会社へ。契約には普通、１時間以上かかる。同じ物件に複数の業者がかかわっている場合、下見に同行してくれた会社とは違う不動産会社で契約することもある。

GOAL!
新居の鍵をもらったら契約完了！
あとはお引越し！

Step 06

希望どおりか要確認

下見に行く

間取図でわからなかったところを下見で要チェック

間取図からは、部屋の広さやドアの数、収納の有無や広さなど、だいたいのことはわかりますが、天井の高さ、柱の出っ張り、壁の色、実際の日当たりなどはわかりません。こうした条件によって、広さの感じ方はずいぶん変わってくるもの。

また、収納ペースの奥行や高さ、部屋のコンセントの数や位置など、使い勝手に関してはわからないこともたくさんあります。下見のときに忘れず確認して。

朝・昼・夜の3回チェックするのがベスト

朝

通勤時間に駅がどのくらい混雑するか、自転車を使う必要があるなら、自転車置き場があるかもチェック。また実際に歩いて、部屋までの所要時間を計ってみて。

昼

休日を想定して、周辺の騒音や、日中の日当たりはいいかを確認。銀行や病院、商店街やスーパーなどがどこにあるか、営業時間も調べておくと、住みやすさを考えるうえで目安になります。

夜

帰宅時間にどの程度お店が開いているかをチェック。また、夜道は暗くないか、酔っぱらいやあやしい身なりの人が歩いていないかなど、街の雰囲気も確認して。

チェックリスト

室内

- □ 部屋の広さ、天井の高さなどイメージどおりか
- □ 間取図などの資料と違う部分はないか
- □ 洗濯機やベッドなど、置く場所が限定されそうなものを置くスペースは充分か
- □ 収納の奥行と高さ、収納量、使い勝手
- □ コンセントやテレビ・電話端子の数と位置
- □ キッチンや洗面所、バス・トイレなどの水まわりの使い勝手
- □ キッチンやバスの換気扇がしっかり機能しているか
- □ 日当たり、方角はどうか。日を遮る建物がないか
- □ 防音はしっかりしているか（担当者に声をだしてもらい、外からチェック）

周辺環境

- □ 自分の足で歩いた駅までの所要時間
- □ 商店街の有無と営業時間、品ぞろえや物価など
- □ 役所、公園、郵便局、病院など、周辺施設の有無
- □ 周辺の騒音やにおい（幹線道路や工場など）

敷地内

- □ 玄関、廊下など共有スペースの管理状況はいいか
- □ ゴミ置き場の位置、管理状況
- □ 郵便受けの位置、管理状況
- □ 侵入されそうな場所、人目につきにくい場所はないか

Step 07

ついに完了！

賃貸契約をする

申込書の記入

下見のあとによく検討し、日を改めて不動産会社で申し込みをします。借主候補の詳細を大家さんに紹介し、審査してもらう必要があるので、入居申込書に、住所・氏名のほか、月収や勤め先などを記入します（学生の場合は、親の月収など）。

申込金とは

この物件を借りたいという意思表示のために、申込金（預かり金）を払う場合があります。これは、一時的に預けるお金。もし求められたら、次の点に気をつけて。❶預かり証をもらい、❷預かり証に、申込金であることと全額返還されることが明記されているか、❸担当者の署名・捺印、社印（会社の印鑑）が押されているか。

契約の流れ

不動産会社の宅地建物取引主任者が、物件と契約の内容について説明。ここで、今まで聞いてきた内容と同じかどうかしっかり確認を。これは有資格者にしかできない業務で、必ず顔写真入りの資格証を提示して説明することになっています。納得するまで内容を確認し、疑問点や不明点をとことんクリアにしたところで、署名・捺印。そして契約書を受け取り、費用を支払うと、新居の鍵が渡されます。

契約時に持参するもの	契約までに準備するもの
●必要書類	●住民票
●印鑑（印鑑登録済み）	●源泉徴収票など
●必要費用	●印鑑証明書

契約書の確認ポイント

①家賃の支払い日と遅延について

家賃の支払い日はいつか、遅れたときにどんなペナルティがあるか、また遅れそうな場合の連絡先を確認します。「遅延損害金」などの項目に書いてあるはず。

②退去予告時

いつまでに、誰に、どういう手段で退去連絡するかを確認。1カ月前までに、書面で不動産会社へ連絡するのが一般的。

③敷金返還の取り決め

原状回復の基準を確認。基準が明記されていない場合は、なんらかの目安を聞いて。これがあいまいだと、退去後、リフォーム代を全額請求されるケースも！

④禁止事項

よくある禁止事項はペット不可、ピアノ不可。ひとりで住むはずが、同棲を始めたという場合は契約違反になることも。

⑤特約事項

「明け渡し要求の際は、即刻退去のこと」など、不利な内容がないかチェック。

覚えておきたい
部屋探しのコツ 5カ条

1 希望の条件を明確に
2 不動産会社を見分けよう
3 物件の下見は念入りに
4 焦らず慎重に検討して
5 契約の不明点を残さない

01・03

新生活スタートのための
賢いショッピング術

Smart shopping for starting your single life

理想の部屋が見つかったら、次にすべきは必要なもののショッピング。新生活に向けてあれもこれも欲しくなりますが、次々に買っていると予算オーバーしたり、インテリアがちぐはぐになったりと、後悔することに——。そこでここでは、ひとり暮らしに本当に必要なものを、賢くおトクに、そしてもちろん楽しくショッピングする方法を教えます。

28ページから34ページに掲載した価格は、それぞれ都内の家電量販店、家具店、雑貨店で購入した場合の目安です。

先輩に聞く! 生活必需品の買い方・そろえ方

Q1 全部でいくらくらいかかった?

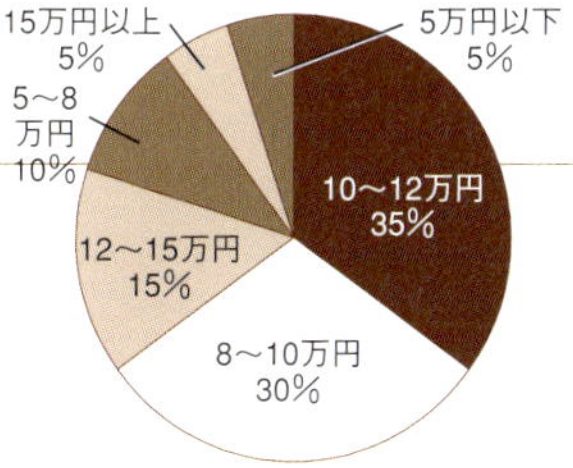

「冷蔵庫がすごく高かったので、全部で結局15万円を超えてしまった」(27歳/女性)、「実家に戻る先輩からほとんどのものをもらったので、4万円くらい」(24歳/男性)、「拾ってきたから全部タダ」(25歳/男性)などなど、人によって千差万別。平均すると、10万円前後で一式そろえる人が多いよう。

Q2 安くそろえるコツは?

1位	もらえるものはもらう
2位	中古品を買う
3位	まとめて買って値ぎる
4位	最低限のものですます
5位	古い型のものを買う

「結婚する人や、実家に戻る人からもらうのがいちばん。家電も家具ももらえる」(29歳/男性)、「リサイクルショップで中古品を買う。数年しか使わないからそれで充分」(21歳/女性)、「電気店で担当者に『全部ここで買うからまけて!』と頼む。私はそれで1万5千円安くなりました」(28歳/女性)などの声が。

Q3 「必要なかった」と思うものは?

1位	電気ポット
2位	アイロン
3位	ベッド

「やかんがあるから、ポットの出番が少ない」(23歳/女性)、「ニットやカットソーが多いので、アイロンはほとんどかけない」(22歳/女性)、「ベッドは部屋が狭くなる。ふとんを敷くだけにすればよかった…」(23歳/男性)など、ほかのもので代用できるものは買わなくてもいい、という声が多数。

ムダなく買い物するために

自分に何が必要か考えよう

必要最低限はそろえたい

家電

Part 01

冷凍冷蔵庫

冷凍室が大きいと食費の節約に役立つ

冷蔵庫を選ぶ際に重視すべきは、冷凍室の大きさ。作りおきのおかずや、食べきれなかった食材をたっぷり保存できれば、食費の節約になるうえに、自炊がぐ〜んとラクになります。ひとり暮らしなら2ドアタイプがおススメ。

目安¥30000

テレビ

視聴距離を考えてサイズを選択

大事な情報源であり、リフレッシュ時間にも欠かせないテレビ。よくばって大きいサイズを買うと、ワンルームではもてあますことも。視聴距離を考えると、6畳間では24〜32型くらいがベター。

目安¥40000

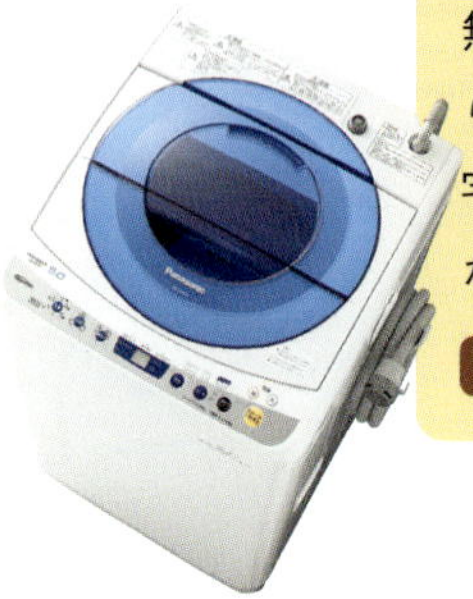

洗濯機

タイマー付きなら外出中に洗濯完了

炊事に掃除に洗濯と、家事は山ほどあるだけに、部屋にいる間にあれもこれもやるのは無理。タイマー付き洗濯機なら、外出前にセットすれば、帰宅時にはすべて終わっているから、時間を有効に使えます。

目安¥30000

電子レンジ

**自炊の時間短縮に
欠かせない!**

温めるのはもちろん、解凍や下ごしらえにも使える電子レンジは、ひとり暮らしの必需品。機能に惑わされず、なるべくシンプルで使いやすいものを選ぶのが鉄則です。

目安¥10000

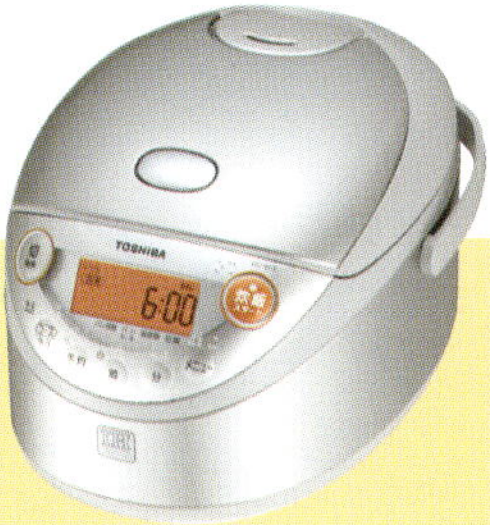

炊飯器

**とりあえずは
3合炊きで充分**

「大は小を兼ねる」とばかりに大きめを選びがちですが、同じ3合を炊くのにも、大きいサイズで炊くと電気代がかさみます。ひとり暮らしに見合ったサイズを買うのが正解！

目安¥7000

先輩に聞く！ 買ったけどあまり使っていない 家電ワースト3

1位 電気ポット

2位 アイロン

3位 電話機

「ポットでお湯を保温しても、昼間は使わないことがほとんど。使うときにそのつど沸かしたほうがムダがない」（26歳／女性）、「はっきりいって、アイロンをかけてるひまはない！　だからおのずとニットの服が多くなった」（27歳／女性）、「今や携帯でメールもできるし電話はいらない」（25歳／男性）などの意見が寄せられた。

掃除機

**場所をとらない
スタンドタイプがおススメ**

ひとり暮らしを始めたからには、毎日の掃除も自分の責任。簡単にすませるには、サッと取り出して手軽に使えるスタンドタイプの掃除機が便利です。6畳ひと間ならこれで充分！　収納場所もとりません。

目安¥14000

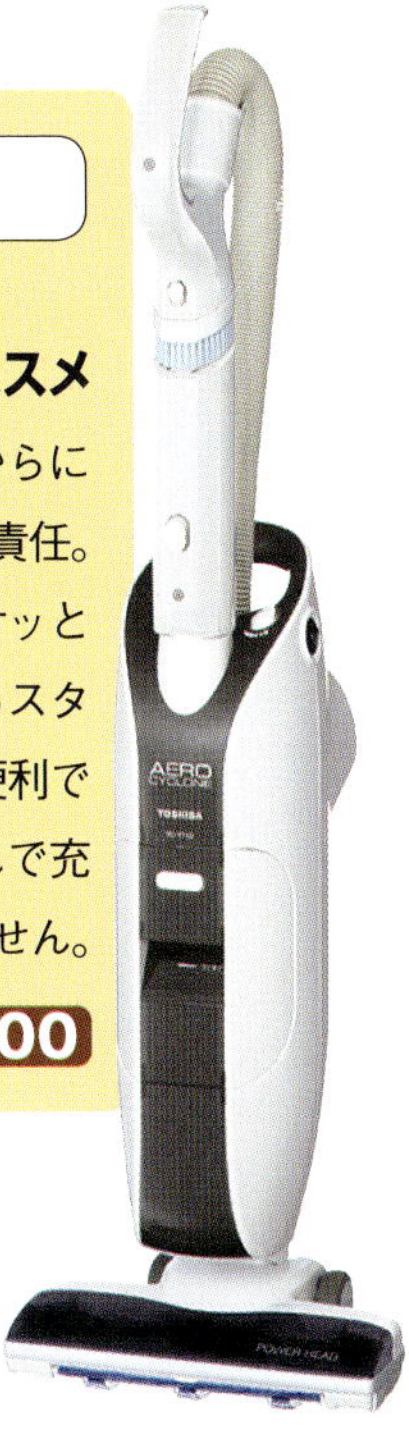

●Part 02

部屋づくりの要

家具

ベッド

圧迫感のないデザインがカギ！

ベッドについてひとり暮らしの先輩からは「個性的なデザインだと飽きる」「重厚感のある素材は部屋が狭く見える」などの失敗談が。とにかくシンプルでコンパクトなものを選ぶのが正解のよう。

目安￥25000

のばすとベッドになる。カバーは別売りで¥4500。本体は￥15000/無印良品 有楽町

1台2役のソファベッドもおススメ

ベッドもソファも欲しいという願いをかなえてくれるのがソファベッド。たたんでおけば部屋が広く使え、スペース不足の悩みも解消！ 写真はリクライニング式ソファベッド。

部屋を広く見せるためにもシンプル&コンパクトなものを選ぼう

コレクションテーブルも人気！

テーブルとしてだけでなく、お気に入りの雑貨のディスプレイコーナーとしても使えるスグレモノ。

テーブル

はじめは低いタイプのものでOK

ゆったりしたテーブルは6畳ひと間だと大きすぎ。広さが欲しいなら、デスクと兼用するなどの方法も。また、重要なのが高さ。背の高いテーブルは、部屋を狭く見せるので要注意。

目安￥15000

収納家具

持ち物の量を考えてセレクト

収納不足だからといって、やたらと大きすぎるシェルフを選んだり、収納力優先で圧迫感のあるデザインを選ぶのは、実はごちゃごちゃルームへの第一歩！ 持ち物の量を考えて、ムダのないシェルフを厳選して。

テレビも服もこれ1台でOK!

スチールシェルフ

「エレクター」に代表される頑丈なシェルフ。本、洋服、家電と、なんでも納まる収納力とシンプルなデザインが人気。サイズや周辺パーツも豊富。

目安￥10000

ボックスを使って小分けすれば、さらに収納力アップ。

移動できるから狭い部屋にピッタリ

ワゴン

小ぶりなサイズが豊富なので、狭い部屋で使うのに最適。キャスター付きだから模様がえや掃除にも便利。引き出しがついているタイプも小分け収納にオススメ。

目安￥5000

手ごろな価格がうれしい

カラーボックス

重ねたり並べたりして使えるフレキシブルさが魅力。扉を取り付けたり、中にかごやボックスを組み合わせれば、キャビネットやチェストとしても活用できる。

目安￥1500

天板をのせてカウンターに、組み合わせて大型収納家具にと、活用度大。

先輩に聞く 買ったけどあまり使っていない
家具ワースト3

1位 テレビ台

2位 ドレッサー

3位 タンス

「テレビ台は、収納力はないのに圧迫感がある。今はシェルフの上にのってます」（23歳／男性）、「ドレッサーを買ったものの、今やメイクはテーブルでしかしない」（24歳／女性）、「タンスは部屋を狭く見せるうえ、引越しのときは大荷物になる」（27歳／女性）など。狭い部屋では、用途限定の家具は買わないほうがよさそう。

毎日の暮らしの必需品

日用品

●Part 03

毎日の生活に必要なものだから ムダなく賢く 買いそろえて

防ダニで
洗えるものを選ぼう！

ふとん・枕

ふとんは、１日の約３分の１をすごす場所。だからこそ質にもこだわって選びたいもの。防ダニで、洗えるものなら、いつも気持ちよく眠れる。

一式の目安￥15000

ファブリック

面積をとるものだけに 色選びは慎重に

ファブリックも、インテリアを左右する重要なアイテム。家具の色や、部屋自体の壁や床の色に似た色を選べば、部屋によくなじみます。

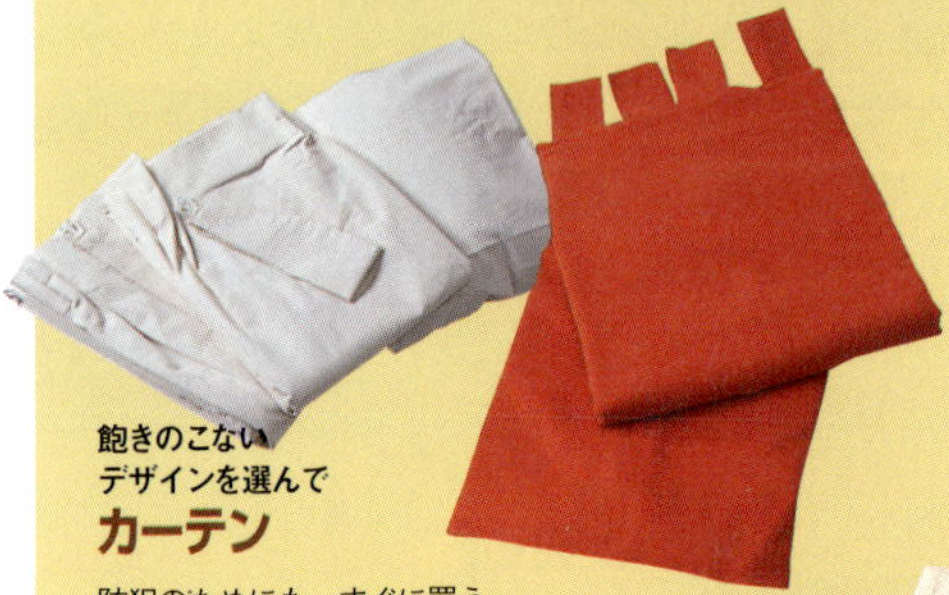

飽きのこない
デザインを選んで

カーテン

防犯のためにも、すぐに買うべきはカーテン。生成りならどんな部屋にも合う。ちょっと個性的なインテリアを目指すなら、鮮やかな色を選んで。

1組の目安￥4500

3サイズそろえるのがおススメ

タオル

バス、洗面、キッチンとなにかと使うタオルは、サイズ別に各２枚以上はそろえたい。

一式の目安￥4500

先輩に聞く

ほかにもこんなものがあると便利！

●ラグ
フローリングなら、冷えや床のキズ防止に役立つ。

●クッション・座ぶとん
床に座るときの必需品。来客時にも重宝。

●キッチンクロス
食器やシンクを拭いたりと、何枚あっても便利。

●中華鍋
炒める、煮る、ゆでるがこれひとつでOK。

●１人用土鍋
作ってそのまま食卓に運べるスグレモノ。

●調味料入れ
よく使う砂糖や塩などを入れて取り出しやすく。

●ソープディッシュ
吸盤付きでシンクに取り付けられるものが○。

●バスマット
風呂上がりの足ふきとして、用意しておきたい。

●トイレポット
なにかとゴミの出るトイレにひとつあると便利。

●シャワーカーテン
ユニットバスでお湯が飛ぶのを防ぐのに使う。

●ほうき
細かい部分のホコリやゴミも掃き出せる。

●「コロコロカーペット」
これさえあれば、テレビを見ながら掃除ができる。

●「フロアクイックルワイパー」
床のホコリをサッととる、手抜き掃除の必需品。

●雑巾
どこでも使える、掃除道具の基本中の基本。

●バケツ
掃除道具や洗濯物を運ぶのになにかと便利。

●鏡
毎日の身だしなみチェックに用意したい。

キッチンまわり

とりあえずは 1人分を用意

はじめはちょっとした調理器具と、1人分の茶わんとお皿があれば充分。ボウルを茶わんで代用するなどの工夫も大切です。最初は必要最低限に抑えて、ゆっくり質のいいものをそろえましょう。

自炊の頻度を考えてセレクト

調理器具

調理器具は、どのくらい自炊するかをよく考えて選んで。たまに自炊する程度なら、鍋とフライパン、包丁とまな板で充分。

一式の目安￥10000

分別を考えて 2つ以上準備

ゴミ箱

可燃ゴミ、不燃ゴミ、資源ゴミ用など、住んでいる地域の分別に合わせて用意すれば、ゴミ出しもラク。

1個の目安￥500

毎日使うものだから お気に入りを吟味して

カップ・グラス類

はじめはお気に入りのものを1つ用意する。マグカップなら、コーヒーにスープにとなんにでも使える。

1個の目安￥300

大・中の2サイズあると 使いやすい

お皿・プレート類

直径30cmくらいの皿はなんにでも使えて便利。また、オシャレなデザインのものを選んで、食事の時間を楽しくすることも大切。

1人分の目安￥2500

基本の3本があればOK!

カトラリー

すこし大きめなものなら、さまざまな料理に対応できる。また、箸は長めのものを選べば、菜箸としても使える。

1本の目安￥300

サニタリー用品

汚れが目立たず
洗いやすいのがポイント

毎日使う場所だけに、汚れやすいトイレやバス。だからこそサニタリーグッズは、はじめから汚れが目立たず、洗いやすい素材のものを選びましょう。

トイレ掃除の必需品

トイレブラシ

トイレを使用するつどサッと掃除。ブラシ部分が丈夫なものを選んで。

目安￥350

すべり止め付きのものが安心

バスチェア

バスが別なら体を洗うときに欠かせない。すべり止めのゴム付きのものが○。

目安￥500

折りたためれば場所いらず

ランドリーバスケット

洗濯物が丸見えになるのを防ぐ。すき間にしまえる折りたたみ式が重宝。

目安￥2500

ポリエステル素材なら水ぎれ抜群

トイレマット

ユニットバスならバスマットにもなる、水ぎれのいいものをセレクト。

目安￥1000

背中も洗える
柄《え》の長いものが重宝

ボディブラシ

バスタイムに欠かせないもののひとつ。体じゅうくまなく洗えるものをピックアップして。

目安￥350

壁面を使える
吊り手付きが便利

ワイヤーかご

吊り手付きは、吸盤フックと組み合わせて壁面に取り付けられるから、スペースを上手に活用できる。

目安￥500

先輩に聞く 買ったけどあまり使っていない
日用品ワースト5

1位	三角コーナー
2位	やかん
3位	ボウル
4位	歯ブラシ立て
5位	スケール

「三角コーナーは気づくといや〜なニオイが。排水口にはめるネットで充分」（26歳／男性）、「やかんを使うのは、夏に麦茶を作るときぐらい」（28歳／女性）、「ボウルはどんぶりがあればなんとかなる」（24歳／男性）、「慣れれば料理は目分量」（26歳／女性）などの意見が。日用品は本当に使うか考えてから購入しよう。

必要なものが決まったら——

賢く上手にショッピングしよう

●Part 04

日用品が安くそろう！

均一ショップ

99円・100円ショップは品質をよく確かめて

ほとんどの日用品がそろう99円ショップや100円ショップ。しかし、本当におトクなものと、実はそうでもない商品が一緒に並んでいるのが恐いところです。買うときは、細かい部分まで作りがしっかりしているかを念入りにチェック。また、ハサミや包丁など、見た目だけで良し悪しを判断できないものは、避けたほうが無難です。一度使ったらすぐに壊れたなど、あとで後悔しないように選びましょう。逆に食器や布類なら、失敗が少なくおススメです。

質のいい和食器も得意 300円均一ショップ

デザインもよく、ある程度質もいい日用雑貨がそろう300円均一ショップ。おススメは、和雑貨。高くてなかなか手を出しにくい和食器も、300円ショップなら、鉢や皿、お椀《わん》などがリーズナブルにそろいます。またサニタリーグッズや、スリッパなどのリビング用品も、さまざまなテイストのものが充実。

ナチュラル、ガーリー、北欧風……おしゃれで個性的な均一ショップが増加中

さまざまな均一ショップがありますが、特定のテイストに特化したショップが増えてきつつあります。ナチュラル系なら「NATURAL KITCHEN」や「salut!」、ガーリー系なら「CouCou」、北欧系なら「FLYING TIGER COPENHAGEN」などが人気を集めています。

キッチンやサニタリーからガーデン用品、インテリアグッズまで豊富なアイテムがぎっしり。価格、デザイン、機能性にこだわった均一ショップで、賢くおしゃれな新生活準備をしてみてください。

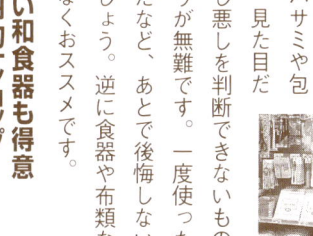

●Part 05

食器や家具をまとめ買い

アウトレットモール

そもそもアウトレットモールっていったいどんなところ?

サンプル品や、店舗でキズがついた商品、廃番になって半端が出た商品を、在庫一掃のために割引して販売しているところ。「ワケあり」だけに思いきった値下げが実現し、定価の20%引きから半額以下まで、かなりおトク感があります。

B級品、サンプル品、廃番品の違いは?

B級品はポケットやボタンのつけ違いや、縫い目違い、織りキズなどがある、完全でない商品。サンプル品とは、バイヤー向けの展示会に出した試作品。廃番品は生産中止後に残った、半端な商品のことをいいます。でも、どれもほとんど正規品と変わりません。

どんなブランドが入っているの?

近くの百貨店に同じブランドの正規店舗が入っているなどの理由から、あまり大々的に宣伝ができないとか。行く前にホームページなどで確認をしましょう。

アウトレットモールの賢い利用法とは

1安さの理由をきちんと確認

なぜ安いのか、その理由を確認してから購入しましょう。アウトレットモールのなかには、アウトレット用に作られた、もともと安い商品を置いているところもあるので注意が必要です。

2高い商品ほどおトク!

アウトレットは、安いものをより安く買うところではなく、日ごろは手のでない高級品をまとめ買いするところ。ふだんの小さな買い物は我慢して、質のいい商品をそろえていくのが賢い利用法です。

3定番デザインをねらえ!

街中のショップセールでは流行のデザインも安くなりますが、アウトレットには流行のものは並びません。アウトレットでは、高品質でオーソドックスな定番をねらうという利用法が正解です。

4行く前に欲しいものを書き出す

店舗数や商品数が多いだけに、なんとなくウインドーショッピングしていては欲しいものが決まりません。目的を書き出しておくと、大量の商品のなかから、お目当てを確実に見つけられます。

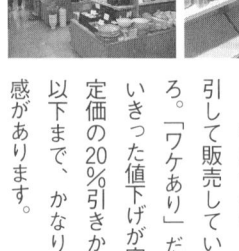

●Part 06

値のはる家電も激安で手に入る

リサイクルショップ

「家電リサイクル法」について知っておこう

家電の部品の再利用を目的に施行された法律。これによって家電はゴミに出せなくなり、購入した小売店または買い替えた小売店に引取料を払って、引き取ってもらうことが、義務付けられるようになりました。家電を購入する際には、のちのちの費用も考える必要があるのです。

家具や家電がなんとタダ！

公営のリサイクルセンター

公営のリサイクルセンターでは、かつてゴミとして処分していた家具や家電を修理し、欲しい人に提供しているところも。利用法はさまざまで、地域によっては、インターネット上でリサイクルの情報交換の場を設けているところもあります。これを機会に自分の地域のリサイクル活動を見直してみては？

生活雑貨が激安

救世軍バザー

多くの人々の寄付から成り立つ救世軍バザーは、30年という歴史のあるバザーです。家具、家電、雑貨、洋服まで、なんでも破格値。出品者が多国籍なため、海外のアンティークなども並んでいます。さまざまな人の寄付で集まった品だけに、種類も豊富。交渉しだいで安くなることもあります。

引越しで引き取った不用品を再利用

クロネコリサイクルセンター

「ヤマト運輸」が引越し業務の際に引き取った不用品を、リフォームして低価格で販売しているショップ。おもな商品は家具や食器類で、大型の家具は1日平均10～20持ち込まれるそう。比較的状態のよいものをピックアップしてリフォームするので、品質の心配は無用です。

全国のリサイクルショップ検索は

「おいくら」で http://oikura.jp

全国約2000店のリサイクルショップを検索できる「おいくら」は、家具、家電などの不用品を売りたいときに便利。希望のショップを条件別に探せます。売りたいものを登録すると、近くの登録ショップに情報を自動送信。返信されてくる見積もりを比較しながら売り値を決められるので、納得して取引ができます。

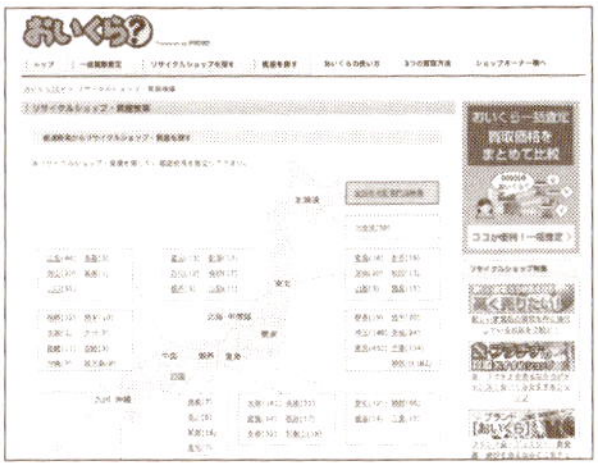

買い忘れがないかチェック!

Shopping List

家電	もらう	買う
□ 冷凍冷蔵庫	□	¥
□ 洗濯機	□	
□ テレビ	□	
□ 電子レンジ	□	
□ 炊飯器	□	
□ 掃除機	□	
□ 電話機	□	
□ 照明	□	
□	□	
□	□	
□	□	
□	□	
□	□	

家具	もらう	買う
□ ベッド	□	¥
□ テーブル	□	
□ 椅子	□	
□ シェルフ類	□	
□	□	
□	□	
□	□	
□	□	
□	□	
□	□	

日用品	もらう	買う
□ 各種洗剤	□	¥
□ 包丁、まな板	□	
□ フライパン、鍋	□	
□ ボウル、ざる	□	
□ キッチンツール	□	
□ ストッカー	□	
□ グラス	□	
□ 茶わん	□	
□ 皿	□	
□ カトラリー類	□	
□ ゴミ箱	□	
□ ふとん、枕	□	
□ ふとん・枕カバー	□	
□ カーテン	□	
□ タオル大・中・小	□	
□ トイレブラシ	□	
□ トイレットペーパー	□	
□ ボディブラシ	□	
□ バス用チェア	□	
□ 歯ブラシ	□	
□	□	
□	□	
□	□	

合計　¥

SHOPインフォメーション

均一・リサイクルショップ

ローソンストア100
スーパーの幅広い品ぞろえとコンビニの利便性を兼ね備え、ほとんどの商品が100円の均一価格。食材から日用品まで約3800点もの商品を扱い、日常生活の必需品が多くそろいます。店舗検索はhttp://store.lawson.co.jp/

ザ・ダイソー
いわずと知れた100円ショップ。文具、インテリア用品、食品、衣類、ガーデニング用品と、とにかく商品が豊富。アイテム数はなんと7万点を超えるとか。全国に2400店舗を展開。店舗検索はhttp://www.daiso-sangyo.co.jp

3COINS
生活必需品からインテリア雑貨、アクセサリーやコスメグッズまでそろう。特に和ものの陶器や、アジアンテイストのものが充実。全国に110店舗を展開。詳しくはhttp://www.3coins.jp/

Seria
ナチュラルテイストの雑貨が豊富で、文房具、インテリア用品、手作り小物まで100円でそろう大人気のショップ。プライベートブランドのアイテムも充実。全国の店舗検索はhttp://www.seria-group.com/shop/

救世軍バザー
多くの人の寄付から成り立つ、歴史あるバザー。開店前から並んでいるので、ゆっくり買い物するなら10時過ぎに。救世軍男子社会奉仕センター：東京都杉並区和田2-21-2 ☎03-5860-2992　毎週土曜　9：00から14：00開催

クロネコリサイクルセンター
「ヤマト運輸」が引越しの際に引き取った家電や家具などを再生し、低価格で販売。新品の4分の1の価格のものも。詳しくは各店舗に問い合わせを📞0120-008008

覚えておきたい ショッピング術 5カ条

1 一度にそろえるより必要に応じて買い足すべし
2 いいものが安く手に入るショップを選べ
3 狭い部屋では「一台二役」の家具が便利
4 家具を選ぶときはメジャーを忘れずに
5 デザインの決め手はコンパクト＆シンプル

全国のおもなアウトレットモール

三井アウトレットパーク 入間
埼玉県入間市宮寺3169-1
☎04-2935-1616
http://www.31op.com/iruma/

三井アウトレットパーク 幕張
千葉県千葉市美浜区ひび野2-6-1
☎043-212-8200
http://www.31op.com/makuhari/

三井アウトレットパーク 木更津
千葉県木更津市中島398
☎0438-38-6100
http://www.31op.com/kisarazu/

三井アウトレットパーク 多摩南大沢
東京都八王子市南大沢1-600
☎042-670-5777
http://www.31op.com/tama/

三井アウトレットパーク 横浜ベイサイド
神奈川県横浜市金沢区白帆5-2
☎045-775-4446
http://www.31op.com/yokohama/

佐野プレミアム・アウトレット
栃木県佐野市越名町2058
☎0283-20-5800
http://www.premiumoutlets.co.jp

御殿場プレミアム・アウトレット
静岡県御殿場市深沢1312
☎0550-81-3122
http://www.premiumoutlets.co.jp

軽井沢・プリンスショッピングプラザ
長野県北佐久郡軽井沢町軽井沢
☎0267-42-5211
http://www.karuizawa-psp.jp/

三井アウトレットパーク 大阪鶴見
大阪府大阪市鶴見区茨田大宮2-7-70
☎06-6915-3939
http://www.31op.com/osaka/

三井アウトレットパーク 倉敷
岡山県倉敷市寿町12-3
☎086-423-6500
http://www.31op.com/kurashiki/

マリノアシティ福岡
福岡県福岡市西区小戸2-12-30
☎092-892-8700
http://www.marinoacity.com/

鳥栖プレミアム・アウトレット
佐賀県鳥栖市弥生が丘8-1
☎0942-87-7370
http://www.premiumoutlets.co.jp

01·04

いざ出陣！

はじめての引越しAtoZ

A to Z for your first removal ●●

部屋も決まって、必要なものを買いそろえたら、いよいよお引越し。
引越し方法の選び方から、上手な梱包の仕方、
あとで後悔しないための家具や家電の配置術まで、
賢い引越しのノウハウを徹底的に伝授します。
すみずみまでチェックして、新しい部屋で快適なスタートを切ろう！

● Lesson 01

スムーズに引越すために

新居の下見

「玄関からベッドが入らない」そんなことのないように、外まわり、各部の幅をしっかりチェック！

まず、階段やおどり場の広さ、玄関口の幅など、荷物が運び込めそうか確認。運搬車両の駐車スペースがあるか、また、そこから部屋までの距離なども重要です。室内も、何をどこに置くのか想像しながらコンセントの位置などをチェックして。

● Lesson 02

賢く見積もって

引越し方法を決める

お金・時間・労力の3つの兼ね合いで考えて！

あなたはどのタイプ？●

あなたのタイプ	おすすめ	参照ページ
引越し先が遠い or 時間や労力をかけたくない！	専門業者に頼もう！	P.41へ
引越し先が近い	赤帽がおススメ！	P.42へ
とにかくお金を節約したい！	自力で頑張れ！	P.42へ

引越し法・その1

専門業者に頼む

専門業者に頼む場合の注意点

時間と労力を節約したいなら、梱包材の用意、梱包、荷ほどき、掃除と、サービスの充実している引越し専門業者がおススメ。荷物が多かったり、引越し先が遠い場合も業者に頼んだほうがいいでしょう。ただし、サービスを受けるたびに料金がアップ。少しでも節約したければ、自分で梱包するなどの努力は必要です。

まずは見積もりを依頼しよう

複数の業者に見積もりを頼んで、比較検討します。荷物が多い人は電話だけではなく、実際に荷物や現場を見て見積もってもらうことが大切。当日になって、用意した車に荷物が入りきらないと、費用だけでなく時間もムダになるので、事前の打ち合わせは念入りに。また、値段だけでなく、サービスや補償内容についてもしっかり確認しましょう。

ひとり暮らしにおススメの引越しサービス

日本通運

☎ 0120-1540-22

●単身パックS

小さい引越しは一律17850円～

単身で長距離の引越しなら単身パックS。規定のボックス(1.08m×0.74m×高さ1.54m)を使用し、料金は17850円～。引越し前日までに箱詰めをしておけば、引越し当日は搬出、搬入、解梱・設置までを業者が担当してくれるのでラクラクです。

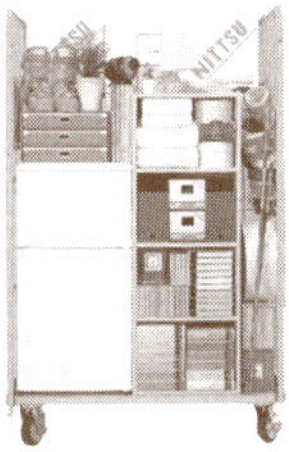

●ワンルームパック

4時間以内の作業で近距離なら29800円から

近距離に引越しするならこのサービスもおススメ。目安として荷物が2トン車に入りきり、移動距離が15～30km以内、かつ4時間以内に完了する引越しなら、平日、29800円からOK。梱包材も含まれているので、あわてて段ボール箱を集める手間もいりません。ただし土・日曜、祝日は34800円。

クロネコヤマト

☎ 0120-008-008

●単身引越サービス

同一市区内なら14700円から

基本の家具や家電、必需品を押入れ半間分のボックス(1.04m×1.04m×高さ1.7m)に入れて運びます。ドライバーとスタッフ1人で梱包、搬出、搬入までを担当。宅急便と同じ早さで搬入してくれるから、時間のない人に最適。同一市区内（関東以外）なら14700円～。

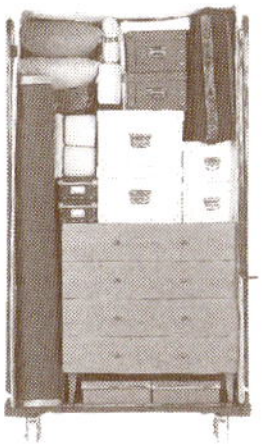

●らくらく家財宅急便

食器棚なら10200円から

自分で運べるものは運んで、大きな家具や家電だけ運搬してもらいたい人にはこちら。価格は家具や家電など運ぶもののサイズによって決まり、たとえば食器棚なら10200円～。ホームページから申し込み、または電話1本で自宅まで来てくれます。運んでもらうものを必要最低限に絞れば、節約になりそう。

引越し法・その2

赤帽に頼む

赤帽に頼む場合の注意点

小型引越しから、一般の運搬までを扱う業者「赤帽」は、移動距離または引越しにかかる時間によって料金が決まります。また、荷物の量によって料金が細かく変わるので、見積もりをしっかりとることが大切。0120-400111

赤帽の引越しシステム

1 引越しの基本料金

距離制・時間制運賃がある

赤帽の場合、「距離制運賃料金」と「時間制運賃料金」があるのが特徴。業者によって料金制度が異なるので、詳しくは各地域の配車拠点に問い合わせをしてみて。

2 見積もりをとる

適した料金制をチョイス

首都圏の例だと、距離制の場合、20kmまでは3700円、それ以降、1kmにつき、50kmまでは185円、100kmまでは145円が加算される。時間制の場合は、2時間貸切（走行距離20kmまで）で4600円、超過すると30分ごとに1150円が加算。どちらが適しているかは、見積もりをたててくれるので安心。

3 引越しの下準備

箱詰め、分類は自分で

見積もりの料金内で、搬出、搬入、据え付けまでを終わらせるには、引越しの当日までに、荷物の箱詰めや、分類をしておく必要があります。また、荷物の積み込みや、搬出、搬入も積極的に手伝いましょう。

引越し法・その3

自力でなんとかする

自力で引越しする場合の注意点

自分で運べば安くすみますが、一気に荷物を運ぶには、ワンボックスカーや小型トラックなど、車が必要です。また、搬出・搬入に友人などの協力も必要なので、レンタカー代、友人などへのお礼も考えたうえで、お金を準備しましょう。

レンタカーを借りるならまず見積もりを

引越しでレンタカーを利用する場合は、事前にレンタカー会社に行って、荷物の量などを説明し、見積もりを出してもらうことが大切です。そのうえで自分の引越しに合った車種を予約しましょう。また、引越し先が遠い場合には、レンタカーの返却は、引越し先近くの提携店でもいいのかどうかも確認しておきます。

レンタカーの特徴と料金の目安

ライトバン（タイプ：V-A）	普通の乗用車より車高が少し高め。小さめの段ボール箱なら10個程度運べる。6時間利用で6300円～。
ワンボックスバン（タイプ：D-B）	荷室が1.31m×1.48m×高さ1.22mのものなら、冷蔵庫や小さめの棚もOK。6時間利用で6825円～。
軽トラック（タイプ：T-H）	荷室が1.94m×1.41mで屋根なしだから、高さのある家具や家電も運べる。6時間利用で5250円～。
ドライバン（タイプ：R-D）	アルミコンテナ付きのトラックで、雨の日でもOK。荷物を固定するベルトやレールもついている。6時間利用で1万2075円～。

「ニッポンレンタカー料金表」より（2014年2月28日現在）

すでに賃貸住宅でひとり暮らしをしている人が引越す場合

解約時のチェックポイント

1 退去予告はいつまでか
2 退去予告後の家賃はどうなるか？
3 敷金について

退去予告を忘れずに

新しい部屋も決まって、ウキウキで引越し準備をしているあなた。ところで、あなたは今の部屋の解約手続きをしていますか？　契約期間が終わる前に退去するなら、退去予告をしなければなりません。

契約書には「退去予告は1カ月前までにすること」などと書いてあるはず。場合によっては、3カ月前までということも。この退去予告を忘れると、「ダブル家賃」の悲劇に見舞われるはめになります。

ダブル家賃に気をつけて

例えば、新しく部屋を見つけたので、すぐ契約。それと同時に退去予告をしても、住んでいる部屋の退去予告が3カ月前と決められていれば、そこから3カ月分は、住んでいなくても家賃を払わなければなりません。新しく申し込んだ部屋も、本来契約日から家賃が発生するので、両方の家賃を払うはめになるのです。

住み替えを考えている人は、今住んでいる部屋の契約書を読み直して、退去予告時期とその仕方を確認してから新居探しにとりかかりましょう。とはいえ、2週間程度のダブル家賃はやむをえないものと考えて。

敷金を1円でも多く取り戻そう

退居する際のキーワードはもちろん「原状回復」。部屋は、借りた当時の状態にして返さなければいけません。原状回復の基本認識については13ページにあるとおりですが、細かい例外もあり、とても複雑です。部屋を明け渡す前には、徹底的に掃除をして、できるだけ部屋をきれいにしておくことが大切。明け渡しの際は、大家さんの立ち会いのもと、何が借主負担なのかを確認し、敷金をしっかり返還してもらいましょう。

●Lesson 03

引越しの効率を考えて

荷造り・梱包をする

引越し後のことを考えて効率よく上手に荷造り

なにも考えず荷造りをすると、何がどこにあるかわからず、荷物を片づけるのにひと苦労なんてことに。効率よく分類しながら荷造りすることが大切です。

用意するもの

段ボール箱	段ボール箱はみかん箱サイズが目安。
新聞紙	ワレモノを包んだり、段ボール箱のすき間を埋めるのに最適。最低でも1カ月分は用意しよう。
ビニール袋	大・中・小を用意。大はゴミ袋として、中は荷物を入れるのに、小は金具などをなくさないようまとめておくのに重宝する。
工具類	組み立て家具のネジなどをはずすドライバーセットを用意。
筆記用具	中身が何かを書くのに必要。
粘着テープ・ひも	段ボール箱にふたをしたり、雑誌をしばるのに1つずつ用意。

荷造りのコツをマスターしよう

コツ1 段ボール箱の選び方

食器や書籍類、キッチングッズなどを入れる箱はみかん箱サイズが目安。大きいほうが便利だと思いがちですが、運びにくく、仕分けしにくいなど、引越し作業の効率が落ちる場合も。同じ形の段ボール箱を大・小2種類そろえておけば、積み上げがしやすく、作業がはかどります。

コツ2 使わないものからスタート

オフシーズンの衣類、本や雑誌類など、今すぐ使わないもの、なくても困らないもの、引越し後すぐには使わないものから箱詰めしていきましょう。

コツ3 重いものは小さな箱へ 軽いものは大きな箱へ

本や食器などは、まとまるとかなり重くなるので、小さな箱に分けて詰めます。また、食器類などワレモノを入れる場合は、箱の底に新聞紙を厚めに敷いておき、重いものから詰めていきます。衣類は軽いので大きな箱にまとめて。

コツ4 中身をハッキリ表示

箱の外側に、内容物の名称と「ワレモノ注意！」などの注意書きを表示しておきましょう。段ボールを積み上げたときのことも考えて、側面に書いておいたほうが便利です。また、段ボールには箱詰めした順に通し番号をふり、引越し後、大きな数字の箱から開ければ、直前まで使っていたものから整理ができます。

コツ5 貴重品はしっかり保管

現金や通帳、印鑑、鍵、重要書類、アクセサリーなどの貴重品は、ひとまとめにしておき、自分のバッグに入れて持ち運びましょう。

コツ6 「重いものは下に軽いものは上に」が鉄則

重いものは下、軽いものは上が鉄則。ラジカセ、電子レンジなど重いものは、あとで取り出しやすいように毛布を巻き、先に詰めます。最後に軽いもの、小物類をすき間に詰め、荷物が動かないように固定しましょう。

コツ7 転居先ですぐ必要なものをまとめておく

引越し先で困らないよう、掃除道具やゴミ袋、ティッシュペーパー、ドライバーなど、新生活にすぐ使うものは、まとめておくのがコツ。紙コップや紙皿、延長コードなども一緒にしておくと便利です。また、引越し当日と翌日に使う洗面道具、下着、着替えなどは、旅行カバンなどにまとめて入れておきましょう。

コツ8 家電・家具の取り扱いに注意

●テレビ・パソコン・ステレオ

購入時の箱に入れるのがベスト。配線を取り外し、再取り付けのとき迷わないように、本体の穴と対応するコードに合番を書いておきましょう。またリモコンなどはどこかに紛れがちなので、ひとまとめにしておくとあとで困りません。

●冷蔵庫

冷蔵庫の中身は引越し前日までに片づけ、電源を切って霜取りをしておきます。これをしないと、運搬中に水が出て故障したり、ほかの荷物を汚すことに。搬入後は、1時間以上たってから電源を入れて。

●石油ヒーター

中に灯油が残っていると事故のもとなので、灯油を残さないように、空だきしておきましょう（できれば戸外で）。

●組み立て家具・引き出しワゴン

組み立て家具の金具は小さな袋にまとめて。引き出しのあるものは、車の中で飛び出さないようにテープでとめましょう。

搬出・搬入時に困らないように梱包に工夫しよう

梱包をいい加減にやると、新居に着いて荷物を開けたら食器や家電が壊れてたなんてことも――。また上手に箱詰めしないと、荷物がふえて搬出・搬入時に苦労します。あとで後悔しないように、梱包の仕方を覚えましょう。

壊れもの

食器類

詰め方にもひと工夫

● 皿・茶わん ●

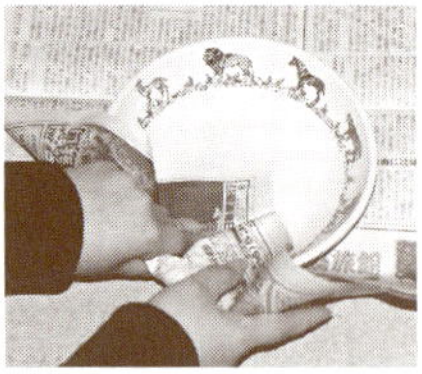

新聞紙を二重にして、食器の形に沿って包む。

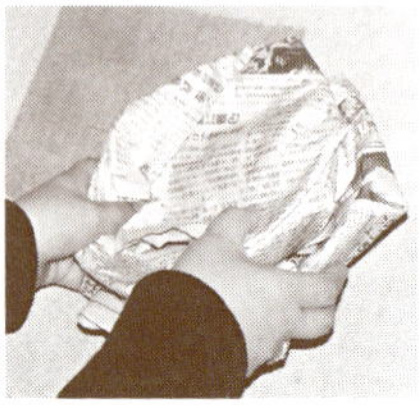

同じ形のものを重ねて箱に入れる。

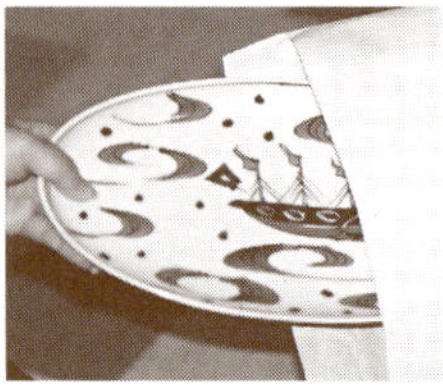

新聞紙のインクの汚れがつくのがイヤなら、茶封筒などに入れてから新聞紙で包む。

● カトラリー ●

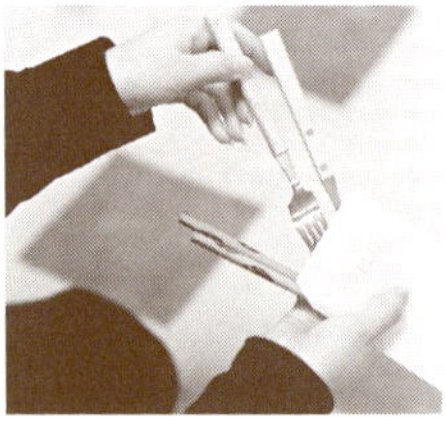

カトラリーやお箸などは、まとめて封筒に入れておく。

● グラス ●

グラスなどはエアーキャップや新聞紙で包む。

箱に入れるときは、すき間に紙を詰め、動かないように。

皿は立てて、コップ・茶わんはふせて箱へ

梱包後、皿は立てて、コップ・茶わん類はふせて箱に入れるとムダなく詰められる。

CD すき間を埋めて動かないように

CDやケースが割れないように、箱にきっちり入れ、動かないようにすき間を新聞紙などで埋める。

照明器具 梱包材で電球をカバー

電球部分をエアーキャップなどでくるんでから、段ボール箱へ入れ、「ワレモノ注意！」などと表示する。

その他、紙や梱包材でくるむもの

●包丁・工具

先のとがった金属類は、そのまま箱に入れるとほかのものを傷つけるので、必ず新聞紙などで包むこと。

●パソコン・周辺器機

毛布などで包み、ターンテーブルはできればはずす。はずせないなら紙などをかませて動かないように。

●炊飯器

炊飯器のような丸みをおびた家電も壊れやすいので、タオルなどに包んでおく。

本 雑誌

箱詰めするなら小さめの箱に

まとまると重いので小さめの箱に。または軽いものと組み合わせても。

ひもでしばればゴミも少ない

段ボール箱を多用すると、引越し後の処分が大変。ひもでしばればゴミ出しもラクラク。

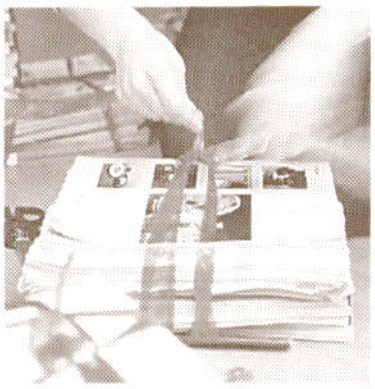

洋服

しわになりにくいものは小さく丸める

Tシャツやニット類など、しわになりにくい衣類は、小さく丸めて箱に詰める。

厚みのあるものは交互に重ねる

ジャケットやセーターなど厚みのあるものは、たたんで交互に重ねるのが、箱にたくさん入れるコツ。

ハンガーがけのものはそのまま箱へ

ハンガーがけのジャケットなどは、そのまま箱に入れて。このほうがしわになりにくく、作業もラク。

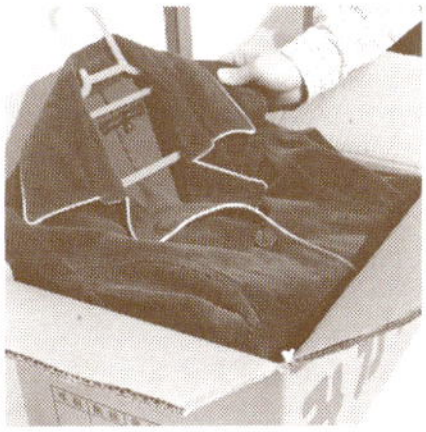

種類別に要領よくまとめて

こまごましたものは箱のなかもケースに入れて分類。箱には紙を貼って中身を表示して。

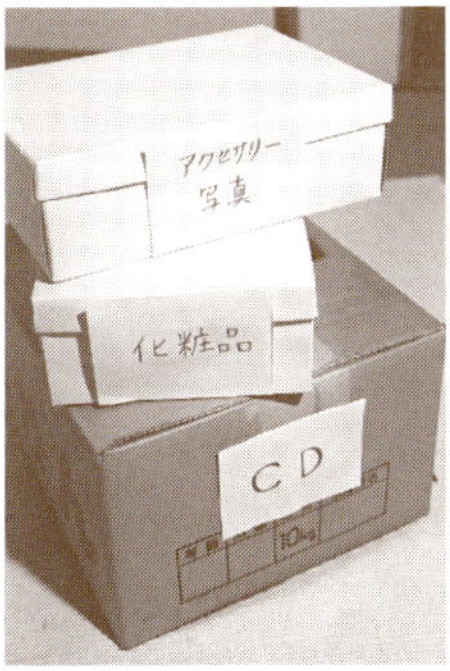

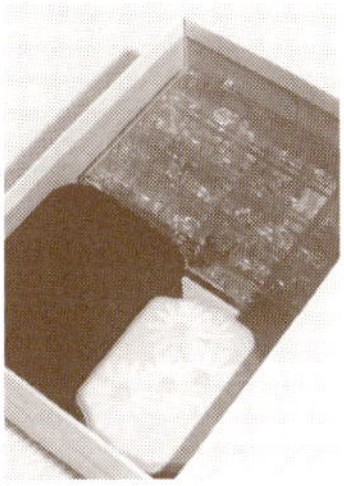

こまごましたもの

小さな袋や箱に

化粧品などは、小箱やプラスチック製の入れ物などにまとめて袋へ。

ファイリングして

写真などはファイリングすれば、なくなる心配もない。

●Lesson 04

快適なスタートを切ろう!

引越し前後の手続きを確認する

引越し前後のタイムスケジュール

2～1週間前

☐電話の移転・新設

〈電話の移転〉「116」へ現住所、新住所、現在の電話番号、工事の希望日を伝える。工事費は2000円～。

〈電話の新設〉申し込んでからおおむね一週間で開通。住所を証明する書類をNTTへ提出。

☐住民票の移動

区市町村役場へ転出届を提出。ここで転出証明書をもらう。転出届は引越し予定日の14日前から受け付けてくれる。転出証明書は転入届を出すときに一緒に提出するので、大切に保管しておく。

電話の新設にかかる費用

●施設設置負担金… 1回につき37800円
●契約料…………… 1回につき840円
※新設の場合、工事費は設置負担金に含まれる。プランによっては設置負担金が不要なものも。

☐各種変更届け

郵便局に転居届を提出。届け出しておけば1年間郵便物を転送してくれるから便利。国民健康保険・国民年金加入者は、忘れずに旧住所の国民健康保険課や、国民年金課にも転居届を提出する。

☐粗大ゴミを捨てる

すでに賃貸住宅でひとり暮らしをしている人で、いらない家財道具をゴミに出したい場合は、地域の回収センターへ連絡し、収集の予約が必要。連絡後、回収にくるまでに1週間以上かかることもあるので、早めに手配すること。

※そろそろ荷造りも始めよう!

3～1日前

☐ガス会社に連絡

新住所での供給開始日を各ガス会社に連絡。すでに賃貸住宅でひとり暮らしをしている人は、旧住所のガス供給停止日も。供給開始には立ち会いが必要なので、アポはしっかりとっておくこと。

☐電気・水道会社に連絡

すでに賃貸住宅でひとり暮らしをしている人は、旧営業所で使用料の清算を済ませ、新営業所には開始申込書を郵送する。

☐新聞販売店・NHKに連絡

（すでに賃貸生活をしている人）

新聞をとっている人は、停止の手配と料金の精算をする。また、NHK☎0120-151515に電話をし、移転先を連絡する。インターネットでも手続き可能。
http://pid.nhk.or.jp/jushinryo/

※1〜3日前には荷造りをある程度完了させて。新居の掃除は前日に、すでに賃貸住宅に住んでいる人は、明け渡し前の大掃除も忘れずに。

当日

出発前（すでに賃貸生活をしている人）

□水道の元栓を閉める

□電気のブレーカーを下ろす

□忘れ物がないかチェック

到着後

□ブレーカーのつまみを上げ、電気使用申込書を電力会社へ郵送

□近隣へのあいさつ

あいさつ先はアパートやマンションなら、両隣と上下階、管理人や大家さん。ちょっとした手みやげ（500〜1000円程度の品）を持って行くのが礼儀。ただし地域にもよるので、下調べして。

手みやげの相場

対象	相場	品物
両隣 上下階	500円〜 1000円	お菓子、ハンカチ、タオル、石けんなど

引越し後

□転入届を提出

引越し後14日以内に、印鑑を持参し、新住所の市区町村役場へ転入届を提出する。その際、引越し前にもらった転出証明書も忘れずに持っていくこと。

□各種住所変更

銀行、保険会社、クレジットカード会社、プロバイダなどの住所変更手続きをする。

□運転免許証の住所変更

新住所の所轄の警察署で手続きを。免許証と住民票、県外から引越してきた場合は、証明写真（3㎝×2・4㎝。無帽無背景）も必要。更新日まで、または更新日後1カ月以内の場合は、更新手続きも可能。

□あいさつ状を発送

友人や親戚などに、引越し先をはがきで知らせる。

□各種申し込み

新聞を定期購読する場合は販売店へ連絡。また、NHKにも連絡し、受信の申し込みをしておく。

こんなときどうする？

引越し直後のトラブルQ＆A

Q 自分の部屋だけ停電!?

突然、停電した！ と思ったら、自分の部屋だけみたい……。そんなときは、ブレーカーが落ちていないか確認を。使っている電気製品のスイッチを切ってから、ブレーカーを上げれば回復するはず。何度もブレーカーが落ちるようなら、契約アンペア数を見直しましょう。

Q 引越し後の大きなゴミはどうしたらいい?

段ボール箱、発泡スチロール類は、可燃ゴミには出せません。引越しを済ませたら、まずその地域のゴミの収集日や分別システムを調べ、資源ゴミ・不燃ゴミの日をチェックして。

Q 鍵をどこかに置いてきちゃった！

鍵を持ち歩くのに慣れていないと、ついなくしてしまいがち。日中なら大家さんか管理人に、夜は専門業者に頼みます。また、190ページの「鍵をなくさないコツ」も参考に。

Lesson 05

心地よく暮らすために

家具・家電の配置を決める

家具配置のポイント

奥行をそろえて一方にまとめる

壁を背にして置く家具は、一方の壁ぎわにまとめて並べると広く見える効果があります。部屋に凹凸をつけないよう家具をI字型やL字型に置いて、まん中にスペースをとるのがコツです。また、家具の高さよりも奥行をそろえるとより効果的。さらに、はじめにもらった間取図から隣室の間取りを調べ、壁1枚で隣と接する部分に本棚やタンスなどを置けば、防音にもなります。

薄い壁、北側の壁に注意

壁がかなり薄い場合は、音もれを防ぐためにDIYショップで売られている石膏ボードを立てかけるなどの工夫が必要です。また、北側は湿気がたまりやすいので、家具を壁から離して通気性をよくしましょう。

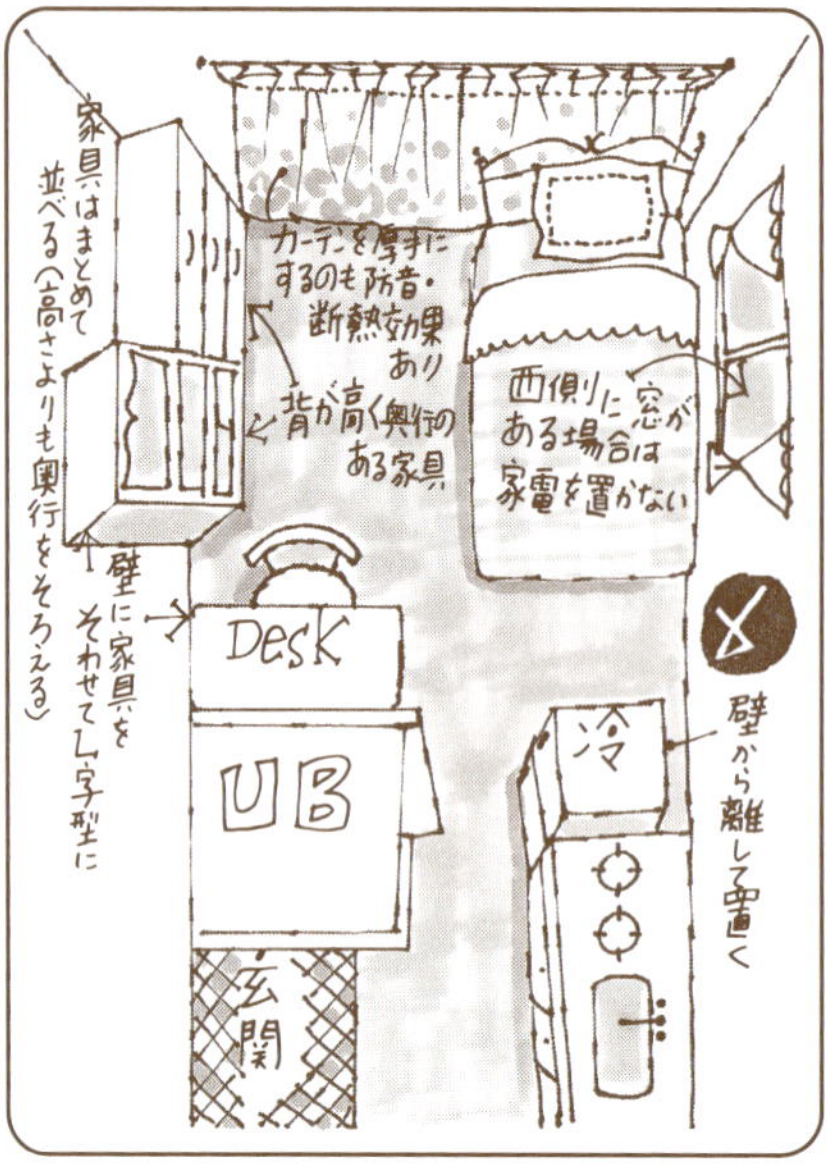

家電配置のポイント

西日が当たる場所に家電を置くのはNG

西日が入る部屋では、西日が当たる範囲に家電を置くと、家電が熱をもって故障の原因になる場合も。また、冷蔵庫は、ガスコンロの近くに置いたり、壁にくっつけて置くと、消費電力が多くなるので、節約のためにも注意して。

コンセントの位置を確認して家電を賢く配置

洗濯機は、漏電、水もれに気をつけて配置。コンセント位置が下にある場合は、水がかからないような保護策を考えて。排水口が洗濯機の下にくるなら、「真下排水L型パイプ」が必要です。またテレビやオーディオの配置は、部屋のコンセントの位置を考慮して考えましょう。

覚えておきたい
引越しのコツ 5カ条

1. 引越し前に新居の下見を入念に
2. お金・時間・労力を考え引越し方法を決める
3. 上手に分類しながら荷物を梱包
4. 引越し前後の諸手続きを忘れずに
5. 快適な新生活のために家電や家具を賢く配置

第二章

The basics of housework

初心者さんでも大丈夫!
家事の基本ノート

「せっかくご飯を炊いたのにマズい…」

「掃除が下手で、部屋がどんどん散らかっていく…」

「適当に洗濯したら、シャツをだめにした…」

家事初心者さんにありがちな失敗を未然に防ぐために、
ここでしっかり基本をマスターしましょう!

CONTENTS

簡単！ おいしい！

自炊で健康な食生活をおくろう！

Healthy table through your own cooking ●●

自炊に慣れていないからって、コンビニ食や外食に頼ってばかりいては、
お金もかかるし、健康にもよくない！
そこでここからは料理に関する超基本講座を開講。
野菜の切り方や下ごしらえ、冷凍保存法まで、
ここをおさえれば、面倒だと思っていた自炊が楽しくなるはず！

●Part 01

健康的にすごすために

栄養の基礎知識

一日に必要な"3色の栄養素"とは

外食ばかりでは不健康とはわかっていても、栄養のことはよくわからないという人におススメなのが"3色の栄養素"。体に必要な栄養素を赤、黄、緑の3色で表した、シンプルでわかりやすい食品分類法です。1日30品目の食品を食べるのが理想ですが、ひとり暮らしではこれがなかなか難しいもの。いろいろな食品をバランスよくとるために、毎日は無理としても、1週間単位でこの3色がちゃんと足りているかチェックしましょう。

赤 血や肉になる！
肉・魚・豆など

●1日の目安量
このグループのおもな栄養素は、タンパク質。魚介または肉類100g、豆腐や納豆など60g、牛乳・ヨーグルトなど250cc、卵1個（50g）をとるのを目標に。

●これが不足すると
骨や血、筋肉、内臓膜など、体の骨組みをつくる働きをする栄養素なので、不足すると、骨がもろくなったり、筋肉がつかなかったり、貧血にもなりやすくなる。

黄 エネルギーになる！
米・パン・イモなど

●1日の目安量
このグループに含まれる栄養素は、炭水化物と脂質。ご飯やパン、麺の原料の穀類180g、イモ類100g、砂糖20g、バターやサラダ油などの油脂20gを目標に。

●これが不足すると
体を動かしたり体温を保つ働きをする栄養素。すきっぱらだと元気が出なかったり寒かったりするように、不足すると、気力も体力もおとろえてしまうことに。

緑 体の調子を整える！
野菜、海草、果物など

●1日の目安量
このグループのおもな栄養素は、AやCなどのビタミン類と、カルシウムやヨードなどのミネラル類。野菜300g、海草類・キノコ類20g、果物200gを目標に。

●これが不足すると
体の各機能を調節したり、皮膚や粘膜を保護する働きがあるので、不足すると、自律神経のバランスを崩したり、風邪をひきやすかったり、肌あれなどの原因に。

●Part 02

料理の前にまずはおさらい！

料理の基礎知識

基礎1 調味料を入れる順番

さ し す せ そ

砂糖
甘みをもたせるだけでなく、材料をふっくらとさせ、あとから入れる調味料のしみ込みをよくする。

塩
水分を外に出す働きがある。漬け物などはその働きを利用したもの。また、タンパク質を固めて、うまみを閉じ込める作用も。

酢
タンパク質が固まるのを防いだり、塩味をやわらげる働きをもつ。酢の酸味は加熱に弱いので、火加減に注意。

しょうゆ
うまみと香りを生かすことを第一に考えた調理が必要。砂糖で味をしみ込みやすくしてから、入れるのが基本。

みそ
香りとコクは熱に弱いので、いちばん最後に入れる。みそを入れたら、ひと煮立ちさせる程度にするのがおいしさのコツ。

基礎2 料理用語

ひとつまみ 塩や、砂糖などの調味料を、親指、人さし指、中指の3本の指先で軽くつまんだ量。	**少々** 塩や、砂糖などの調味料を、親指と人さし指の2本の指先で軽くつまんだ量。
正味 魚なら頭や内臓、野菜なら皮や種を除いた量のことで、食べられる部分の重量。	**ひたひた** 鍋の水の量を表す言葉。中の材料の表面が少し見える程度に水を入れること。
煮立てる 沸騰させることで、表面が波立ち、底から泡が立つ状態。小さな泡だけでは沸騰ではない。	**ひと煮立ち** 表面が波立ち、泡立つ程度に煮立った状態。また、短時間煮立てたところで火を消すこと。
あら熱をとる 火を通したものを、湯気が消える程度まで冷ますこと。熱いままでは形が崩れる場合に。	**とろ火** 中火と弱火の中間が「とろ火」。火加減が強いほうから、強火、中火、とろ火、弱火、となる。

基礎3 賞味期限と消費期限

食品のパッケージに表示されている日付で、意外と知られていないのが「賞味期限」と「消費期限」の違い。「賞味期限」というのは封を切っていない状態で、いつまで「おいしく」食べられるかの基準なので、記載してある日付が過ぎたからといって、すぐに食べられなくなるわけではありません。いっぽう「消費期限」はというと、味にかかわらず、食べられるぎりぎりの日付を記したもの。食べると体調を崩すこともあるので、過ぎてしまったら、あきらめて処分しましょう。

基礎4 計量の基本

粉末

大さじ1強
やや山盛りの状態

大さじ1弱
すりきりから、スプーンの先を少し除いた状態

大さじ1/2
スプーンの柄《え》などで$\frac{1}{2}$に割り、余分な量を除く

大さじ1/4
大さじ$\frac{1}{2}$をスプーンの柄などで半分にして、余分な量を除く

液体

大さじ1
小さじ1
表面張力で盛り上がらず、平らになった状態

大さじ1/2
小さじ1/2
スプーンの深さの$\frac{2}{3}$を目安に

●Part 03

新鮮な材料を見抜こう

食材の選び方

食材選びは、料理の味はもちろん、食費にも関係する重大なポイント。見抜き方を知らないと、お店では新鮮そうに見えたものが、あっという間に傷んでしまったなんてことにもなりかねません。見きわめ方は食材によってさまざまですが、

特に肉類を買うときは、陳列棚から取り出してから見ること。新鮮に見えるように、棚の中だけ特殊な照明を使っていることがあるからです。さっそくここで紹介するポイントを覚えて、さらにおいしい料理を作りましょう。

魚

一尾魚

目が透き通っているかをチェック。次に、体が硬直してつやがあるか、エラが鮮紅色をしているか、ウロコがついているか確認。

切り身

汁が出ていないか、変色がないか、切り口が崩れていないかをチェック。霜つきのものは再冷凍した可能性があるので注意。

+αの豆知識

鮮度の落ちた魚に注意！

魚油に含まれる脂肪酸の一種のDHAやEPAは、酸化しやすく、過酸化脂肪ができやすい性質をもっています。この過酸化脂肪は、ガンの原因になるともいわれている成分。青魚は新鮮なうちに食べ、鮮度の落ちた干物も注意して。また、だからこそ見きわめ方をきちんと覚えて、新鮮な魚を選ぶようにしましょう。

肉

牛

色ではなかなかわからないので、パッと見て鮮度のよさそうなものを選んで。そのとき、棚の外へ出して選ぶことを忘れずに。

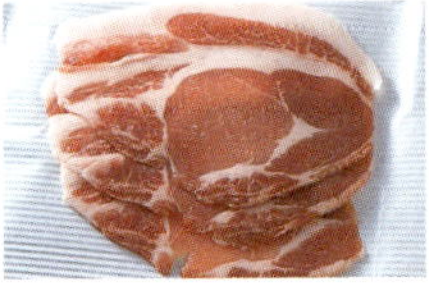

豚

脂身の部分が白くてきれいか、赤身の部分が黒ずんでいないかをチェック。汁が出ていたり、変色しているものは避けて。

とり

脂肪が多く、皮が厚すぎるものは避けたほうが無難。また、皮を上にして売っているものも、肉の部分が少ない可能性がある。

野菜

大根

触ってみて重いもの、弾力のあるものを選ぶ。葉のついていたところがヌルヌルしていたり、ヒゲ根が伸びているものはNG。

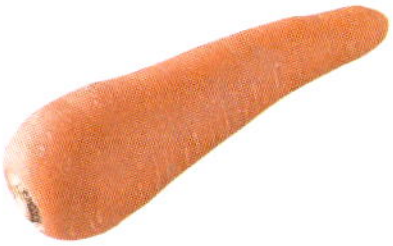

ニンジン

根の先のほうまでまるまるとして重みがあり、表面にハリがあり、みずみずしいものを選んで。シワの寄っているものは避ける。

キャベツ

手に持ったとき、重量感があり、外側の葉が鮮やかな緑色のもの、切り口が変色していないものを選ぶこと。

レタス

葉の巻き方や全体の形がしっかりしているか、外の葉がしおれていないか、切り口が白く変色していないかがポイント。

ナス

皮が張っていて、ヘタのトゲがとがっているものを。ヘタの切り口が茶色に変色しているのは鮮度が低下している証拠。

トマト

重みがあり、表面につやがあること。ヘタも重要。ピンと立っていて、濃い緑色をしているなら合格。表面の傷にも注意。

キュウリ

イボが鋭くて光沢があるもの、薄く白い粉がふいているものが新鮮。ビニール袋入りだとわかりにくいので、バラ売りを選ぼう。

ホウレンソウ

立てて持ってみて、シャキッと立ったら新鮮な証拠。逆に茎の部分が腐ってとけているものは、古くなっているので注意して。

+α の豆知識

冷凍野菜と生野菜の栄養価は同じ？

答えは△。冷凍野菜の栄養価は、基本的には同じ野菜の生のものと変わりません。しかも、冷凍野菜のビタミンCは減りませんが、生野菜のほうは、鮮度が落ちるとともに急激に減っていくというマイナス面も。場合によっては冷凍野菜が優れていることもあるのです。

タマネギ

天候が不順なときにできたタマネギは、実の下にもう１枚茶色い皮があることがある。信用のある店でよく確かめて選んで。

ジャガイモ

全体に均一な茶色で、ハリがあり重いものを選ぶこと。表面にシワが寄っていたり、芽が出ているものは避ける。

● Part 04

ひとりごはんの基本！

おいしいご飯の炊き方

おいしいご飯はここが違う！

ふっくら炊けたご飯は、ひとり暮らしの小さな幸せともいうべき存在。ポイントは、とぎ方と吸水時間。なにもおかずがなくても、充分満たされた気分になれる、おいしいご飯の炊き方を覚えましょう。

❶たっぷりの水で洗う

❶表面のヌカをとるために、大きめのボウルに分量の米を入れ、たっぷりの水を勢いよく注ぎ、混ぜながら洗う。

❷水を入れ替えてとぐ

❷水を捨て、もう一度水を入れ、手早くかき混ぜ、静かに水を捨てる。流す水に手を添えて、米がこぼれないように。

❸こすり合わせながらとぐ

❸米を軽く握り、こすり合わせながらとぐ。また、片手ですくい寄せ、手のひらで押さえるようにしてとぐ。

❹透明になるまでとぐ

❹たっぷりの水で2～3回とぐ作業をすると、白い濁りが消える。水が澄んできたら、ザルに上げ、よく水けをきる。

❺じっくり吸水

❺❹を炊飯器の内釜に入れ、分量の水を注ぐ。30分ほどじっくり米に水を吸わせるとふっくら炊き上がる。

❻ふんわりほぐす

❻炊き上がったら、10分ほど蒸らす。余分な水分をとばすために、水でぬらしたしゃもじで底から返すようにほぐす。

point

1 米のとぎ方
2 吸水時間
3 充分な蒸らし

先輩に聞く

炊飯器を使ったご飯レシピ

サケとイクラの親子丼

❶米3合をとぎ、酒・しょうゆ各$\frac{1}{3}$カップと水で3合分の水加減にし、だし昆布と生ザケをのせて炊く。❷炊けたらイクラとシソなどをのせて。

炊き込みツナご飯

❶米3合をとぎ、普通に水加減する。❷缶油をきったツナ1缶と、しょうゆ大さじ5を入れる。❸全体をかきまわし、スイッチオン！

●Part 05

野菜たっぷり！

おいしいみそ汁の作り方

おいしいみそ汁はここが違う！

ポイントはだしのとり方と、みそを溶くタイミング。野菜で甘みをプラスすることも大切です。ここで紹介するみそ汁は、みその植物性タンパク質や、わかめのミネラルなど、重要な栄養素がいっぱい！

point

1 **だしのとり方**
2 **みそを溶くタイミング**
3 **わかめを加えるタイミング**

❶昆布の汚れを取る

❶固く絞ったぬれぶきんや湿らせたキッチンペーパーで、昆布の表面の汚れをサッと拭き取る。

❷昆布を切る

❷きれいに汚れを拭き取った昆布を、5㎝程度の長さに2枚ほど切る。残りは袋の口をきちんと閉じてしまうこと。

❸昆布をひたす

❸鍋に3カップの水と切った昆布を入れ、20分ほどそのままおいておく。こうすると昆布からうまみが出る。

❹昆布を取り出す

❹鍋を火にかけ、沸騰する直前になったら、昆布を取り出す。入れたままにすると、ぬめりが出てしまうので注意。

❺削り節を入れる

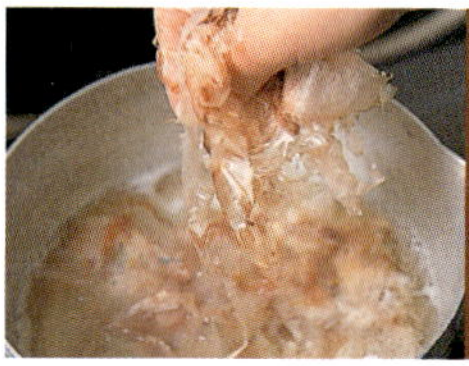

❺沸騰したら、削り節をひとつかみ入れ、1〜2分煮立てる。香りがとんでしまうので、煮すぎないこと。

❻だし汁をこす

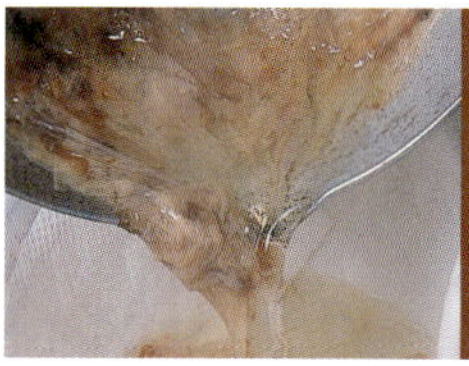

❻火を止め、キッチンペーパーを敷いたザルでこす。一度にたくさん作って、製氷皿に入れて凍らせておくと便利。

❼タマネギを煮る

❼タマネギ1/6個をスライスする。鍋にだし汁1カップを入れて火にかけ、タマネギを入れてサッと煮る。

❽みそを溶く

❽みそ大さじ1をとり、菜箸とみそこしを使って、鍋のだし汁でみそを溶く。このとき沸騰しないように注意する。

❾わかめを加える

❾最後に乾燥わかめ3gを加え、煮えたら火を止める。ねぎなどを入れる場合は、いちばん最後に加えること。

● Part 06

味と見た目の決め手

食材の下ごしらえ

野菜の切り方

包丁の持ち方の基本

柄《え》を包むように握り、刃の背に人さし指を当てる。片手は軽く猫のように指を丸めて。

●短冊切り
まず材料を大きく長方体に切ってから、長方形の薄切りにする。炒めものや炒め煮に向いている。

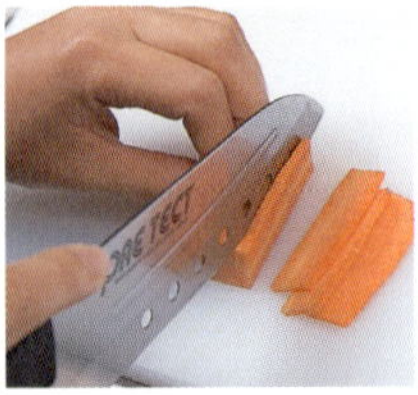

●輪切り
材料を横にして、一定の厚さで切る。ダイコンやキュウリなど細長い野菜に向く切り方。

●せん切り
材料の繊維に沿って、縦に細長く切る。歯ざわりを大事にする切り方で、サラダによく合う。

●乱切り
形が不定形になる切り方。細長い材料を斜めに切ってから、手前に回しつつ、さらに斜めに切る。

●みじん切り
細かく切ること。タマネギの場合は、次の手順で。❶まず縦半分に切ってから、横に切り目を数本入れる。❷芯を残したまま、包丁を立てて、縦に細かく切り込みを入れていく。❸芯の部分をしっかり押さえながら、端のほうから、ごく小さく切っていく。

下ごしらえの基本

野菜

根菜類は水から葉ものはお湯でゆでる

ジャガイモなどの土の中で育った根菜類は、かぶるぐらいの水を入れて、水からゆでるのが鉄則。ホウレンソウなどの葉野菜は、沸騰した湯に根元から入れ、ザルに上げて、冷水にさらします。ブロッコリーなどの花野菜も、沸騰した湯で。ゆでたあとはザルに上げるだけでOK。

野菜の下準備は3種類ある

冷水
キャベツは、せん切りにしたあと、冷水につけてシャキッとさせる。ナスやイモ類も冷水でアク抜きする。

塩水
キュウリは、水4カップに対し、塩小さじ1の割合で作った塩水につけておくと、青臭さがとれる。

酢水
レンコンやゴボウは、かすかに酸っぱいくらいの酢水につけてアク抜きを。切ったらすぐに酢水に放す。

肉

豚肉・牛肉は筋を切る とり肉はフォークで刺す

豚や牛のロースの赤身と脂身の間の筋は、加熱すると縮んで肉が反る原因に。包丁で切り込みを入れておきましょう。とり肉は、調理前にフォークや竹串でブツブツと表面を刺しておくこと。こうすることで、焼いたときの皮の縮みを防ぎ、熱の通りがよくなって、味がしみ込みます。

魚

塩をふって臭みをとる

まんべんなく塩をふり、15～20分おくと表面に水分が。この余分な水分が、臭みを外に出してくれる。

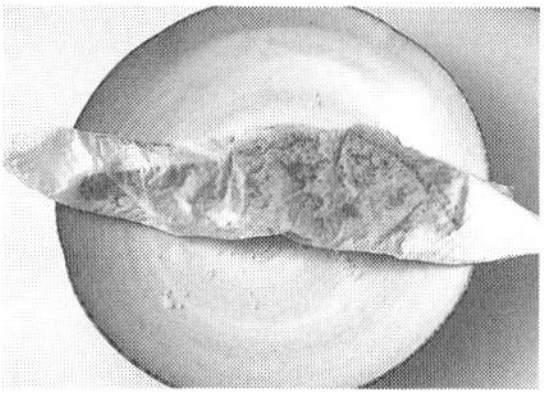

魚から水分と一緒に臭みが出てきたら、キッチンペーパーで両面の水分をしっかり拭き取る。

電子レンジで下ごしらえ

まずは正しい加熱のポイントをチェック

Point 1 500Wレンジの加熱時間は600Wレンジの1・2倍

最大の決め手は、加熱時間。加熱にかかる時間は、レンジのW数によるので、まずは自分の電子レンジが何Wかを確認して。家庭用のレンジは500Wと600Wが多く、500Wで必要な加熱時間は、600Wの1・2倍。この比率を覚えて、適切な加熱時間を算出しましょう。

Point 2 電子レンジは上から熱が通る

下から火が当たるガスコンロと違い、電子レンジは上から熱（電磁波）が通ります。このため、材料を数種類同時に入れるときは、熱が通りにくい肉などを上に、通りやすい葉ものなどの野菜を下にします。

Point 3 レンジの熱はとがった部分から

電子レンジの熱は、とがったところから先に通ります。野菜を切るときは、とがった部分ができる乱切りにすると火が通りやすいというわけ。調理時間短縮のために、ぜひ覚えておきましょう。

Point 4 ターンテーブルや皿は外側から熱が通る

食材をレンジに入れるとき、ついターンテーブルの中央に置いてしまいがちですが、実は、NG。中央は加熱効率が悪いので、均一に加熱したいなら、端に置いて。耐熱皿に置くときも同じで、外側に火の通りにくいものを置きます。

Point 5 加熱時間は大きさではなく重さによる

レンジの場合、お湯でゆでるのと違って、小さく切れば早く熱が通るわけではありません。形より全体の大きさが目安となり、まるごとでも、カットしてあるものでも、加熱にかかる時間は同じです。

Part 07

ムダのない食生活のために

食材の保存法

冷蔵庫で保存

ムダなく使いきるために長もちする保存法を覚えよう

冷蔵庫に入れれば、なんでも長期保存ができるわけではありません。例えば根菜類は常温保存、菜ものは冷蔵庫で高さのある容器などに立てて保存すると、長もちします。食費節約のためにも、食材ごとの保存法を覚えましょう。

●タマネギ 薄皮がついたまま保存するのがベター。空気が入らないよう、ラップに包む。

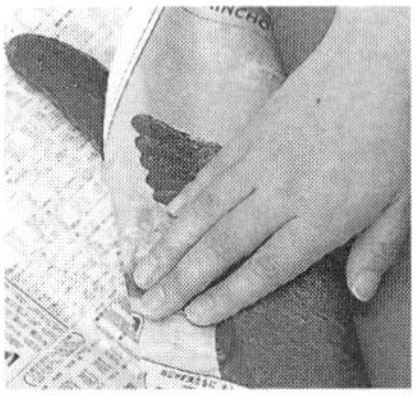

●キュウリ 新聞紙でくるみ、ビニール袋に入れて野菜室で保存。保存期間は4～5日が目安。

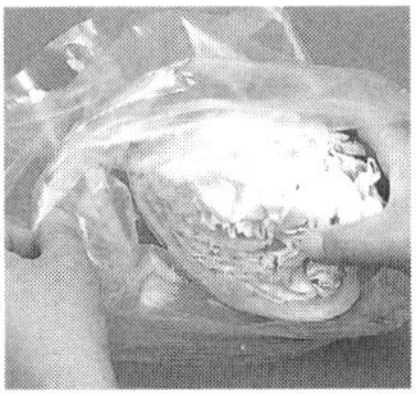

●キャベツ・レタス ビニール袋に入れ、口を折って野菜室へ。傷んだ葉や変色部分は取り除いておく。

●ブロッコリー エチレンガスを出してほかの野菜を傷めるので、袋の口をしっかり閉じて保存。

●ホウレンソウ 根元を下にしてビニール袋に入れ、立てた状態で野菜室へ。口はしっかり閉じる。

冷凍庫で保存

冷凍保存の鉄則はスピード

例えば肉を解凍したときに、濁った汁が出てきたことはありませんか？　これは冷凍によって細胞が壊れた証拠。もちろんおいしさは半減してしまいます。細胞を壊さないようにするポイントは、一気に内部まで冷凍することです。

冷凍に向いていないもの

牛乳 凍結すると、水分と脂肪分が分離し、本来の栄養素が失われるので×。余ったらホワイトソースにして冷凍保存を。

卵 生卵は一度冷凍すると、ボソボソになってしまう。スクランブルエッグにするなど調理すれば、冷凍もOK。

豆腐 冷凍はできるが、解凍してももとどおりにはならない。冷凍したものは解凍しないで、そのまま煮ものやすき焼きに。

こんにゃく 凍らせるとこんにゃく本来のプリプリ感が損なわれ、ジャリジャリした歯ざわりになる。避けたほうが無難。

ゼリー 凍らせたことのある人も多いのでは？　解凍してももとには戻らないが、シャリシャリした食感が楽しめる。

生野菜 凍結によって水分が膨張し、細胞膜が破壊されるのでもとには戻らない。細かく刻んでスープやソースにして保存。

冷凍保存の基本手順をおさえよう

1 下準備

食材に合わせた下準備が大切

前述のように、冷凍のポイントは、内部まで早く凍らせること。そのため、冷凍前の食材は、薄く切るなどの下準備が必要です。ハムなどは薄切りに、肉はこまぎれに、ご飯は1食分ずつ小分けにするなど、食べるときのことも考えて、食材に合わせた下準備をしましょう。さらに、冷凍庫内での酸化と乾燥を防ぐために、ラップにぴっちり包んでおくことも重要です。また、冷凍前に調理を済ませておくのも手。肉や魚に味つけをしておいたり、野菜を下ゆでしておくと、より長もちします。あとは温めるだけの状態にしておけば、忙しい日にも大助かり！

肉 魚 小分けが基本

●切り身魚や大きめの肉、ひき肉などは、あとで使いたいぶんだけ使えるように小分けに。●厚めのソテー用の肉は、アルミ箔に包む。●生の肉、魚を冷凍する場合は、新鮮さが条件。少し日がたっていると感じたら、酒やしょうゆで下味をつけて。●調理してから冷凍しても◯。

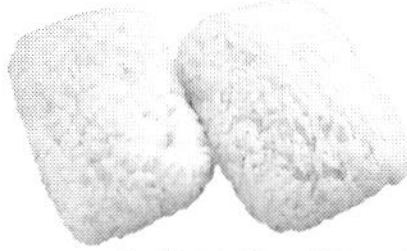

米 炊きたてを冷凍

温かいうちに1食分ずつ分けて平らにし、ラップに包む。冷めたら冷凍庫へ。凍ったらジッパー付きビニール袋に移せば、1～2カ月もつ。

野菜 ひと手間加えて

ジャガイモ	生は無理だが、ゆでてつぶせば冷凍可能。小分けしてラップに包み、冷凍庫へ。
ホウレンソウ	固めにゆでたあと、よく水けを絞り、同じ長さに切って、ラップに包み冷凍。
トマト	生のままザクザク切ってジッパー付きビニール袋に入れ、冷凍。解凍したらソースなどに使う。
大根	おろし大根は、小分けしてジッパー付きビニール袋に入れ、冷凍。せん切りは、塩をふってから冷凍。
ニンジン	薄切りにして、やわらかくゆでてから水分を拭き取り、ラップに包んで冷凍。
タマネギ	みじん切りまたは薄切りにしてよく炒めたあと、ジッパー付きビニール袋に小分けして冷凍。
ナス	まるごとゆでて冷ましたあと、水分をよくぬぐってから、ラップに包んで冷凍。
ピーマン	生のまま細切りにし、使いやすいよう、ジッパー付きビニール袋に小分けして冷凍。
シイタケ	汚れをよくふいて石づきを切り落とす。逆さにして、生のままラップに包んで冷凍。
キュウリ	ジャバラ切りにして塩をふり、ラップにきっちり包んで冷凍。
ブロッコリー	固めにゆでて水分をよくきる。バットに並べて冷凍し、凍ったらジッパー付きビニール袋に移す。

2 空気抜き

空気抜きは賞味期限を左右する

食材は冷凍すれば傷まないわけではなく、冷凍庫の扉の開閉によって空気に触れると、酸化が進行します。酸化を防いで長もちさせるのに便利なのがジッパー付きビニール袋を使った真空パック。いったん凍らせてから袋に入れ替えて、ストローで中の空気を充分抜きましょう。このひと手間で食材の酸化防止、霜つき防止になり、いっそう保存がききます。

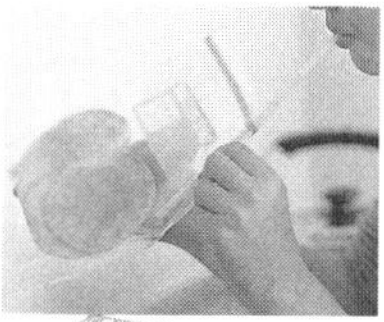

お役立ちグッズ

強力なジッパー付き。密閉できるので、野菜や果物の乾燥を防ぎ、新鮮さを保つ。長もちさせるのに最適。

3 冷凍庫で保存

保存時には冷凍庫の開閉はすばやく

長期保存するためには食品の酸化を防ぐことが重要。そのためには扉の開閉を少なくし、外気に触れないよう心がけて。

●Part 08

正しい解凍でおいしく食べる

冷凍した食材の解凍法

上手に冷凍しても、解凍に失敗すると、うま味が流れ出たり、水分がなくなったり……。解凍法もマスターしなければ、冷凍保存に成功したとはいえません。

(肉)(魚) 解凍時に出る肉汁に注意

肉・魚のうま味が逃げる最大の敵は、解凍時に出る汁。汁をださないようにするには、冷蔵室に移し、ゆっくり解凍するのが最良の方法です。時間がないときは、電子レンジで解凍してもいいですが、その場合は、半解凍でストップします。

電子レンジで解凍するときは、出てきた汁で肉が煮えないよう、割り箸にのせ、浮かせるのがコツ。

お役立ちグッズ

このシートに挟めば、出てきた汁をしっかり吸収。電子レンジ解凍のときは、様子を見ながら解凍する。

(野菜) 食べ方に合わせて解凍

葉もの（ホウレンソウなど）

おひたしにするなら、レンジで解凍するかサッとゆでて。炒めものになら、熱湯をかけて解凍し、よく絞りましょう。シチューやグラタンなら、凍ったままでOK。

根菜類（ジャガイモなど）

ポテトサラダなど、解凍後すぐ食べる場合には自然解凍。コロッケなどに使う場合は、食べるぶんだけ電子レンジで解凍。

そのほかこんなものまで冷凍・解凍できる！

	冷凍法	解凍法
サンドイッチ	ハムやマッシュポテトなど、具には冷凍できるものを挟んで。レタスなど生野菜は冷凍できないので入れないこと。ラップに包んで冷凍し、真空パックする。	室内に置いて自然解凍する。完全に解凍するまで真空パックの状態のまま、出さないこと。出してしまうと水滴がついて、パンがべチャッとなってしまう。
卵	生卵の冷凍は無理だが卵焼きやスクランブルエッグにすれば冷凍可能。ラップに包んで冷凍し、凍ったら真空パックして保存。	皿にのせ、ラップをかけて電子レンジで解凍すると卵がふっくらしておいしい。室温で自然解凍するときは、真空パックの状態のまま、出さずに解凍する。
ケーキ	ケーキや和菓子は、冷凍向き。冷凍後、できれば真空パックにしたいが、ケーキなどのように形の複雑なものは、密封容器に入れて冷凍保存。	室内で自然解凍すればそのまま食べられるので簡単。ラップに包んだものは、包んだまま解凍し、ケーキなどは密封容器に入れたまま自然解凍する。
ソース焼そば	野菜は解凍時にやわらかくなるので、固めに炒めたほうが、冷凍向き。1食分ずつ小分けし、ラップに包み、冷めたら冷凍庫へ。凍ったら真空パックに。	取り出して皿にのせ、ラップをかけて電子レンジで解凍。レンジにかけすぎると、乾燥して固くなるので、様子を見ながら何分かに分けて加熱して。
カレー	冷凍するとき、ジャガイモとニンジンは取り除く。丸形の密封容器に入れると、熱が均等に伝わり、レンジで解凍しても温度ムラがない。	密封容器に入れたまま、電子レンジで解凍。または、密封容器のまわりを温めて中身を鍋にあけ、火にかけても。ゆでたジャガイモとニンジンを入れて食べる。

あなたの自炊をラクにする! 便利な目安表

電子レンジ調理に――加熱時間目安表

100 g当たり

種類		食材	600w	500w
野菜	モヤシ	モヤシ	40秒	1分
野菜	キノコ	シメジ、生シイタケ、マイタケ、エノキダケ	40秒	1分
野菜	青菜類	ニンニクの芽、春菊、三つ葉、ニラ、青ネギ、長ネギ、ホウレンソウ、小松菜、チンゲンサイ、キャベツ、白菜	1分10秒	1分30秒
野菜	夏野菜	ナス、トマト、オクラ、ピーマン	1分30秒	2分
野菜	春野菜	カリフラワー、ブロッコリー、グリーンアスパラ、サヤインゲン	1分30秒	2分
野菜	根菜類	ジャガイモ、サツマイモ、里芋、長芋、こんにゃく、カボチャ、トウモロコシ、枝豆、レンコン、タマネギ、ニンジン、大根、カブ、ゴボウ	2分	2分30秒
野菜	冷凍野菜（加熱済み）	ミックスベジタブル、グリーンピース、コーン、五菜ミックス、芽キャベツ、ホウレンソウ	3分	3分40秒
肉 魚介 豆腐	肉・魚・卵	とり肉、豚肉、牛肉、魚類、鶏卵	2分	2分30秒
肉 魚介 豆腐	エビ・イカ 豆腐など	エビ、イカ、カニ、タコ、帆立貝 豆腐、とりささみ	1分	1分20秒

覚えておきたい 自炊のコツ 5カ条

1 1週間単位でいいから3色の栄養をとろう

2 おいしいご飯とみそ汁がひとりごはんを楽しくする

3 おいしい料理は食材選びから

4 電子レンジを活用して自炊時間を短縮!

5 保存法を制する者が自炊を制する

ハカリがなくても安心! 計量目安表

	小さじ1	大さじ1	1カップ
食塩	5	15	210
上白糖	3	9	110
グラニュー糖	4	13	170
バター	4	13	180
薄力粉	3	8	100
カレー粉	2	7	85
粉チーズ	2	6	80
ごま	3	9	120
みそ	6	18	230
ココア	2	6	80

単位はg

きれいな部屋ですごしましょ!

掃除の基本と裏ワザ

From ABC to the unknown technique of cleaning ●●

自分の部屋だけでなく、キッチンやトイレ、
バスまで掃除しなければならないのがひとり暮らし。
つい後回しにしてしまいがちですが、時間がたつほど汚れは頑固になり、
掃除の手間をふやすばかりか、虫やカビが出現なんてことに——。
そんな事態におちいる前に、掃除の基本と裏ワザを覚えて、
気持ちのいい部屋をつくりましょう。

● Section 01

これがなくては始まらない

掃除道具の用意

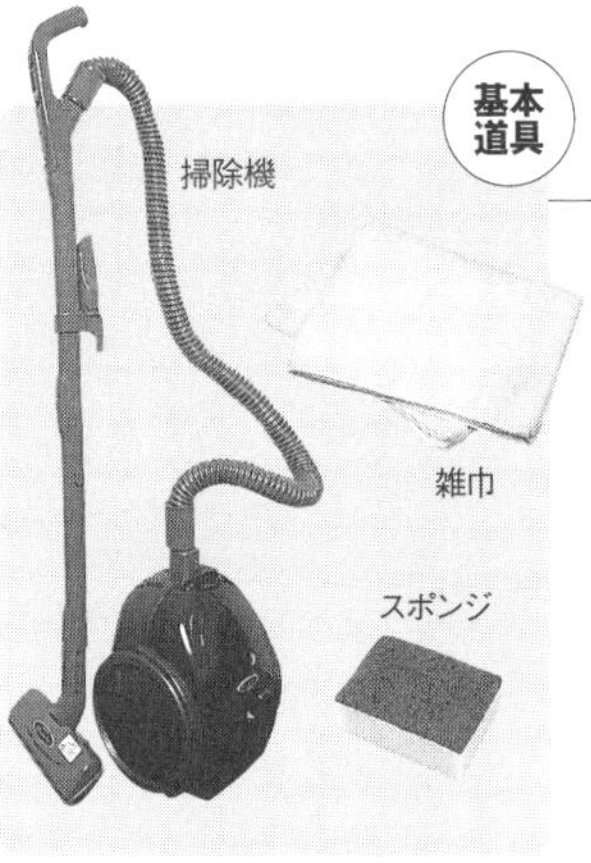

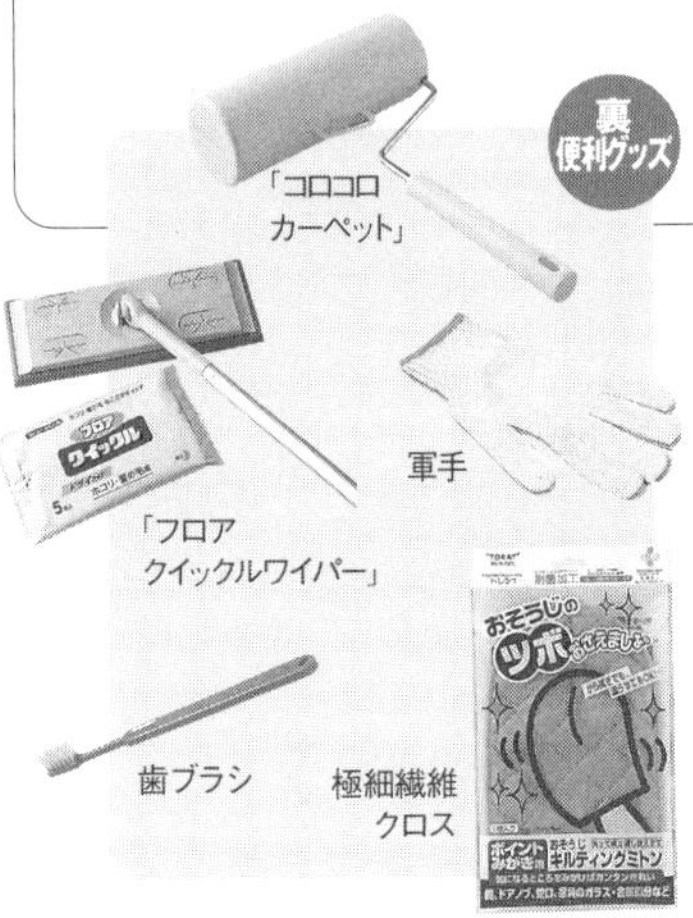

● Section 02

快適なひとり暮らしにするために

室内の掃除法

室内掃除の手順

窓
▼
家具・家電
▼
床

手順を間違えると、二度手間に。要領よくすませるには高い場所から低い場所へ、奥から手前に掃除するのが、汚れを広げないコツ。

窓

基本 裏ワザ

水拭き→から拭き さらに新聞紙で拭く

窓掃除の基本は水拭きとから拭きですが、水拭きしたあとまだ乾かないうちに、丸めた新聞紙で円を描くように磨くと、新聞紙のインクがワックス代わりになってピカピカに。こうしておけば、キズや汚れも防げます。

カーテン・ブラインド

カーテン・ブラインドも、3〜4カ月に一度はきれいにしたいもの。カーテンは自分で洗える素材もあるので、クリーニングに出す前に洗濯表示をチェックしてみて。また、床掃除のついでに、カーテンにも掃除機をかける習慣をつけましょう。

こんなところは軍手が大活躍

ブラインドは、軍手をした手を羽根の間に挟み、横に動かす。

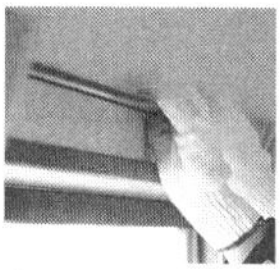
カーテンレールのホコリも、握って動かせばきれいに。

網戸

網戸の掃除は、まずイラストのように掃除機でホコリを吸い取ります。そのあと洗剤を含ませたスポンジ2個で両面から挟むようにして拭き、さらに水拭きを。

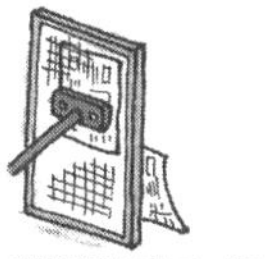
裏側に新聞紙を当て、掃除機でホコリを吸い取る。

住居用洗剤を含ませたスポンジ2個で、両側から挟むようにして拭く。

家具・家電

基本 から拭き
裏ワザ 古い歯ブラシでホコリ取り

木製家具

木製家具は、から拭きが基本。汚れが目立つ場合は、中性洗剤を含ませた雑巾を固く絞って拭きますが、白木の家具には使用できません。吸水性がいいので、水分でシミになる場合もあります。

ソファ

革製ソファは、次の手順でお手入れを。❶衣類用の中性洗剤をうすめた液を含ませた雑巾を固く絞り、拭いて汚れを落とします。❷固く絞った水拭き雑巾で洗剤分を拭き取り、❸乾いたら、柔らかい布に革用クリームをつけて拭きます。

テレビ

水けを嫌うので、基本的にははたきや柔らかい布でホコリを払って。ホコリ防止のために、AV機器専用の静電気防止スプレーをかけておくのも手。細かいところの汚れは、古い歯ブラシで掃きだしましょう。

エアコン

フィルターにホコリが詰まると、同じ温度でも光熱費が約10%高くなります。節約のためにも、3カ月に一度はフィルターをはずし、たわしでホコリをこすりとり、水で洗ってから日陰で乾かします。忙しいときは掃除機でホコリを吸い取るだけでもいいので、マメに掃除をしましょう。

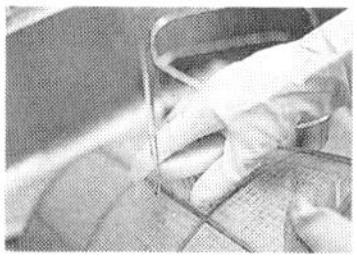

照明

熱でホコリを集めてしまうので、半年に一度は照明器具も掃除を。プラスチック製のシェードは、水洗いするか、住居用洗剤をスプレーした布で拭いて。木製や紙製の場合は、静電気ブラシなどでホコリをとりましょう。

床

フローリング

基本 奥→手前に掃除機がけ

掃除機を奥から手前にかけるのは、フローリング掃除の基本。汚れがひどいなら、室内用洗剤で拭き掃除をして。ただし、表面加工によっては、洗剤が使えない場合もあります。拭く前に目立たないところで必ず変色チェックをしましょう。

部屋の奥から手前（出入口方面）へ向かって掃除機をかければ、汚れが広がらず、要領よく掃除ができる。

裏ワザ 米のとぎ汁でツヤだし

仕上げに、キズや汚れから守ってくれるフローリング専用の樹脂ワックスで磨けば完璧。また、お米のとぎ汁もワックス代わりになるので使ってみて。ワックスいらずでお金もかかりません。

毎日の掃除は「クイックルワイパー」で充分

専用のシートでホコリをサッととってくれる「クイックルワイパー」は、ふだんの掃除に大活躍。留め具がついているので、雑巾を取り付けられるうえ、立ったまま雑巾がけができるから、掃除時間を短縮できます。

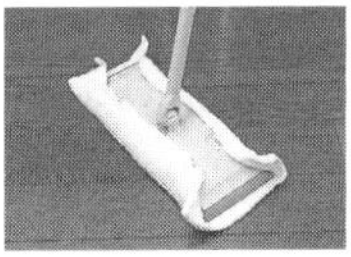

畳

基本 目に沿って掃除機or雑巾がけ

畳は水を嫌うので、ふだんは目に沿ってから拭きをしましょう。汚れが目立つようなら、お湯に中性の住居用洗剤をたらした洗剤液を雑巾に含ませて、固く絞ってから拭きます。そのあとしっかり乾燥させて。

裏ワザ 酢水でツヤだし

基本の掃除を終えたあと、さらに汚れをとってツヤをだすには、お酢が効果的。お酢の主成分である酢酸の洗浄力が、汚れを分解するのです。バケツの水にお酢を1滴たらして水拭きすると、ツヤがでるので試してみて。

ヘリの汚れ対策

ホコリのたまったヘリの掃除には、歯ブラシが大活躍。目立つシミには中性の住居用洗剤と歯ブラシを使い、汚れをかきだしましょう。さらにお湯で固く絞った雑巾でたたけばＯＫです。

タバコの灰をこぼしたら

灰の上に粗塩をまき、軍手をはめた手でこすると、灰が粗塩に混ざって浮き出てきます。あとはていねいに拭き取るか、掃除機で吸い取れば畳の目に灰が入るのを防げます。

カビ対策

カビがはえてしまったら、消毒用エタノールをスプレーして、あとは布で拭き取るのが最善の方法です。下手にから拭きしたりホウキで掃くと、カビの胞子をまき散らすハメに……。

カーペット

基本 部屋の中心から掃除機がけ

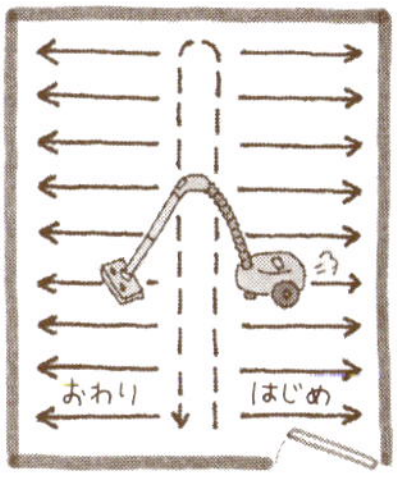

カーペットの床は部屋の中心から、毛並みに逆らうようにしっかり掃除機をかけていくのがコツ。部屋を半分に分け、順にかければ、かけ残しがなくなる。

裏ワザ 「コロコロカーペット」でホコリとり

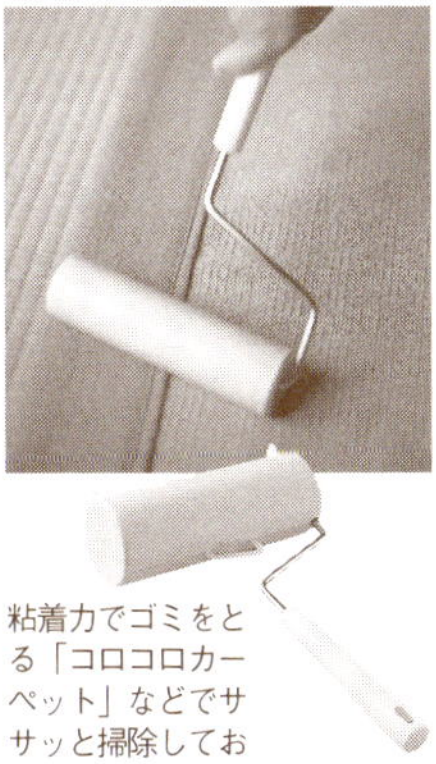

粘着力でゴミをとる「コロコロカーペット」などでサササッと掃除しておけば充分。

人が通るところが特に汚れるので、ふだんの掃除はカーペットの中央部分に重点的に掃除機をかけるか、「コロコロカーペット」でゴミをとります。汚れが目立つようなら、中性の住居用洗剤を含ませた雑巾で、毛並みに逆らうようにして左右両方向から拭きましょう。

シミの取り方

●水性のシミ

しょうゆなどの水性のシミは、まず水を含ませた布で拭き、中性の住居用洗剤を含ませた布で拭いたあと、歯ブラシなどで汚れをかきだして布にとります。

●油性のシミ

ファンデーションやバターなどの油性のシミは、ベンジンを含ませた布で拭き、ブラシで汚れをかきだして。あとは水性のシミと同様に。ベンジンを使う場合は、換気と火気に充分注意しましょう。

●ガムやロウがくっついたら

ガム

ガムに氷を当てて冷やすと、固まって簡単にはがれる。

ろうそく

ティッシュの上からアイロンを当てると、ロウが溶けてとれる。

● Section 03

食器を扱う場所だから
いつも清潔に

キッチンの掃除法

キッチン掃除の手順

ガスレンジ
▼
水栓金具
▼
排水口
▼
シンク

掃除に水を使うので、シンクはいちばん最後。水場に遠いところからすすめて。ついでにキッチン家電も掃除する。

基本 キッチンまわりは使ったらすぐに拭く

油汚れや水あかなどをためないように、使ったらすぐ拭き取ること。時間がたつほど頑固にこびりついてしまいます。また、食器を洗った残りの洗剤で、ついでに排水口や三角コーナー、洗いおけ、シンクの内側も、ざっと洗って、汚れを落としておきましょう。

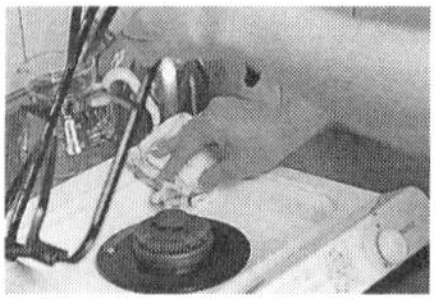

ガスレンジ

五徳と受け皿

裏ワザ 重そうで頑固な油汚れを撃退

アルカリ性で、油汚れに効果抜群の重そう。五徳と受け皿をはずし、汚れ部分に重そうをかけ、しばらくおいてから、古い歯ブラシでこすります。それでも落ちない場合は、一度重そう溶液につけましょう。

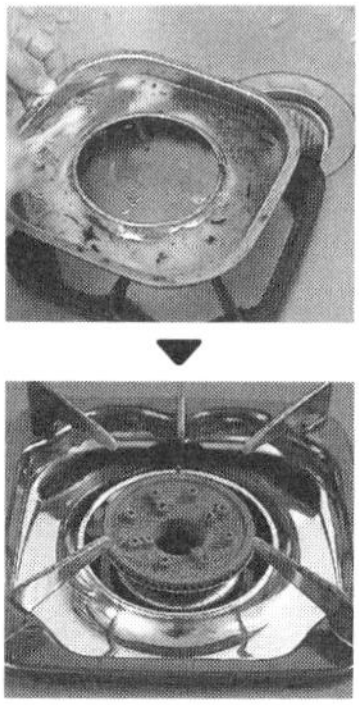

こびりついた油汚れも、重そうだけでスッキリ。

ガス台

裏ワザ 液体せっけんと酢で簡単掃除

洗剤というと合成洗剤を思い浮かべがちですが、液体石けんも見直して。しつこい油汚れもきれいに落ちます。さらに酢水をかけることで泡が分解されるので、あとはペーパーで拭き取るだけでＯＫ。天然素材だから、肌にやさしいのも魅力。

水栓金具

裏ワザ 古歯ブラシ＋練り歯磨きでピカピカに

歯ブラシに練り歯磨きをつけ、水あかがたまっている蛇口のつけ根や、裏側をこすります。しつこい汚れには、小麦粉を研磨剤代わりに使っても。そのあと水拭きし、乾いたタオルを巻きつけて磨くと、新品のような輝きが出ます。

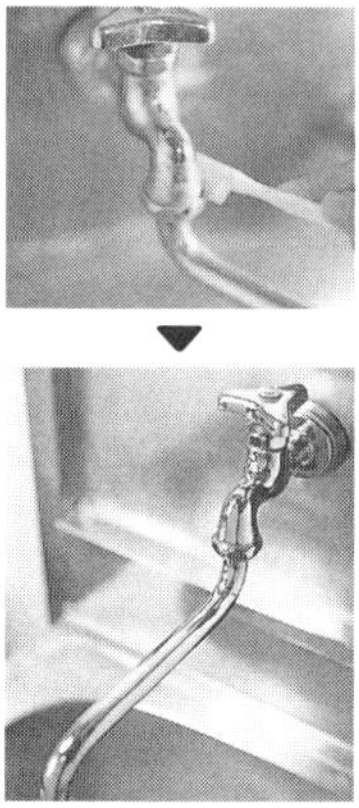

裏ワザ 軽い汚れは極細繊維クロスで磨くだけ

軽い汚れなら、メガネ拭きなどと同じ極細繊維のクロスで磨くだけでもきれいになります。汚れがひどい場合は、ハンドソープをかけ、スポンジでこすってから、クロスで磨きましょう。

排水口

三角コーナー

裏ワザ 台所用漂白剤につけおくだけ

三角コーナーのヌルヌルの原因は、湿気と食べかすによるカビや雑菌。長い間放っておくと悪臭も引き起こすので、早めに対処する必要があります。まずスーパーの袋に水を入れ、台所用漂白剤を加えて（量はパッケージの表示に従う）。中に三角コーナーを入れ、30分ほどで取り出し、水洗いすれば、きれいになります。

排水口のニオイ

裏ワザ お酢を吹きかける

排水口のイヤなニオイのもとになっている雑菌は、お酢のもつ殺菌効果で撃退しましょう。お酢の主成分である酢酸には、洗浄力だけでなく殺菌力もあり、吹きかけてみるだけでも、さまざまな場所でパワーを発揮します。しかも天然素材だから、吹きかけたあと水洗いする手間もありません。

シンク

水あか

裏ワザ レモン果汁で磨く

シンクのまわりの白い水あかの原因は、水道水の残留塩素。これにはレモンのクエン酸が効果大。水あかを分解するので、レモンの切り口でほんのひと拭きすれば驚くほどキレイに落ちます。

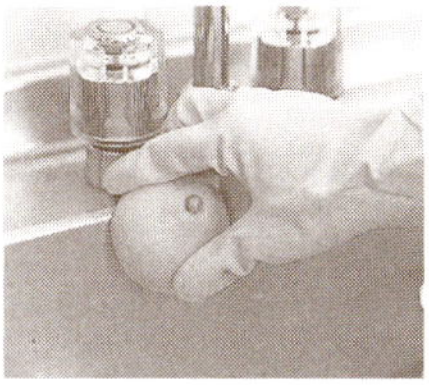

サビ

裏ワザ 洗濯用の還元型漂白剤が効果的

サビは「還元」されることで水に溶けます。約60℃のお湯で洗濯用の還元型漂白剤をペースト状に溶かし、サビに塗りつけて30分くらい放置します。長くおきすぎると、シンクを傷めるので注意して。そのあと歯ブラシや、柔らかいスポンジでこすると、サビが消えていくから不思議！

キッチン家電

電子レンジのニオイ

裏ワザ レモンの皮を加熱するだけ

電子レンジにレモンの皮を入れて1分加熱すると、さわやかな香りが広がり、いやなニオイが消えます。汚れには、ぬれぶきんを入れて30秒加熱。蒸気で汚れをゆるめてから布で拭けばピカピカに。

冷蔵庫の汚れ

裏ワザ 台所用洗剤で拭く

まず電源を切り、中のものを出します。しつこい汚れは、お湯でうすめた台所用洗剤を布にしみ込ませて拭き、そのあともう一度水拭きします。冷蔵庫下の蒸発皿も、たまには掃除しましょう。

冷凍庫の霜

裏ワザ 熱湯の蒸気で溶かす

厚さ5㎜以上になる前に霜とりを。電源を切って中のものを出し、熱湯を入れたボウルを庫内へ。霜がゆるんだら割箸などでとり、乾いた布で拭きます。

● Section 04

積もり積もって
しつこい汚れになる前に

バスルームの掃除法

バスルーム掃除の手順

浴槽
▼
バス用品
▼
床

バスルームの床には掃除中、常に水が流れるので最後に。掃除面積の広い、浴槽から始め、シャワーホースなど細かい部分へとすすめて。

基本 使用後、お湯を抜きながら掃除

湯あかは時間がたつと落ちにくくなるので、使用後、お湯を抜きながら浴槽を掃除するのがマル。熱いシャワーをざっとかけるだけでもいいので、習慣にして。また、ふだんからカビ防止のために、換気はしっかりしておきましょう。

基本 軽い汚れならバス用洗剤で

軽い汚れはスプレータイプのバス用洗剤を吹きかけ、スポンジでこすります。最後に水で流せばさっぱりきれいに。

浴槽

裏ワザ しつこい汚れにはクレンザー

バス用洗剤を使っても落ちないしつこい汚れには、研磨剤の入った浴室用の微粒子クレンザーが効果的です。

洗剤の使い方に注意！

洗剤は、使い方を間違えると化学反応を起こし、有害ガスが発生することも。特に塩素系洗浄剤や漂白剤と、酸性タイプの洗浄剤を同時に、または続けて使うと危険。必ず取り扱い上の注意を守って。

バス用品

裏ワザ 軍手＋洗剤で細かい部分もOK

ゴム手袋の上から軍手をはめ、洗剤を吹きかけます。これで拭けば、ブラシの柄《え》など細かいところでも、指先でしっかり磨けてきれいになります。さらに、歯ブラシと歯磨き粉を使うのもおススメです。

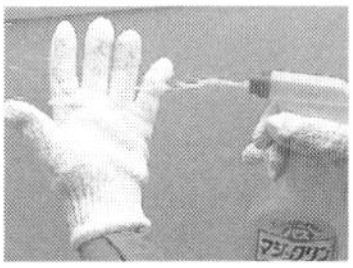

床

裏ワザ 細かい部分は歯ブラシ＋練り歯磨きで

床のすみや排水口など、細かい部分の汚れは、古い歯ブラシに練り歯磨きをつけてこするときれいに落ちます。

排水口の詰まり防止には
髪の毛は詰まりの元凶。排水口に貼りつけ、髪の毛がたまったらはがして捨てるだけ。

● Section 05

他人も見るところだけに汚れをためないで！

サニタリーの掃除法

トイレ

基本 使ったらブラシで磨く

使うたびにブラシで軽く磨いておくと、いつもきれいに使えます。頑固な汚れは、トイレ用洗剤か、目の細かい耐水性のサンドペーパーで円を描くようにこすって。

裏ワザ レモン果汁や酢で汚れを分解

酸性のレモン果汁や酢には、洗浄効果と殺菌効果があるため、トイレ汚れの元凶であるアンモニアを分解してくれます。便器に吹きかけて磨けば、充分汚れが落ちるので、トイレ用洗剤を切らしたときには、これで代用して。

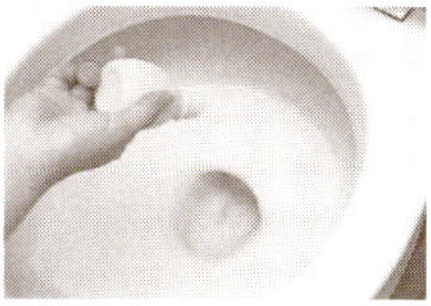

洗面所

基本 「～しながら」掃除する

洗面所を清潔に保つためには、なにかを「しながら」掃除すること。歯を磨きながら片手でこすればいつもピカピカ。

裏ワザ ジャガイモとレモンの切れはしで

水けを放っておくと水あかになるので、洗面台を使うたびに拭き取りましょう。軽い汚れのうちは、レモンの切り口で磨いたり、ジャガイモの切れはしでこすって、水拭きとから拭きをしても効果的。

日ごろの掃除をもっとラクにするために

汚れ防止をしておこう

流しの下 **新聞紙でカビ・ダニ予防**
流しの下や押入れなど、湿気がこもりそうなところには、あらかじめ新聞紙を敷いておきましょう。湿気を防ぐことは、カビやダニを発生させないための基本です。

食器棚 **包装紙を敷いて汚れ防止**
掃除のたびに食器を出して棚を拭いていると、時間がかかります。包装紙やペーパータオルなどを敷いておけば、汚れても取り替えるだけなので簡単。専用のシートもあるので、汚れ防止のために活用してみて。

ゴミ箱 **新聞紙を敷いて水もれ対策**
生ゴミを捨てるキッチン用のゴミ箱の底には、新聞紙を敷いておきましょう。そうすれば、生ゴミから水分がもれても安心です。ゴミを捨てるときに一緒に捨れば、ゴミ箱をいつもキレイに保てます。

換気扇 **アルミ箔で油汚れ防止**
換気扇の縁や、コンロは油汚れがたまりやすい場所。油汚れは時間がたつと、特に落ちにくくなるので、事前にアルミ箔などでガードしておきましょう。汚れがたまったら取り替えればいいので掃除も簡単です。

ソファ・電気シェード
防水スプレーで汚れをガード
雨具などに使う防水スプレーは、吹きかけておくだけで、汚れやシミがつきにくくなるお役立ちグッズ。布製品や合成樹脂製品にも使いまわしできます。布製ソファや電気シェードなど、掃除しづらいものにあらかじめ吹きかけておけば、あとの掃除がラクになります。

覚えておきたい

掃除のコツ 5カ条

1 「使ったらすぐに拭く」が掃除の基本
2 室内掃除は高い場所→低い場所へ 床掃除は奥→手前へ
3 水まわりは「～しながら」掃除でいつも清潔に
4 軍手、歯ブラシ、酢にレモンなど裏便利グッズを活用する
5 掃除をラクにするために日ごろから汚れ防止を心がけて

洗濯の基本からたたみ方まで

失敗しない洗濯術

How to wash without failure ●●

「なにも考えずまとめて洗ったら、赤いシャツと白いシャツが、どちらもピンクに変身した」「お気に入りのセーターが縮んだ……」

洗濯に慣れていないと、せっかくの服をだめにしてしまうことも——。

とはいえクリーニングに出してばかりではお金はいくらあっても足りません。

これから教える基本ステップをふまえて
上手なホームクリーニングにトライしてみて!

● Lesson 01

まずは基本をお勉強

洗濯の基本のき

洗濯表示を見分ける

最近は、ドライマークがついていても、家庭で洗えるものもありますが、それでも洗い方の違うものを一緒に洗濯するのは厳禁。洗濯前に、衣類についている洗い方の絵表示をチェックしましょう。

(ドライ)マークについての注意点

(ドライ)がついているからといって、「ドライクリーニングしかできない」わけではありません。(ドライ)はあくまで「ドライクリーニング可能」という意味。(ドライ)と一緒に、左の表にあるような水洗い可能や手洗いのマークがついていれば、自宅でも洗えます。

(ドライ✕)マークについての注意点

(ドライ✕)にはたいてい、洗濯機洗い、または手洗いの表示が一緒についているので、それに従って洗濯します。レインコートやスキーウエアなど、撥水《はっすい》加工してあるものに多いので注意しましょう。

洗い方	
60	液温は60℃以下。洗濯機で普通に洗濯できる。
弱 40	液温は40℃以下。洗濯機の場合は弱水流、または軽く手洗いする。
手洗イ 30	液温は30℃以下。洗濯機は使用せず、軽く手洗いする。
(✕)	水洗いできない。
ドライクリーニング	
ドライ	ドライクリーニング可能。溶剤は揮発性のものや、石油系のものを。
ドライ セキユ系	ドライクリーニング可能。溶剤は石油系のものを使用する。
ドライ (✕)	ドライクリーニング不可。スキーウエアなど撥水加工のものに多い。
塩素漂白の可否	
エンソ サラシ	塩素系漂白剤による漂白ができる。色落ちしにくい布地に多い。
エンソ サラシ (✕)	塩素系漂白剤による漂白ができない。ウールやシルクなどに多い。

仕上げ剤の特徴を理解する

蛍光剤、漂白剤、柔軟剤、のり剤——と仕上げ剤にはさまざまなものがあります。使い方を間違えると、それぞれの効果を失わせたり、洗浄力を弱めてしまうことになります。上手に洗濯するために、左の表で特徴を覚えましょう。

	特徴	使い方
蛍光剤	蛍光剤は染料の一種で、紫外線を吸収し青紫色に発光する。繊維に青みを加えることで白く見せる効果がある。	白い服には蛍光剤が使われており、洗うたびに落ちるので、補うために使う。ただし、淡色系の服は変色するので、使わない。
漂白剤	シミや汚れの色素を化学反応によって分解し、もとの色に回復する。酸化型と還元型がある。	シミの部分に直接つけるか、つけおきの際に使う。金属製のボタンなどははずして。塩素系は、色柄まで落ちるので要注意！
柔軟剤	繊維どうしの滑りをよくし、衣類を柔らかに仕上げる。また静電気防止、スカートのまつわりを防止する効果もある。	全自動洗濯機の場合は、あらかじめ投入口に入れておく。２層式洗濯機の場合はすすぎ後に柔軟剤を入れ、もう一度回す。
のり剤	コシ、ハリをもたせ、型くずれを防ぐ効果が。また、のりで表面を覆うことで、汚れの付着を防ぎ、清潔に仕上げる。	すすぎ後、洗濯機を回しながらのり剤を入れて、3～5分回す。全自動の柔軟剤投入口には入れないこと。固まることがある。

間違うと大変！

一緒に入れていいもの ダメなもの

○ 洗剤と酵素系漂白剤
酵素系漂白剤は、食べ物のシミに効果的。洗剤と一緒に入れることで、シミや黄ばみ、黒ずみを防ぐ。

○ 柔軟剤とのり剤
両方を同時に使うと、ハリとしなやかさをだすことができる。例えばTシャツやスカーフの風合いをだすのに最適。

× 洗剤と柔軟剤
柔軟剤は仕上げに使うもの。洗剤と同時に入れると、効果を相殺してしまう。柔軟剤はすすいだあとに入れて。

× 洗剤とのり剤
一緒に入れると、のりが洗い落とされ効果がなくなる。のり剤はすすぎのあとに使うこと。

× 酵素系漂白剤と塩素系漂白剤
塩素系漂白剤は、綿や麻など白いものには効果的だが、酵素系漂白剤と一緒に使うと効力が弱まってしまう。

洗剤や洗濯物の量は適切に

洗剤は必要以上入れない

洗剤を必要以上に使っても、洗浄力はほとんど変わりません。かえって泡ぎれが悪くなり、すすぎに時間がかかったり、水道代や電気代がかかるハメになります。

洗濯物の量は容量の8割が目安

洗濯物を入れすぎると、洗濯機の回りが悪くなり汚れも落ちにくくなります。左の表を参考に、洗濯機の容量の7～8割の量に抑えて。時間は普通の汚れなら7～10分でOK。必要以上に洗濯機を回すと、逆に服を傷める結果に。また、水温は高いほうが洗浄力がアップします。

重さの目安

Yシャツ	200g
ブラウス	100g
Tシャツ	150g
ブリーフ	50g
パジャマ上下	500g
タオル	70g
バスタオル	300g
シーツ	500g
ジーパン	700g

Lesson 02

仕上がりを決める

洗濯前の下準備

洗濯物を仕分けする

A 色もの

まずは色落ちをチェック

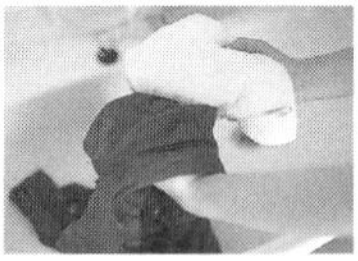

色の濃いものや柄物をはじめて洗う場合は、目立たない部分に少し濃いめの洗剤液をつけ、5分たってから白い布を当ててみて。色が移るようなら、単独で洗いましょう。

洗剤選びに注意！

生成りやパステルカラーのものは、蛍光剤によって変色することがあるので、無蛍光洗剤を使い、単独で洗うこと。逆に白いものは、無蛍光洗剤だと黄ばんでしまいます。

B 汚れのひどいもの

部分洗いをする

洗濯してもなかなか落ちないのが、衿や袖口の汚れ。洗濯前に部分洗いをしておくことが、きれいに落とすコツです。液体を直接汚れ部分につける、部分洗い専用の洗剤を使えば簡単に落とせます。

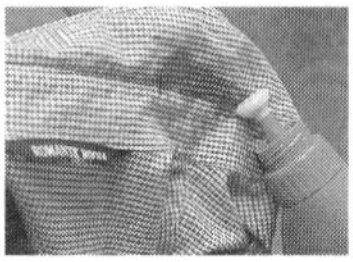

また、もちろん洗濯用の洗剤は効果的ですが、万一、洗剤をきらした場合は、下に記した裏ワザで乗り切るのも手です。

つけおきをする

ひどい汚れのときは、洗濯前につけおきしておきましょう。「30～40℃のぬるま湯で、洗剤を5～6倍にうすめ、1時間」が基本。色ものは色落ちチェックをしてからつけおきすること。

下洗いをする

油汚れや血液のシミなど頑固な汚れは、洗濯前にバケツなどを使って手洗いしておくと、仕上がりに差がでます。

こんなものも洗剤代わりに！

部分洗いの裏ワザ

シャンプー

頭皮から出る皮脂や、髪の毛についたホコリを落とすものなので、同じ成分を含む衿の汚れに効果があるとか。

食器洗い用洗剤

食器の油汚れをきれいに落とす中性の台所用洗剤なら、食べものの油のついた汚れにも効果があるそう。原液のまま使って。

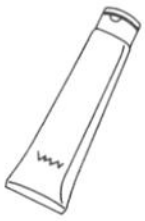

練り歯みがき

研磨剤が、ワイシャツ洗いにも効果を発揮。衿や袖口の汚れを、歯みがき粉をつけた歯ブラシでこすってみて。

シミ抜きをする

シミは、時間がたつと酸化してとれなくなります。水洗いできない衣類や、シミをつけてもすぐに洗えない場合は、シミ抜きをしておかないと、とり返しのつかないことに。シミの種類と衣類の素材から、適切なシミ抜き法を選びましょう。

シミ抜きの基本

タオルなどの布を敷き、シミの部分を下にして置いたら、洗剤液をつけた綿棒で上からたたいてシミを下の布に移します。布を移動しながら、シミが抜けるまで繰り返して。

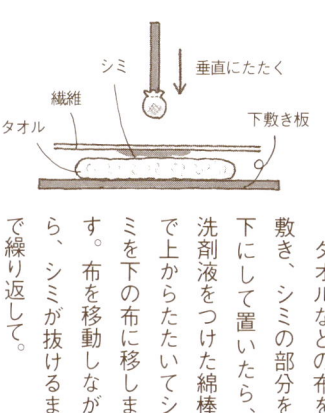

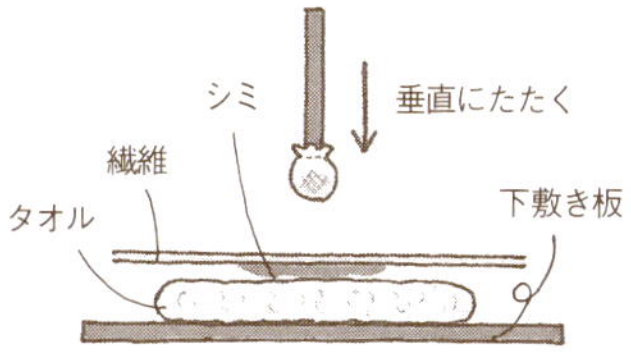

綿棒を作ろう
割り箸に脱脂綿を巻きつけ、ガーゼをかぶせて輪ゴムでとめればでき上がり。

種類別シミ抜き法

	種類	最初の処理	次の処理
食べ物のシミ	しょうゆ 果汁 コーヒー ケチャップ	水または湯でたたく	洗剤液でたたく
食べ物のシミ	酒類	アルコールでたたく	水または湯でたたく
食べ物のシミ	卵の黄身 バター 牛乳 チョコレート	ベンジンでたたいて脂肪分を除く	洗剤液でたたく
分泌物のシミ	血液	水でたたく	洗剤液でたたく
化粧品のシミ	口紅 ファンデーション	ベンジンとアルコールでたたく	洗剤液でたたく
化粧品のシミ	マニキュア	アセトン(除光液)でたたく	――
文房具のシミ	朱肉 ボールペン	ベンジンとアルコールでたたく	洗剤液でたたく
その他のシミ	鉄サビ	還元型漂白剤の温液でたたく	――

絡まりを防止する

●長袖シャツ

ほかの衣類に絡みやすい、長袖シャツやブラウスの袖は、右袖を左身頃のボタンに、左袖を右身頃のボタン穴にとめてから洗濯しましょう。袖が固定されることで、絡まりを防止できます。

●ストッキング・下着

ストッキングは、たたんでネットに入れて洗い、ネットごと干せば伝線も防げます。ブラジャーはホックをとめてたたみカップの中に肩ひもを納めてネットへ。

●おしゃれ着

フリルやレースのついたブラウスはボタンをとめ、裏返しにしてネットに入れて。デリケートなフリルやレースは内側に入れることで、傷みを防げます。刺しゅうの上には、安全ピンで布をかぶせて。

●Lesson 03

いよいよ実践！

失敗しない ホーム クリーニング術

おしゃれ着・デリケートな服

まずは専用の洗剤と洗濯ネットを用意

ドライマークの衣類が洗える洗剤。クリーニング代節約に。

洗濯ネット。振ると中身が動くくらいの大きさのものを用意して。

Case 1

（ドライ）付きで（手洗イ 30）の表示がある場合

基本的に、（手洗イ 30）がついていれば、洗濯ネットに入れて洗濯機で洗えます。おしゃれ着用の洗剤を使えば簡単。コツを覚えて洗ってみましょう。

さっそく洗濯機で洗ってみよう

❶脱水後、形を整えるための型紙を作っておきます。

❷汚れた部分に洗剤をつけ、その部分を外側にして洗濯ネットに入れ、手洗い用の設定にして洗濯機に入れます。

❸2槽式洗濯機の場合は、弱水流で3分洗ったあと、約30秒脱水。さらに水を替え、弱水流でため水すすぎをしたあと、約30秒脱水。これをもう一度繰り返したら、洗濯終了です。

Case 2

（ドライ）付きで（×）の表示がある場合

（×）のついているものは、基本的にドライクリーニングしかできませんが、衣類によっては自宅で洗濯できるものもあります。まずは、左の表で素材をチェックしてみましょう。

まずは以下に該当しないかをチェック

① 芯地を多く使った型くずれしやすい衣料
- ●スーツ・ジャケット類
- ●コート
- ●ネクタイ

② 縮み、変色・表面変化しそうなもの
- ●シルク・レーヨン・キュプラなど
- ●毛皮・革製品
- ●ベルベット・ちりめんなど
- ●シワ加工・凸凹加工

③ 色落ちしやすいもの
- ●色鮮やかなもの・外国製品など

①～③に該当しないなら家で洗ってもOK

例えば、麻混のセーターやブラウス、ウール混のスカートやスラックス、カシミヤのセーターなどは家で洗えます。

❶目立たないところで色落ちを確認します。

❷洗剤を水または30℃以下の湯でうすめ、洗剤液をつくります。

❸たたんで洗濯ネットに入れ、洗剤液に15分ほどつけおきします。

❹洗濯ネットに入れたまま、15～30秒洗濯機で脱水します。

❺きれいな水に沈め、1分間おきます。

❻④と⑤を繰り返し、再度脱水します。

❼陰干しで乾かします。

毛布・カーテンなど大きなもの

毛布やカーテンなどの大きなものも、洗濯表示によっては家で洗えるのでチェックしてみましょう。洗濯機で大きなものを洗う場合は、汚れている部分を外側にして大型の洗濯ネットに入れ、洗濯機へ。バスタブで洗う場合は、バスタブに10㎝ほど水を張り、その中に洗剤を溶かして洗濯物を入れ、踏み洗いします。

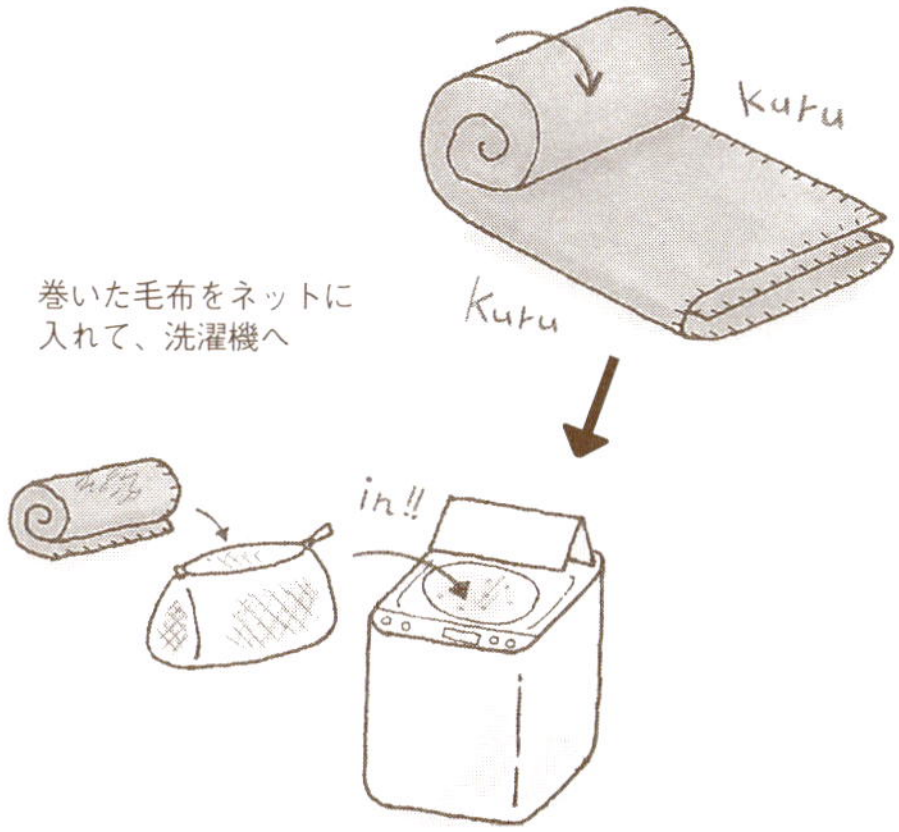

巻いた毛布をネットに入れて、洗濯機へ

どうしても家で洗えないものもある——

クリーニング店との上手なつき合い方

クリーニング店の選び方

信頼度の見分け方のひとつはマークの有無。国からの認可が「Sマーク」、環境衛生同業組合加入が「LDマーク」。トラブルの補償制度もあるので安心です。また、店員さんの応対や仕上がりなども参考に。

クリーニングに出すときのポイント

まず、ポケットの中身を空にして。シミ抜きを頼みたいところは糸などで印をつけておくと親切です。また、上下一組になっているものは、別々に洗濯に出すと色が違ってくるので、一緒にクリーニングへ。

受け取るときのポイント

自分が預けたものか、シミや汚れは落ちているか、ほつれはないか、付属品はついているかなど、受け取ったらその場で確認すること。時間がたってからだと、トラブルのもとになります。

クリーニング後のポイント

持ち帰ったら、ビニールから出して、風に当ててからしまって。クリーニング溶剤の蒸気が、カビの原因になることがあります。また、汚れた服と一緒にしないこと。虫やカビが移ることがあります。

クリーニングトラブルが起きたら

店にトラブルの状態を見せて、原因をつきとめます。店側が弁償する場合、再取得価格と補償割合で金額が決まります。

覚えておきたい
クリーニング店とのつき合い方 5カ条

1 上下一組のものは一緒にだす
2 汚れの箇所ははじめに指示
3 受け取ったらその場で汚れ落ちをチェック
4 持ち帰ったらすぐにビニールから出す
5 クリーニング後はほかの服と分けて保管

● Lesson 04

早く、きれいに乾かすために

干し方の基本

絞り方・干し方表示を見分ける

最後の仕上げで失敗しないように、絞り方・干し方の表示を見分けましょう。

絞り方	干し方
手絞りの場合は弱めに、脱水機使用の場合は短時間で脱水する。	形を整えて、ハンガーなどに吊るし、天日に干す。
	形を整えて、ハンガーなどに吊るし、日陰に干す。
絞ってはいけない。軽く水をきり、そのまま自然乾燥させる。	ネットなどにのせるなどして、平らにねかせ、日陰に干す。

きれいに仕上げる干し方のコツ

脱水は1分以内に

脱水が長いほど、繊維から水が絞り取られてシワシワになってしまいます。木綿なら1分、ウールや麻なら15～30秒を目安に脱水しましょう。

脱水したらすぐ干す

脱水後、長く放置しておくと、シワや雑菌の原因に。脱水後はすぐに干しましょう。

一度たたいてから干す

脱水機から取り出したら、軽くたたむひと手間を忘れずに。洗濯物を手でパンパンとたたいて広げてみると、シワがかなり解消しています。その後のアイロンがけにも影響するのでぜひ実行して。

衣類の干し方

午前10時から午後3時までに干す

気温が高くて湿度の低い、午前10時から午後3時までがよいとされています。日が陰ると再び湿ってしまうので、乾かないときはいったん室内に取り込み、次の日にまた干すようにしましょう。

外側から薄い・厚い、短い・長いを交互に干すのが鉄則

衣類に風が通るようにするには、外側から短くて薄いもの、長くて厚いものを交互に干すのがポイント。中心に薄くて短いものを干したあと、反対側も同様に。

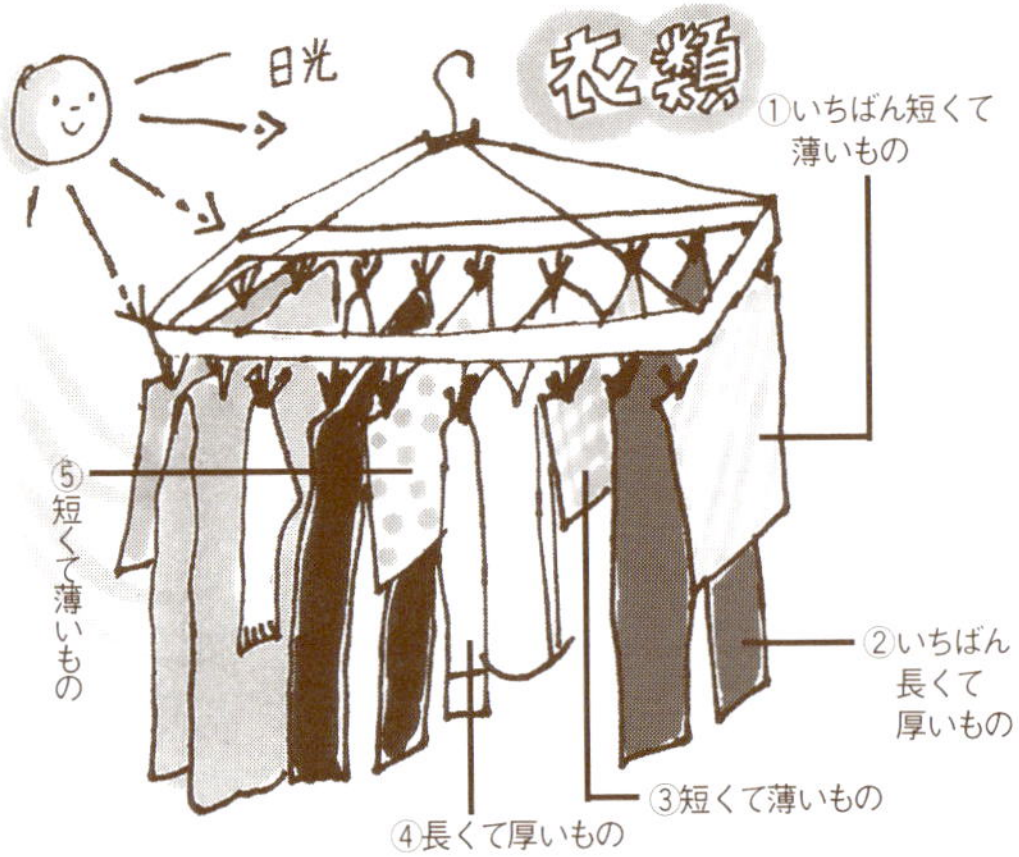

厚手の衣類の干し方

●トレーナー

厚手のトレーナーは乾きにくいので、写真のようなハンガーで干してみて。ワイヤーハンガーを曲げて「へ」の字の形にし、ラップの芯を通すだけでOK。厚みがあって風が中まで通るので、早く乾きます。

●セーター

セーターを平干しできないときは、袖を垂らさないように二つ折りにして、手すりなどにかけます。上にタオルをかけ、端をとめれば型くずれを防止できます。

●ジーパン

干す前に裏返して、端をピンと伸ばすのがポイント。そのあと、はいたときの形になるようにピンチハンガーに干せば形がくずれず、シワにもなりません。また、風が通るので早く乾きます。

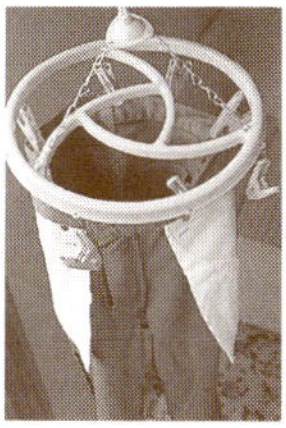

大きなものの干し方

小さなベランダで大きなものを干す場合は、たたんでワイヤーハンガー2～3本にかければ干せます。また、ピンチハンガーを使って、びょうぶのように干すのも手。場所をとらず、風通しもいいので早く乾きます。

ふとんの干し方

日中、2～3時間がベスト

午前10時～午後2時（冬は1時）に干すのがベスト。時間と回数は素材ごとに違い、木綿は天日で週2回・3～4時間、合成繊維は週1回・2～3時間、羽毛布団は室内で月1回・夏30分、冬1時間が目安。

黒いビニールでダニ退治

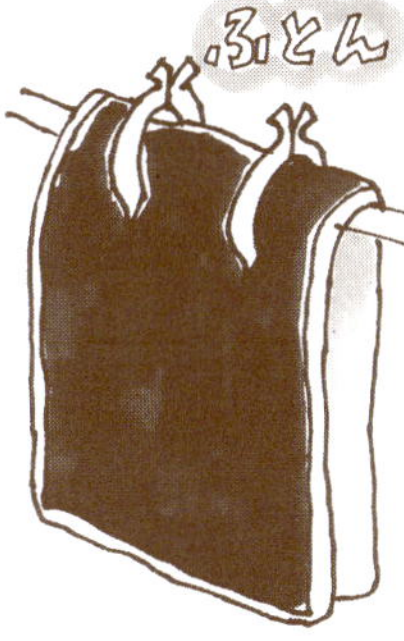

黒いビニールをかけて干す

ふとんを普通に干すだけでは、湿気はとれてもダニは死にません。黒いビニールをかけて干せば、熱がたまってダニを退治できます。

● Lesson 05

しまい方にもひと工夫

アイロンがけ・たたみ方の基本

アイロン表示を見分ける

アイロン	
 高	アイロンは210℃が限度。高い温度(180℃～)でかけるのがよい。
 中	アイロンは160℃が限度。中程度の温度で、当て布をすること。
 低	アイロンは80～120℃が限度。低い温度でかけるのがよい。
 ×	アイロンがけはできない。革製、ビニール製のものと同じ扱いに。

アイロン前の下準備

テカリ防止

アイロン後のテカリを防ぐには、衣類を裏返しにするか、当て布をします。当て布には、綿のガーゼか手ぬぐいがベスト。

霧吹き

綿や麻のシャツをパリッと仕上げたいなら、霧吹きを。全体を湿らせたあとでアイロンをかけます。もしくは、洗濯後の生乾きの段階でアイロンをかける手も。

アイロンがけのコツ

●ズボン

ポケット→ファスナー→腰→足の順に

裏返したあと、まずポケットから。次に、ファスナーを下まで開け、まわりをアイロンがけしたあと、腰まわりへ。タオルを中に挟み、全体的にかけたら表に返して、当て布をしながら足の部分へ。

●ニット類

力を入れすぎるとぺちゃんこになってしまいがち。ハンガーにかけたままアイロンを近づけて、全体にそっとかければ、ふんわり仕上がります。

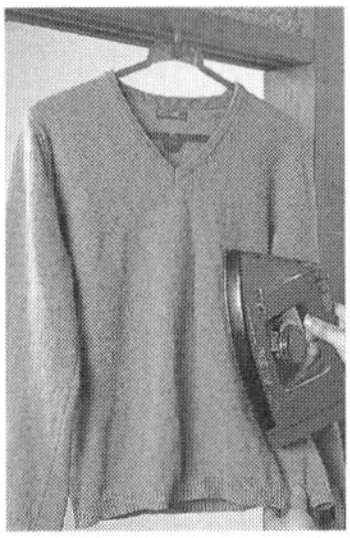

●ワイシャツ

1 袖

縫い目に合わせて形を整え、袖全体にかける。

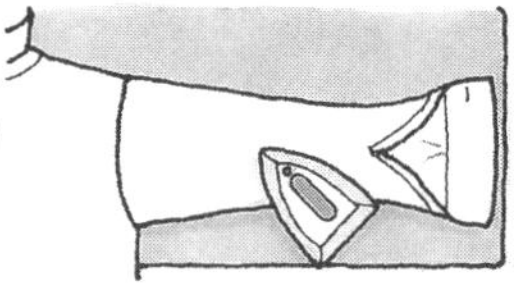

2 衿

衿の表裏を、端から中央に向かってかける。

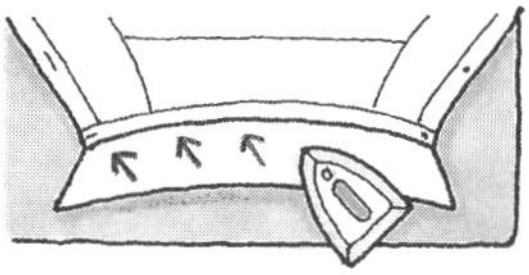

3 ヨーク

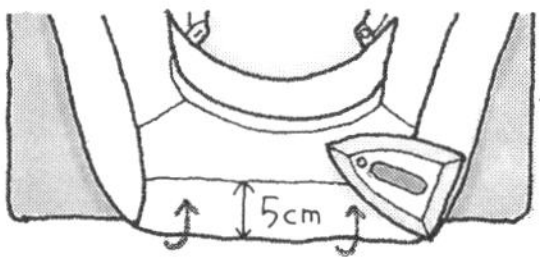

後ろ身頃のヨーク切り替え線から5㎝ほど下で折り、アイロンをかける。

4 後ろ身頃

ヨークを元に戻し、後ろ身頃を広げる。中央にアイロンを置き、左右の端に向かってかけるかたちで、全体にまんべんなくアイロンをかけていく。

5 前身頃

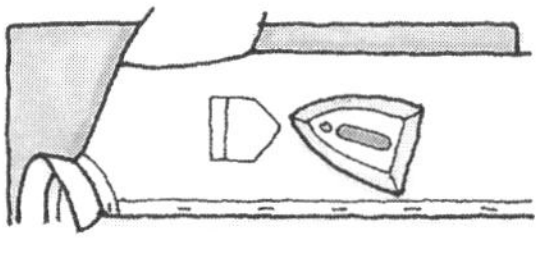

縫い目に合わせて形を整え、表からかける。ボタンまわりは、アイロンの先端で。

●ジャケット

アイロンをかけづらいジャケット類には、椅子の背が大活躍。背にたたんだタオルをのせ、ジャケットをかけます。当て布をして、肩から下に向かってかけると、シワもできず、簡単に仕上がります。

アイロンのトラブル解決法

テカっちゃった!

2倍にうすめた酢をタオルにしみ込ませ、テカリ部分につけます。あとは当て布をしてアイロンをかけるだけです。

たるみがでた!

裏返してたるみを中央に寄せ、生地から離して、スチームアイロンをかけます。

焦げちゃった!

オキシドールを含ませた布を当てて、上からアイロンをかけます。オキシドールが焦げた部分を漂白してくれます。

シワにならないたたみ方のコツ

洗濯、乾燥を終え、パリッとアイロンをかけても、仕上げのたたみ方しだいですべての苦労が水の泡に。しまっても型くずれの少ないたたみ方を覚えましょう。

●ワイシャツ

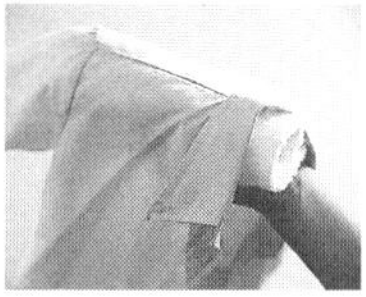

ボタンをかけたあと、裏返して両方の袖を背中側に折ります。折りジワを少なくするため、片袖は一度折りに。最後に裾を折り、3つにたたみます。さらに、折りジワを防ぐために、肩や折り返し部分に丸めたタオルを入れればOKです。

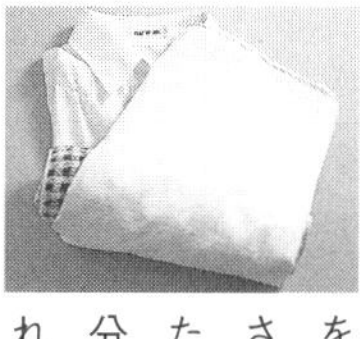

●パンツ・スカート

パンツやスカートの折り返し部分に、ラップの芯や丸めたタオルを挟みます。こうしておけば、芯やタオルのカーブが折りジワを予防してくれ、着たいときにすぐ着られます。収納するときは左右交互に重ねれば、芯やタオルの厚みもジャマになりません。

覚えておきたい
洗濯のコツ 5カ条

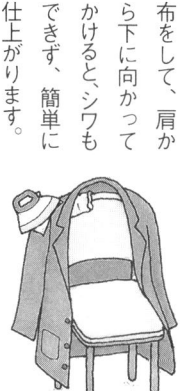

1 洗濯表示の意味を覚えることからすべては始まる
2 色分け、色落ちチェックはトラブル回避のカギ
3 早く乾かすには、薄い・厚い、短い・長いを交互に干すのが鉄則
4 パーツから始めて本体へかけるのがアイロンがけのコツ
5 折りジワ予防には、ラップの芯や丸めたタオルが効果大

02:04

すっきりルームを目指して！

収納上手への道

The way to storage expert ●●

「部屋が狭くてモノが納まらない」「クロゼットが狭すぎる!」
ふえ続ける衣服や生活雑貨を、狭い部屋にどう納めたらいいのか——
ひとり暮らしをしている人の多くが、収納に関する悩みをかかえています。
そこでここでは、ひとり暮らしの先輩の収納ワザをアイテム別にご紹介。
あなたの部屋に今すぐ応用できるヒントが
きっといくつも見つかるはず!

●Part 01

日用品、コスメ、CD——
ふえ続ける

小物の収納術

日用品

テク1 使いやすく分類するのがカギ

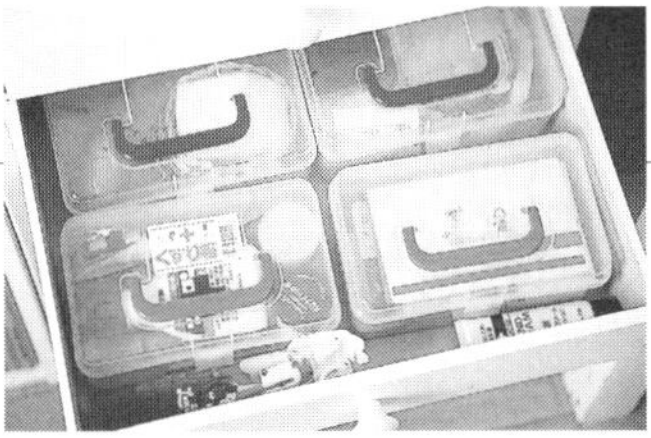

持ち手付きなら さらに便利

プラスチック製の薬箱をそろえれば、メイク道具や通帳など、種類別に分類するのも簡単。持ち手付きなので持ち運びもラク。

透明のケースは 中身が一目瞭然

こまごまとしたものは、透明の引き出しケースに分類して。100円ショップなどでちょうどいいサイズを探そう。

テク2 長細いものは立ててまとめる

紅茶の空き缶は ペン立てに最適

デザインのきれいな紅茶缶なども、収納に活躍。同じ種類のものを集めてスッキリとまとめて。

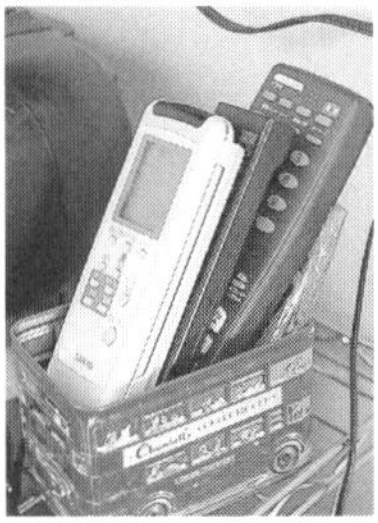

リモコンの行方不明も これで解決

家電の数だけどんどんふえて、しかも行方不明になりがちなリモコン。可愛い空き缶などにひとまとめに。

テク3 手の届くところに吊るす

専用ボックスで 吊るして

置き場所に困りがちな箱入りのティッシュ。専用のボックスに入れて、針金を利用して棚にかけるなどすれば使いやすい。

＋吸盤フックで 洗濯機の側面を生かす

洗濯機の側面に、吸盤フックで空き缶などの小物入れをハンギング。洗濯ばさみや小袋入りの洗剤を入れておけるから便利!

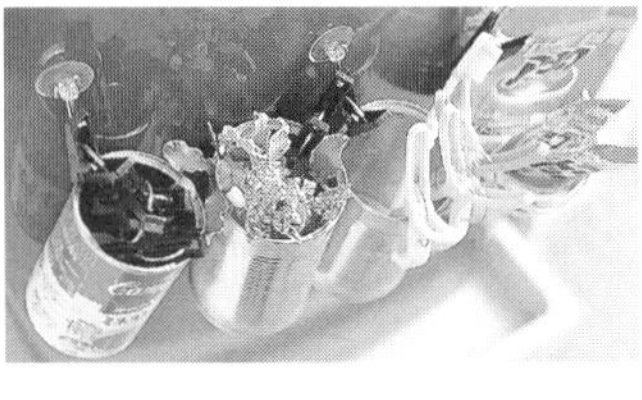

コスメ

テク1 よく使うものだけ「見せる収納」

スノコで即席メイクコーナー

スノコは知られざる「収納の万能選手」。立てかけるだけで、場所をとらないメイクコーナーの完成。

テク2 小分けで「出しやすく」「片づけやすく」

工具箱は分類の天才！

さまざまな釘やボルトをきちんと分類できるくらいだから、メイク道具の収納にはもってこい。左右に広がるスライド型が便利。

アクセサリー

テク1 可愛いものは吊るして見せる

鏡のそばがいちばん便利

絡まりがちなネックレスやチョーカーは、鏡の木枠に刺したピンにかけて。これでおしゃれの仕上げもスムーズ。

テク2 ヘアピン類は立てて収納

フィルムケースは利用価値大

サイズがそろっているフィルムケースは、小物の収納に最適。細かいものをしっかり分類できる。

ファッション小物

テク1 サッと選べるハンギングがいちばん

スチールネットが大活躍

扉の裏にスチールネット＋S字フックをつけて、バッグを収納。家じゅうの扉の裏が収納スペースに。

テク2 かさばるものは箱にまとめて

ひも＋ピンで吊るして

扉の裏にひもを渡しピンでとめ、サングラスやバッグをかけて。ネクタイもOK。

手作りボックスが便利

牛乳パックを粘着テープで貼り合わせて布や紙を貼り、靴の収納箱に。立てれば省スペースにまとまる。

すっきりルームには捨てることも大切！

「捨てる技術」を身につけよう！

1「いつか使う」の「いつか」はこない

いつくるかわからない「いつか」のために、貴重なスペースを占有させておくのはもったいない。6畳の部屋で家賃が6万円なら、1畳当たり1万円と考えて、1年で12万円。それでもとっておく価値があるかどうかを考えて。

2一定量、一定期間を超えたら捨てる

服や雑誌など、どんどんふえるものに対しては、一定のルールを決めるとよい。例えば、「服は引き出しに納まる量だけ」「雑誌はひと月たったら捨てる」など、収納スペースを考えて総量を厳しくセーブするように心がけて。

3捨てたあとの後悔を恐れない

「捨てたら後悔するかも」という恐怖が、捨てられない原因になっていることも多い。でも、いざ処分してみると、なくて困るものなんてほとんどないことに驚くはず。勇気が出ないなら、「一時保管場所」をつくるのも手。

雑誌・本

テク1 スクラップして省スペース化

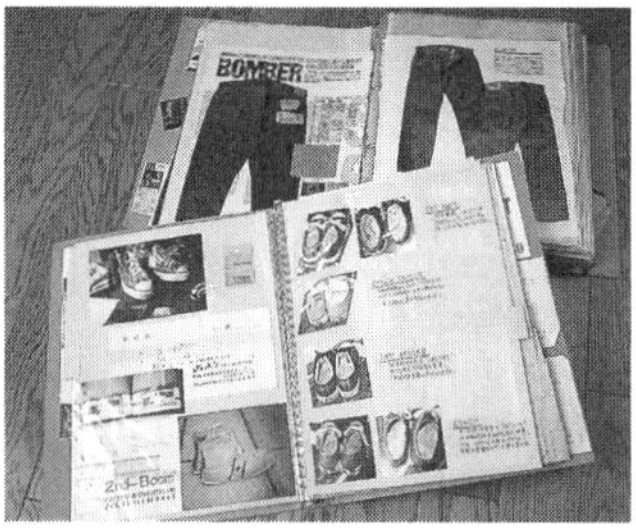

**クリアファイルに
お気に入りをまとめて**

気になる部分をファイルし、残りは思いきって処分。かさが減って本棚もサッパリする。

テク2 立てる収納で取り出しやすく

**しっかりしたバッグは
マガジンラック
代わりに**

狭い部屋に専用ラックを置くスペースはない。そこで、バッグで代用を。読みたい場所に持ち運べるのもうれしい。

**装丁のキレイな本は
インテリア雑貨と
考える**

装丁の美しい本は、出しっぱなしでも充分にカッコいい。かごに入れたり壁に飾っても。

テク3 丸めればスペースいらず

**ワインバッグを
雑誌入れに**

ワインバッグは、雑誌を丸めて入れるなど、細長いものの収納に最適。長押《なげし》や桟に吊り下げて部屋のアクセントにしても。

**ワインラックを
雑誌収納に活用**

３冊ぐらいまでなら、ワイン１本分の穴に収納できる。本来の用途にこだわらないことも、収納上手への近道。

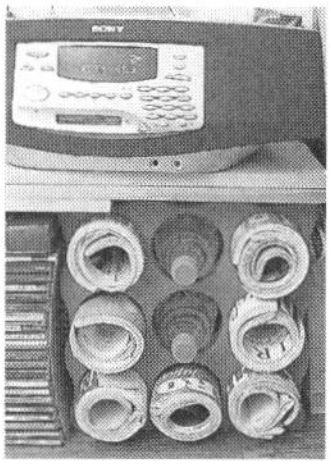

テク4 ハンギングでディスプレイ収納

**お気に入りが
すぐ手に取れる**

透明で大きめサイズのウォールポケットなら、雑誌はもちろん、CDや文具を入れても、中身が一目瞭然。

書類・はがき・チラシ

テク1 大事な書類・はがきは立てて分類

**カトラリーケースが
便利**

スプーンやフォークを入れておくかごは、定形郵便物の大きさに近い。いくつかそろえておけば、ふえても安心。

ディッシュスタンドは立てる収納に重宝

年賀状やポストカードの収納には、立てる収納が得意な、ディッシュスタンド（皿立て）が便利。取り出しやすく分類することもできる。

テク2 定番のファイルにまとめる

**ラベルを貼れば
中身がわかりやすい**

収納グッズを買うときは、あとから買い足す可能性も考え、定番のものを。種類が同じなら、いくつ並べてもスッキリ見える。

テク3 不要品を再利用して壁面収納

ビデオケースは手紙入れにぴったり

不要なビデオケースを壁に貼りつけ、郵便物の収納に。軽いからピンやテープで簡単につけられる。

メッシュバッグは取り出しやすさも抜群

いつでもサッと取り出したいチラシ類は、使わなくなったバッグに入れても。軽い袋物なら、壁に吊るすこともできる。

CD

テク1 「選びやすさ」が重要なCDは立てて収納が基本

専用ラックに立ててジャケットも見せる

おしゃれなジャケットは、インテリアにも生かしたいもの。飾りながら収納できるCDラックがおすすめ。

100均のかごに立ててまとめる

100円かごは大きさの種類が豊富。CDがちょうど納まるものを選んで並べればサマになる。

テク2 ウォールポケットで壁面を生かす

ウォールポケットはCDにジャストフィット

CDは、ウォールポケットに入れて「見せる収納」にしても。聴きたいときにも探しやすくて◎。

テク3 ぴったりサイズの家具を選ぶ

かさばるレコードはムダなく収納

かさばるレコードには、ぴったりサイズの棚を探して。背の低い棚を横に並べれば圧迫感もない。

小ぶりなラックを買い足すのも○

小ぶりで手ごろなラックなら、場所もとらない。CDがふえたら、同じものを買い足していけばOK。

テク4 聴かないものは思いきってしまう

ワインの木箱はCDの奥行にぴったり

たくさんCDを持っていても、ふだん聴くのはほんの一部。残りはワイン木箱に入れ、ベッドの下へ。

●Part 02

かさばるだけに
みんなの悩みのタネ

洋服の収納術

テク1 「シワをつくらない」をいつも念頭に

パンツはラップの芯でシワ防止

パンツハンガーにラップの芯を取り付ければ、パンツの折りジワ防止に。縦に並べれば、スペースを効率よく活用できる。

シーズンオフのものはスーツケースへ

シーズンオフのものは、シワにならないように丸めて、同じく置き場に困っているスーツケースの中へ。

テク2 吊るしテクでスペース不足解消

クロゼットがなくてもこれでOK

吊り下げタイプのラックなら、収納スペースがなくても頭上を生かして、洋服、タオル、靴など、なんでも収納できる。

テク3 押入れを最大限生かす

カラーボックス＋収納ケースでムダなすき間なし

収納グッズを組み合わせて、押入れを最大限に生かせば、大量の洋服、小物類の収納も心配御無用。

テク4 「丸める」「立てる」で大量収納

シワにならないものは丸めて

靴下は丸めて、引き出しに立てて入れれば、整理しやすく選びやすい。仕切りはティッシュの空き箱で手作りしても。

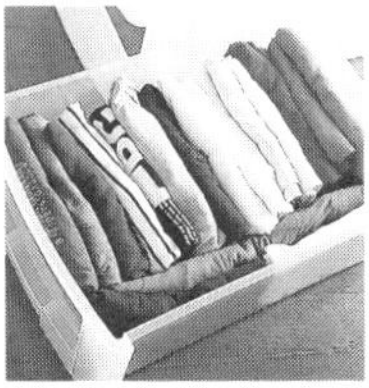

立てる収納で2倍入る

ねかせて重ねるよりは立てて収納するほうが、約2倍入る。中身が全部上から見えるので、着たいものもすぐに選べる。

季節ごとの収納・3つの法則

1 汚れを落としてからしまう

汚れたまましまうとカビやシミの原因になるので、洗濯やクリーニングをすませてからしまって。

2 2種類以上の防虫剤を混ぜない

違う種類の防虫剤を混ぜると、化学変化を起こしてシミになることが。またパラジクロールベンゼンを金属の飾りのある衣類やラメ系の衣類に使うと、黒ずみの原因に。

3 防虫剤は服の上に置く

防虫剤から出るガスは空気よりも重いので、防虫剤はケースの底ではなく、衣類の上に置くのが鉄則。

Part 03

限られたスペースを
使いやすく清潔に

キッチン用品の収納術

テク1 100均かごは小分け収納に最適

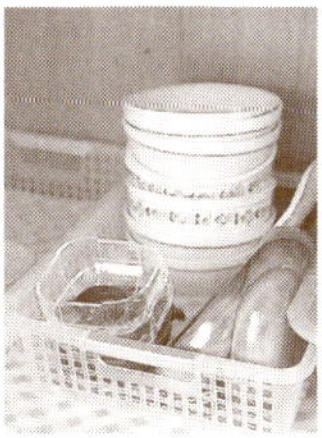

分類収納で自炊もしやすい！

100円かごは、同じようなものがいつでも手に入るので便利。収納するものがふえるたびに買い足しても、ちゃんと統一感がでるのでおススメ。半透明のものなら、たくさん並べても圧迫感がない。キッチンツールや食器、調味料ごとに分類して。

テク2 ハンギングで自炊の効率もアップ！

枝＋S字フックでキッチンがスッキリ

拾ってきた枝に、ワイヤーで作ったS字フックを組み合わせて、ふだんよく使うキッチンツールをあれこれハンギング。すぐ手に取れる場所に吊るしておけば、自炊もスムーズにできる。

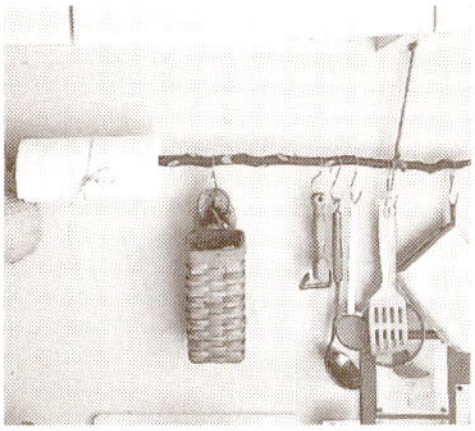

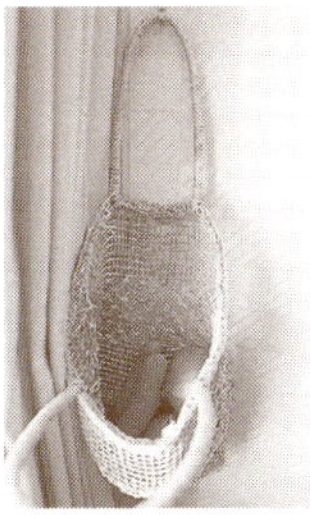

根菜類はかごバッグに

根菜類は、通気性のいい袋に保存すれば長もちする。使わなくなったかごバッグを利用すれば見た目もおしゃれ。

ウォールポケットはキッチンでも大活躍

分類収納の強い味方、ウォールポケット。カトラリーだけでなく、ふりかけやお茶漬けの素を入れるのにも便利。

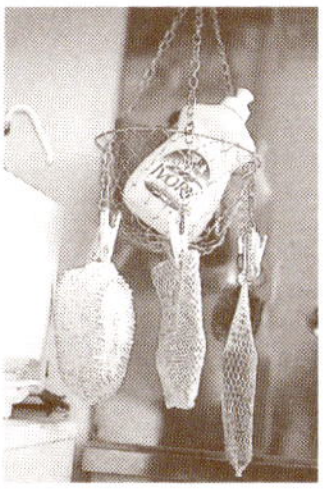

キッチンでは通気性も大切

スポンジは湿ったままにならないように、吊るして収納するのがいちばん。洗濯ばさみで挟んで、自然乾燥させて。

テク3 食器は「立てる」「重ねる」が基本

まとめてかごに重ねる

毎日使う和食器は部屋の中へ。竹のかごにまとめておけば、使いたいときに、すぐに取り出せて便利。

皿は立てれば3倍入る

重ねると取り出しにくい大きな皿も、ディッシュスタンドに立てて収納すれば予想以上にたっぷり収納できる。

テク4 調味料はネームラベルでわかりやすく

手作りラベルを貼って中身を区別

調理のときによく使う基本の調味料は、おそろいの空き瓶に。手作りのラベルを貼ると、中身をとり違える心配もない。

テク5 シンク下も徹底活用

扉の裏にビニール袋のストックスペースを確保

シンクの扉の裏にビニール袋専用の収納スペースを。デッドスペースを生かす工夫の積み重ねが、すっきりインテリアへの道。

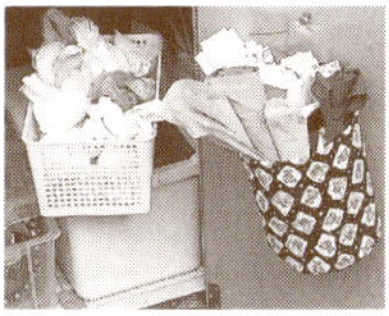

Part 04

いかに生活感を消すかが
最大のポイント

バス・サニタリーの収納術

テク1 狭いユニットバスは吊り下げが命

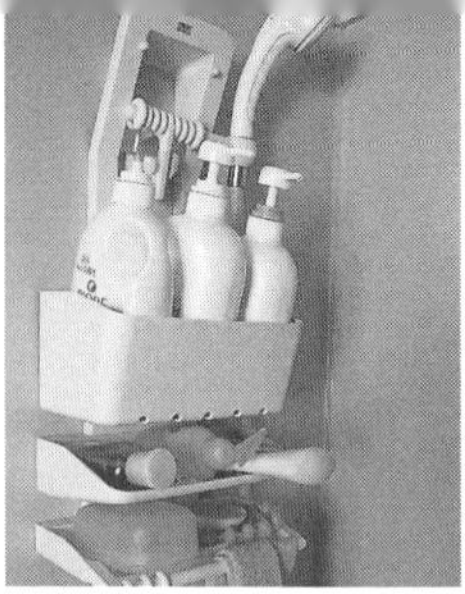

市販の収納グッズを使用

市販の収納グッズをシャワーフックに取り付ければ、大型のシャンプーもしっかり入る。

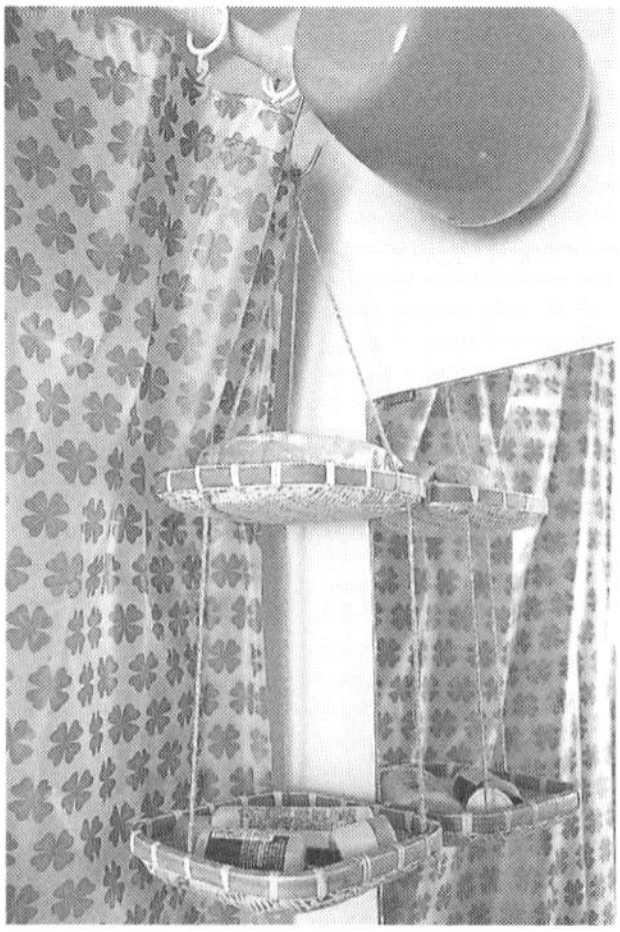

**竹ザル＋ひもで
ハンギングラックを手作り**

竹ザルにひもを通しただけの手作りラック。浴槽の脇にかけておけば、入浴中も手をのばせて便利。

テク2 頭上のスペースも見逃さない

**つっぱり棒なら
頭上に棚が出現！**

トイレや玄関の天井など狭い空間に渡して使うつっぱり棚は、サニタリーの収納にもぴったり。

つっぱり棚を渡して収納スペースをふやせば、洗剤やタオルなどをまとめておける。カーテンなどで目隠しすればさらに完璧。

テク3 タオルは「取り出しやすく」が第一条件

**「立てる」収納
がポイント**

タオルはたたむか丸めて、立てて入れればたくさん収納できる。取り出しやすさが◎。

テク4 生活感払拭のために「隠す」が勝ち

**布が一枚あれば
目隠しも簡単**

洗剤など、生活感まるだしのパッケージは見せたくない。そんな悩みは、おしゃれなバスケットと布で解決。

**バッグに入れて
さりげなく隠して**

人目にさらしたくない日用品は、バッグや紙袋などに入れてさりげなく隠して。これなら部屋に置いてもOK。

**市販のカバーで
トイレットペーパーを可愛く変身**

市販のトイレットペーパーカバーで、生活感をシャットアウト。これなら無造作に置いても可愛い。

● Part 05

ここを制するものが
収納を制す

押入れ・クロゼットの活用術

テレビ、オーディオ、本、CD——空間をめいっぱい活用

あまり使わないものは奥に、ふだん使いのものは手前にと、生活スタイルに合わせて配置。テレビやステレオなどの家電も入れれば、部屋を広く使える。

ワゴン、レンガ、板——なんでも駆使

キッチンワゴンには厚手のトップスを、レンガと板で組み立てた棚にはボトムスを収納。最後にふすまをはずし、目隠しカーテンをプラス。

カラーボックスを入れれば機能的に

奥行が深くて使いづらい押入れも、カラーボックスを入れれば使いやすいクロゼットに変身。ここまでスッキリしていれば、人前で開けるのも恥ずかしくない。

場所をとるパソコンデスクはこの中へ

洋服や掃除道具はもちろん、パソコンデスクもクロゼットの中へ入れれば、部屋を有効に使える。パソコンを使うときは、ベッドを椅子代わりに使って。

手持ちの家具を組み合わせて使いやすく

ふすまをはずしてロールスクリーンにすれば、押入れの使い勝手がぐっとよくなる。下段には横長のチェストもぴったり納まり、衣類や雑貨の収納にひと役買っている。

●Part 06

これで収納力UP!

収納グッズの選び方

正しい収納グッズの選び方

●買うときはメジャーを忘れずに

限られた空間を有効活用するために、置きたい場所にぴたりと合い、デッドスペースができず、入れたいものが納まるか、しっかり計測してから購入しましょう。

●派手な色は避け、同色でそろえる

派手な色や多色使いのものは、部屋を乱雑に、狭く見せてしまいます。シンプルな色で統一すれば圧迫感がありません。

●モノを出すまでの工程は2回までに

鍵をはずして、ふたを開けるなど、モノを取り出すまでの間に工程が多いほど、片づけが面倒になります。ふたのないものや、ふたの仕組みがシンプルなものなどを選ぶのが正解です。

●あなたの部屋の収納を助けるおすすめグッズ

カラーボックスにピッタリサイズのグッズを選ぼう

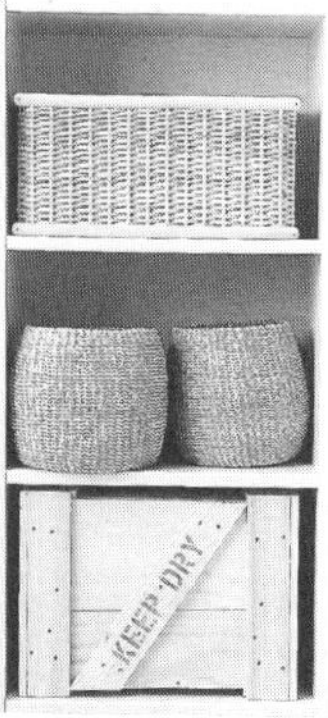

(上)四角いバスケットは引き出しにもなる。(中)1段に2つ入れれば小分け収納可能。(下)丈夫なボックスには工具などを収納。

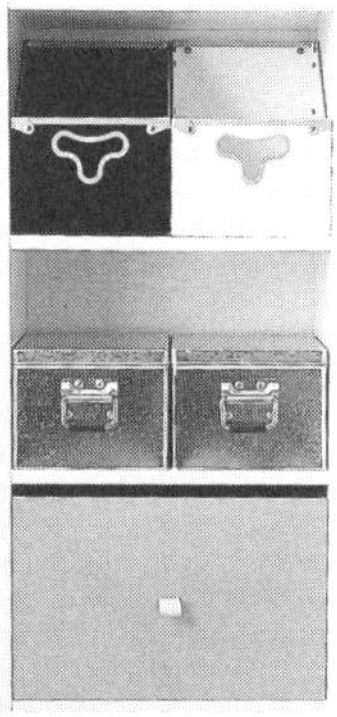

(上)書類の分類もOK。(中)ふた付きのボックスは見せたくないものの収納に。(下)引き出しを入れればチェスト風に。

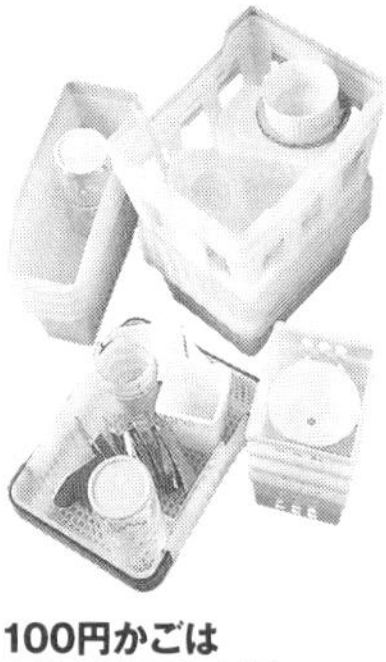

100円かごは小物の整理に最適

形も大きさもさまざまな100円かごは分類収納の万能選手。

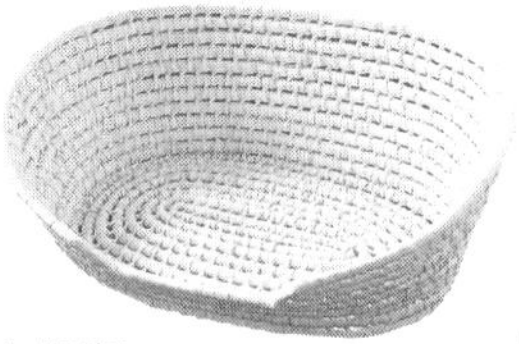

かさばるバッグなどの収納に

大きなバスケットは、バッグや掃除道具をまとめておくのに重宝。

安価なコットンバッグを複数使って分類収納

書類や雑誌をおしゃれに目隠しできる。壁にハンギングしても。

覚えておきたい 収納上手への道 5カ条

1. グループ分けが上手な収納のカギ
2. 「立てる」「丸める」「吊るす」ワザを駆使して収納力をアップ
3. 使うものを取り出しやすくしまう
4. 収納グッズの色を統一してスッキリ見せる
5. 壁、頭上のデッドスペースを生かす

第三章

How to save and keep your money

金欠生活とはおさらば!
お金と賢くつき合う方法

実家にいたころは、収入のほとんどが
自由に使えるお金だったかもしれません。
でもひとり暮らしを始めたら、家賃に食費に光熱費と
毎月決まった支出がいっぱい! 限られたお金でどうやりくりし、
楽しく暮らすか——この章を読めばすべてがわかります!

CONTENTS

お金は自分で管理する！

はじめての家計簿レッスン

How to account household ●●

家賃はもちろん、食費も電話代もかからなかった実家暮らしとは違って、
なにかにつけて出費がかさむのがひとり暮らし。
「気づいたら残高がゼロだった！」なんてことにならないためにも、
お金の使いみちをしっかり把握することが大切です。
そのために最適なのは、ズバリ家計簿をつけること。
ここで教えるつけ方やコツをしっかりチェックして、
家計簿づくりにトライしてみて！

まずは気になる ひとり暮らしのお金事情を見てみよう！

24〜28歳のひとり暮らしの方々のアンケートを集計すると、左のような結果に。それぞれのライフスタイルに合った形でのやりくり術が望まれています。

貯金はいくらある？

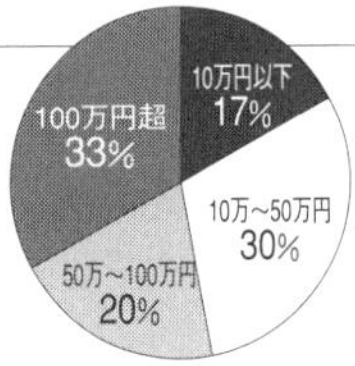

平均89.6万円

10万円以下の人はわずか17％で、ほとんどの人が6桁の預貯金を持っている。さらに100万円以上に達している人が3割も！ 大きな額だけに、どこにどう預けるかも、きちんと検討したいところ。

月々の貯蓄額は？

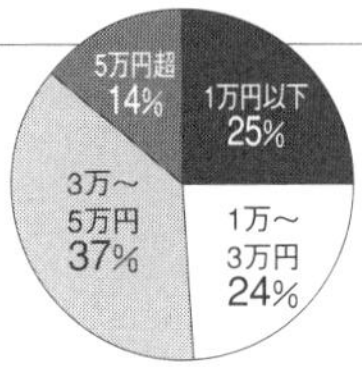

平均2.7万円

最高額は毎月9万円、最低額は「赤字で貯金どころではなくゼロ」という結果に。最も多いのは3万円から5万円の層で、37％。「将来のため」「楽しい計画のため」と考えて、前向きにためているよう。

手取り月収額は？

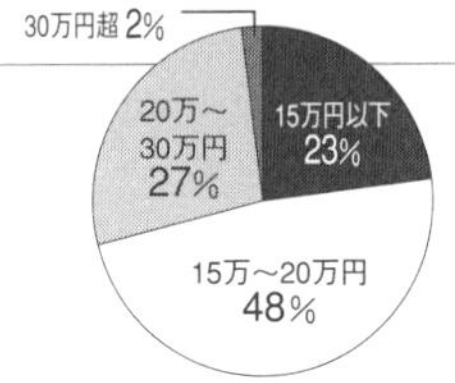

平均17.5万円

15万円から20万円の間が最も多いが、なかにはひと月10万円で生活している人も。そこから家賃や光熱費、食費を捻出しなければならないから、ひとり暮らしはやっぱり大変！ 節約が必要不可欠だ。

月々にかかるお金の内訳は？

食費	平均	27,500円
水道代	平均	1,608円
電気代	平均	3,048円
ガス代	平均	3,035円
電話代	平均	8,240円

自宅に電話を持っていない人も多く、「電話代」はほとんどが携帯料金。また、食費は自炊代＋外食代の数字。ちなみに、ふだん財布に入っている金額は、「2万円くらい」がダントツだった。

家計簿はつけてる？

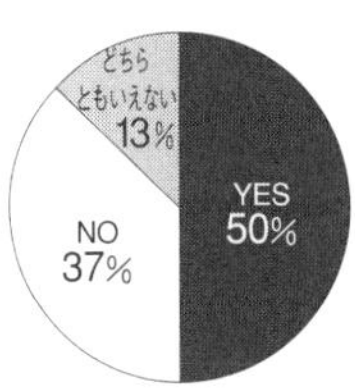

半数が「つけている」と回答。方法は、自分流の家計ノートが最も多く、パソコン派も目立った。「つけていない」と答えた人に理由を尋ねると、大多数が「面倒だから」「続かないから」と回答。

目標貯蓄額は？

1位　100万円
2位　30万円
3位　1千万円

きりがいいためか、「100万円」と答えた人が30％以上いたいっぽう、「0円」と答えた人が12％いた。1千万円という高額をあげた人も多数。

なんのために使いたい？

1位　旅行　3位　車・もしもの時に
2位　引越し　4位　結婚資金

2位の「引越し」は、ひとり暮らしならではといえそう。5位には「パソコンなどの購入資金」が。

● Lesson 01

収支を把握するために

自分のお金の流れをチェックする

家計簿をつける前にお金の使い方に危機感をもとう!

「節約」というとすぐに思い浮かぶのが、家計簿をつけること。でもいきなりつけ始めても、単なる記録帳で終わってしまいかねません。まずは自分のお金の大まかな流れを知り、どこにムダがあるのかを把握することが大切です。それに対して危機感をもってこそ、家計簿の意味が出てくるのです。せっかくの家計簿を効果的に活用するために、前段階をしっかりと踏んでいきましょう。

step 1 1カ月普通に生活して自分の支出入を把握する

やり方は簡単。お給料をもらったその日から次の給料日までの1カ月間、いつもどおりに生活するだけです。特に節約を意識する必要はありません。ただし、その月にもらった給料以外は使わないのが条件。月にお金がいくら入り、いくら出ていっているのかをきちんと知るために、まずはあくまでも「いつもどおり」にすごしてみましょう。

step 2 ひと月にいくら貯金できるのか計算する

さて1カ月後、手もとに残ったお金はいくらですか? それがあなたが、ひと月に貯金できる額です。途中で足りなくなって、今月の給料以外(貯金やキャッシングなど)に手をつけてしまった人は要注意! 生活を見直して、家計を改善させる必要があります。こうして、今の自分のお金の流れが見えてくるのです。

理想の家計簿とは	
家賃	30%
食費	12%
電気代	2%
ガス代	2%
水道代	2%
交際費	12%
被服費	12%
雑費	7%
電話代	5%
保険料	2%
貯金	14%

あくまで目安だが、月収に対して、各支出が上の表の割合になるように暮らせば、快適な生活を送ることができる。例えば手取り収入が18万円なら、家賃が54000円、食費が21600円、ガス・水道・電気代がそれぞれ3600円、交際費21600円、被服費21600円、雑費12600円、電話代9000円、保険料3600円、貯金25200円が目安となる。

月収　¥

－

必ず出ていくお金	
家賃	円
保険料	円
新聞代	円
電話代(基本料)	円
携帯電話代(基本料)	円
プロバイダ料	円
NHK受信料	円

＝

ひと月に使えるお金　¥

たとえ18万円の月収があっても、上記のような「必ず出ていくお金」を引くと、意外と残らないもの。ほかにも、ローンや月謝など、決まった支出があればそれも引かなければならない。残ったお金の賢い使い方を考えるためにも、家計簿づくりが大切というわけ。

Lesson 02

ライフスタイルに合わせて

家計簿の費目を考える

費目づくりのポイント

家計簿を活用するためには、使いやすい費目づくりが大切。市販の家計簿の費目はだいたいどれも同じで、自分に合っているとは限りません。使ったお金がどの費目に該当するのか悩まない、わかりやすい費目をつくることがポイントです。

ひとり暮らしならではの分類はこれ！

おしゃれ費

化粧品や洋服、靴などはもちろん、買い物に行くのにかかった電車賃や、美容院代なども入れます。今までほかの費目に隠れていたものも、「おしゃれ費」として独立させてみると、思った以上の額だった！　なんてことも、これで判明。

外食費

「食費」とひとくくりにせず、「外食費」を独立させるのも、ひとり暮らしにはおススメのやり方。あまりの使いっぷりに自炊を始めたくなるかも。友達と飲みに行く機会が多い人は、「飲み代」も別につくってみるとよいでしょう。家計のなかで大きな割合を占める食費を内容別に細かく分けることで、家計全体のバランスがよりわかりやすくなります。

コンビニ費

学校帰り、会社帰りなどにパッと入れる場所にあり、しかもなんでもそろっているコンビニ。用もないのについ立ち寄って、必要のないものまで買いがちです。「コンビニ費」を独立させることで、そんなムダが判明するはず。また、コンビニは定価販売が多いため、コンビニで支払った金額をスーパーなどの代金に換算してみると、節約できる額が見えてきます。

ドラッグストア費

トイレットペーパーや歯ブラシなどの日用品からメイク道具、風邪薬や栄養補助食品にいたるまで、生活に直結した商品がズラリと並ぶドラッグストアは、ひとり暮らしの強い味方。「安いから」と、いろいろまとめ買いする人も多いのでは？　利用頻度が高いようなら、「日用品費」とは別に、独立した費目を立てて、支出を把握しておきたいところです。

トモダチ費

例えば、夕食を自炊しようとしていた日に、友達から電話がかかってきて、一緒に定食屋さんに行った——、なんてケースは、「食費」ではなく「トモダチ費」に入れてみて。いつもの長電話代や、友達が遊びに来ることになって用意したお菓子やジュースの代金もここに。多すぎる人は、時には「ノーと言える日本人」になる必要がありそうです。

● Lesson 03

お金を管理するために

さっそく家計簿をつけてみよう

1 袋分けする

point
- ノート記入がいらない
- 現金が目に見えるので節約意欲がわきやすい
- 公共料金も節約しやすい

まず、その月に使うお金を費目分け

入金日に、その月に使えるお金を、家賃、保険料、交際費、食費など自分に合った費目ごとに袋分けします。

費目分けするときは、公共料金用の袋も用意するのがおススメ。公共料金は節約しても額が少ないため、節約意欲が低下しがち。袋分けをして、そこからお金を支払ったほうが、節約額が目に見えるので励みになります。

さらに週ごとに袋分け

家賃や保険料など、月に一度まとめて支払うもの以外の、食費、交際費、おしゃれ費などは、さらに週ごとに分けて袋に入れておきます。使うときは、その費目の袋からお金を出して使い、領収書やレシートなどを袋に入れていきます。1週間ごとに袋に入っているお金でやりくりすれば、期間が短いぶん、こまめにやりくりできるはず。こうして現金を袋分けしていると、通帳の数字を見ているだけよりもお金に対する実感がわき、節約につながります。また、毎週の節約度がわかるから、「来週こそは！」とやる気も出ます。

月末に自分のお金の使い方を把握

月末には袋に残った額をチェックし、自分が何にどのくらいお金を使っているかを、きちんと把握しましょう。やりくりできそうなところは、次の月にお金を入れるとき少なめにし、残ったお金は貯金にまわします。

2 手帳タイプの家計簿

point
- いつでも、どこでも書ける
- 書き忘れがない
- 手軽で簡単、費目分けもなし

スケジュール帳に、使った額を書きとめておく方法。手帳なら常に持ち歩いているだけに、空いた時間に記入でき、苦にせず続けられます。割り勘などレシートがない支出も、スケジュールと照らし合わせれば思い出しやすいはず。

3 通帳を活用した家計簿

point
- ノートへの記入がいらない
- その月に使ったお金が一目瞭然

まず、銀行の口座を3つに分ける

まず、「入金用」と「出金用」、「貯金用」の3つの口座を用意します。毎月、入金用口座に給料が入金されたら、必ず出ていくお金ⓐと必要な生活費ⓑをざっと計算して引き出し、出金用口座に移します。その月の支出は、すべて出金用口座のお金だけでやりくりし、家賃や公共料金ⓐなども、すべて出金用口座から支払います。出金用口座の通帳には、引き落としⓐの明細が記載され、自分でおろした額ⓑの明細も書き加えれば、その月に使ったお金が一目瞭然です。次の給料日の直前に、入金用口座と出金用口座に残っているお金を貯金用口座へ。こうすれば、放っておいても毎月、自然にたまっていくというわけ。

必ず出ていくお金＝ⓐ	
家賃	円
保険料	円
新聞代	円
ローン	円
電気代	円
ガス代	円
水道代	円
電話代	円
携帯電話代	円
NHK受信料	円
プロバイダー料	円
合計	円

その他の生活費＝ⓑ	
食費	円
衣料品代	円
化粧品代	円
交際費	円
娯楽費・教養費	円
日用品費	円
予備費	円
合計	円

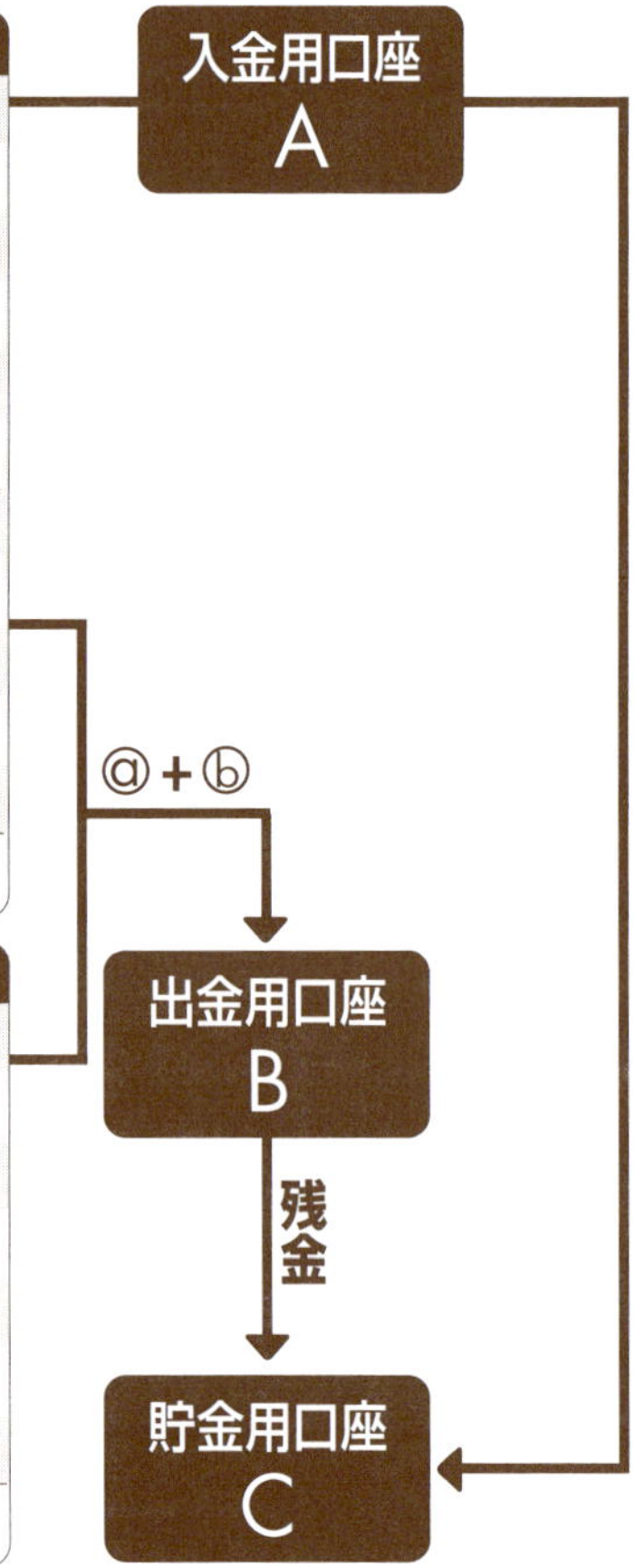

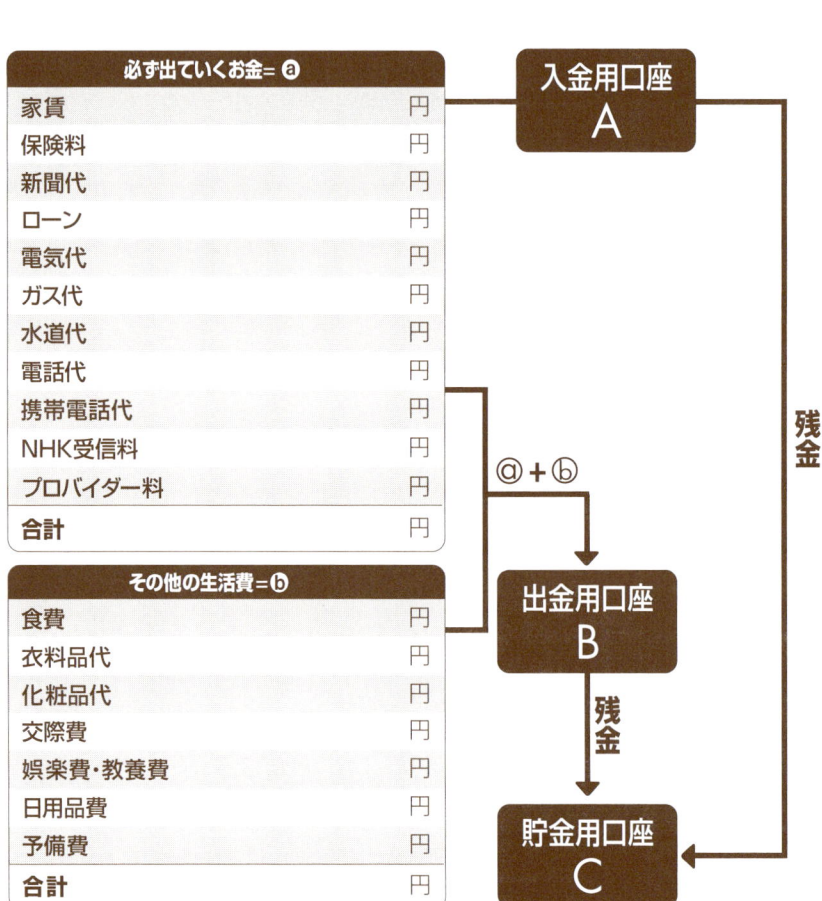

4 パソコン家計簿

point
- 月ごとの集計が簡単
- 毎月の費目ごとの増減がひと目でわかる

表計算ソフトを使う

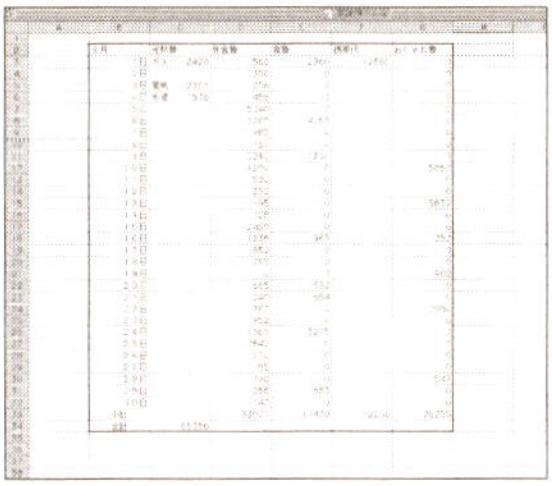

家計簿をつけるうえでいちばん面倒な作業である計算を、瞬時にやってくれるのがパソコンのいいところ。上の画面は、個々の金額を入力するだけで、正確な合計金額を算出してくれる表計算ソフト「Excel」。月ごとの集計もあっという間でラクラク！

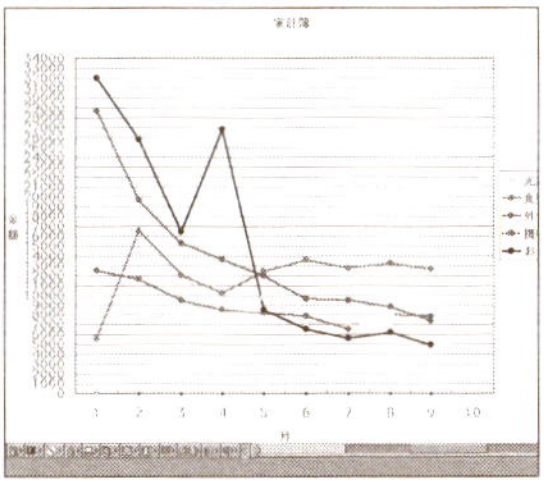

パソコンを使えば、家計の状況がクリックひとつでパッとグラフに。毎月の費目ごとの増減もひと目でわかり、節約の励みになりそう。ソフトは、市販されているもののほかに、インターネットで無料でダウンロードできるもの、ネット上のサイトを通して使うものなどいろいろ。

5 ウィークリー家計簿

point
- 1週ごとだから集計がラク
- 自分ならではの費目分けができる

ノートに曜日ごとの小袋を貼って

ノートを用意し、表紙の裏に、曜日ごとの小袋を貼り、ここに毎日レシートをためていきます。週末にまとめて仕分けしたい人は、「その他」袋も用意しておくと便利。

自分に合った家計簿をつくろう

ノートに自分ならではの家計簿を手作りし、週に一度、小袋の中のレシートを見ながら集計します。曜日ごとに保管しておくことで、紛失の心配がありません。また、ノートならたっぷり書けるので、自分に合った費目を好きなだけつくれます。

今週の出費	
外食費	円
お菓子・ドリンク代	円
おしゃれ費	円
交際費	円
娯楽費	円
日用品費	円
ドラッグストア代	円
予備費	円
合計	円

お菓子 ドリンクなど	衣料品	ビューティ	友達・恋人	娯楽・教養	日用品				その他

オリジナル家計簿をまずは1カ月つけてみよう!

月

今月の予定

収入	手取り収入	
	前月繰り越し	
ほぼ決まっている支出	家賃	
	保険料	
	新聞代	
	ローン	
	電気代	
	ガス代	
	水道代	
	電話代	
	携帯電話代	
	NHK受信料	
	プロバイダー料	
今月、自由に使えるお金		

家計簿の使い方

まずはいちばん左の表を埋めて、自分が今月使えるお金を算出する。次に、右の家計表に、自分の入金日を基準に日付けを書き入れて、つけ始める。細かい明細はとりあえず省略し、使った金額だけをつけていくのが、長続きのポイント。また、毎日つけるのが大変なら、週に一度、「今週の合計」欄だけをつけてもよい。「CD代」「陶芸月謝」など、ここにない費目は、右の空欄を使って書き加える。月末に5週分を合計し、その月の収支をチェックして。このページを12枚、使いやすい大きさに拡大コピーすれば、1年間つけ続けられる。

今月の結果

第1週の支出合計	
第2週の支出合計	
第3週の支出合計	
第4週の支出合計	
第5週の支出合計	
今月の支出合計	
	円の 黒字 / 赤字

今月は　　　　円　貯金できました!

memo

覚えておきたい 家計簿のつけ方5カ条

1 まずは現状のお金の流れを把握する
2 毎月決まっている支出は節約対象からはずして考える
3 ひとり暮らしに合った費目をつくる
4 性格や好みに合わせた家計簿をつくる
5 集計結果を分析し次回の節約に役立てる

週	日	食料品	外食
第1週	(　)		
	(　)		
	(　)		
	(　)		
	(　)		
	(　)		
	(　)		
今週の合計			
第2週	(　)		
	(　)		
	(　)		
	(　)		
	(　)		
	(　)		
	(　)		
今週の合計			
第3週	(　)		
	(　)		
	(　)		
	(　)		
	(　)		
	(　)		
	(　)		
今週の合計			
第4週	(　)		
	(　)		
	(　)		
	(　)		
	(　)		
	(　)		
	(　)		
今週の合計			
第5週	(　)		
	(　)		
	(　)		
	(　)		
	(　)		
	(　)		
	(　)		
今週の合計			
今月の合計			

ちりも積もれば山となる!

公共料金の節約法

Try to cut down on public utility charge ●●

ひとり暮らしで、はじめて直面する出費といえば、
電気代、ガス代、水道代などの公共料金。
実家にいるときは当たり前のように使っていた電気や水も、
使えば使うほど出費がかさむとなれば、見直さないわけにはいきません。
あと1万円、おしゃれや貯金にまわすためにも
賢い節約法をここでしっかりマスターしましょ!

※このページの公共料金は、１カ月＝４週間または30日、１年=50週間または365日として計算しています。また、水道・ガス・電気代の基本料金は計算に含まれていません。

Part 01

ムダな水は垂れ流さない！

水道料金の節約法

水道料金の仕組み

水道料金は、水を使えば使うほど高くなります。ひとり暮らしで１日に使う水の量は平均して４００ℓ。住む場所や水道管の口径によって基本料金が大幅に違うため、一概にひと月の支出の目安を述べることはできませんが、１日４００ℓを大幅に超える使い方をしているようなら、ムダが多いのかも。毎日の使用量を見直してみましょう。

水をどこにどれだけ使ってるの？

例えば1日にトイレ2回で24ℓ、歯磨き1分を2回で24ℓ、洗濯1回で３００ℓ、入浴で２６０ℓ、炊事を2回で１２０ℓ。合計で７２８ℓ。この生活を１年間続けると、２ℓペットボトル約13万本分の水を消費していることに。いっぽう統計によると、上図のように全体の35%が実はムダ使いといわれています。ということは、その量約４万５千本！

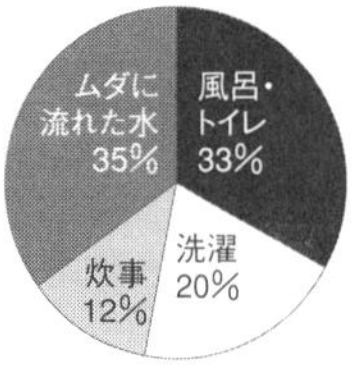

水を1分間流しっぱなしにすると12ℓのムダに！

１分間水を流しっぱなしにしたとすると、12ℓもムダな水が流れていることになります。１ℓ＝0.1円を目安に計算すると、1.2円。水を使うときに意識してみて。

水道料金節約のテクニック

洗濯

テク1 週末にまとめて洗濯

1日おきに洗うより、週末にまとめて洗濯するほうがおトク。月に15回少量コース（約230ℓ使用）で洗った場合、月に3450ℓ。月4回大量コース（約333ℓ使用）で洗うと月1332ℓ。1年で約2541円もの節約になります。

テク2 お風呂の残り湯を使う

注水洗いより、お風呂の残り湯を使って洗ったほうが節約に。注水洗いの水の使用量はおよそ300ℓですが、お風呂の残り湯を使えば、すすぎの際の約150ℓのみですみます。週に2回洗濯したとして、1年で約1500円の節約に。

テク3 軽い汚れならスピードコースで洗う

スピードコースは汚れが落ちにくいと思いがちですが、軽い汚れなら大丈夫。標準コースより30%節水になるので、タオルなど汚れの少ないものを中心に、週に2回の洗濯を1回スピードコースに変えれば、1年で約450円の節約に。

テク4 洗濯はためすすぎで

洗濯をためすすぎにすることでムダな水が流れるのを防げるため、注水すすぎより節約になります。注水すすぎからためすすぎにすれば、その差は1回で約55ℓ。週3回の洗濯なら、1年間で約825円の節約になります。

キッチン・洗面

テク5 コップ1杯で歯磨き

水を流しっぱなしにしたままで歯磨きをすると、1分で12ℓ。コップに注いだ水で口をすすげば200㎖ですみ、1回に1・18円の節約に。1日に自宅で2回歯磨きをすると仮定すると、1年で約861円の差がつきます。

テク6 ためた水で食器を洗う

5分流しっぱなしにして洗うと60ℓ。いっぽう、ためた洗剤液で洗ったあとすすげば2分ですんで24ℓ。1日2回洗うとして、1年で2628円の節約になります。大きいものを下にして、小さいものからすすぐと、さらに効率的です。

バスルーム

テク7 21分までならシャワー入浴

浴槽につかった場合、バスタブのお湯200ℓ＋シャワー5分・60ℓで、計260ℓ。15分のシャワー入浴なら180ℓですむので、1回に水道代が8円おトク。毎日入浴するとして、年間2920円の節約になります。ただし、シャワー入浴が22分かかると、264ℓ使用することになり、バスタブ入浴のほうがおトクです。

テク8 節水シャワーヘッドにつけ替える

シャワーヘッドを節水タイプにつけ替えるだけで、30%の節水効果があります。しかも水の勢いはそのまま。1日5分浴びるとすると、1年で657円節約できます。

すべて実行すると――1年で合計約12,400円の節約！

Part 02

まずは口火をこまめに消して

ガス料金の節約法

ガス料金の仕組み

ガス料金は、上の表のとおり、基本料金＋ガス使用量×従量料金単価で決まるため、節約するほど料金は安くなります。給湯器や湯沸かし器などの口火をつけっぱなしにしている人は、ムダなガス代に気をつけて。例えば、給湯器の口火をつけたままにしているだけで、1日約35円もムダに支払っていることに。1年にすると、なんと約１２７７５円にもなってしまいます。

1カ月の使用量	0～20㎥	20～80㎥
基本料金	724.5円	997.5円
従量料金単価	161.1円	147.5円

東京ガス（東京地区等）の場合

ガス料金節約のテクニック

キッチン

テク1 調理は底の広い鍋を使い中火で

例えば２ℓの水を沸かすと、直径24cmの鍋では約3.1円、16cmの鍋だと約4.4円かかります。さらに火力で比べると、弱火で約4.1円、中火で約３円、強火で約3.7円かかるので、中火がおトク。底が広めの鍋を使い、中火にすれば、弱火で鍋底が狭い場合に比べて計約2.4円の節約に。週に３回２ℓお湯を沸かすと仮定して、1年で約３６０円節約できます。

テク2 給湯器の温度を下げる

40℃のお湯を10分間使った場合のガス代は、約21・8円。38℃では約20・1円で、その差は約1.7円。朝夕2回、各10分ずつ給湯器を使った場合は、1年で約１２４１円の節約になります。食器を洗うくらいなら、ぬるま湯程度の温度で充分では？

テク3 電子レンジで下ゆでする

例えばジャガイモをゆでるのに電子レンジなら9分、ガスだと15分かかります。電気代に換算すると約2.5円、ガス代なら約5.5円。1日に1回ゆでるとして、電子レンジに代えれば1年で１０９５円のおトク。

テク4 お湯から沸かす

例えばパスタをゆでるためのお湯を沸かすなら、給湯器のお湯から沸かして。水から沸かすよりも、短時間ですみ、ガス代も節約に。２ℓのお湯を週2回沸かす場合、ガス代が年間約１００円の節約に。

バスルーム

テク5 シャワータイムを1分減らす

10分間シャワーを流しっぱなしにすると約3.7円のガス代がかかります。これを1分減らせば、ガス代は約3・33円に。つまり1回で約0・37円の節約。1年間毎日実行すれば、１３５円の節約になります。

すべて実行すると――
1年で合計約2,930円の節約！

Part 03

いちばん使う光熱費

電気料金の節約法

電気料金の仕組み

電気料金は、基本アンペア料金＋使用量×従量料金単価で決まります。基本アンペア数を下げれば基本料金もダウンしますが、ブレーカーが落ちやすくなります。まずは部屋にある家電の電力量を知ることが必要。左の表を参考にしてみて。

まずは基本アンペア数を見直そう

例えば東京電力で考えると、30Aから15Aに変えただけで、その差は月に390円。1年で考えると、なんと4680円にもなります。左の表の家電の電力量を参考に、自分がどのくらいのアンペア数ですごせるのか考えてみましょう。思いきって低く設定して、そのアンペア数に合わせた生活をするというのも手ですが、一度変えると1年間は再変更できないので、要注意。いちばん電気を使う季節のことも考慮に入れて、そのアンペア数で本当に充分なのか、よく検討してからにしましょう。基本アンペア数を変えるには、大家さんと相談し、電力会社に直接電話するだけでOKです。

おもな家電の電力量

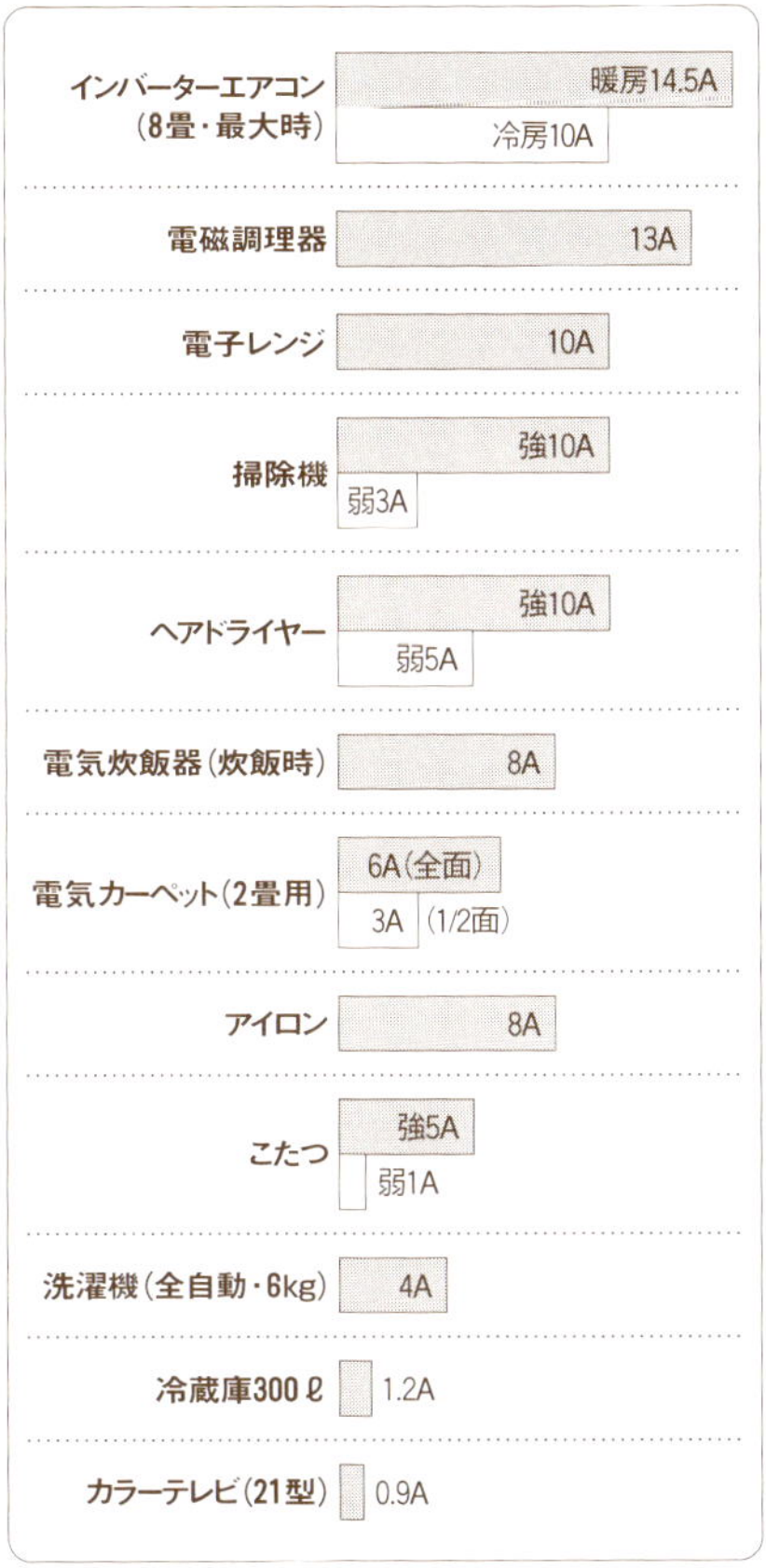

家電	電力量
インバーターエアコン（8畳・最大時）	暖房14.5A／冷房10A
電磁調理器	13A
電子レンジ	10A
掃除機	強10A／弱3A
ヘアドライヤー	強10A／弱5A
電気炊飯器（炊飯時）	8A
電気カーペット（2畳用）	6A（全面）／3A（1/2面）
アイロン	8A
こたつ	強5A／弱1A
洗濯機（全自動・6kg）	4A
冷蔵庫300ℓ	1.2A
カラーテレビ（21型）	0.9A

電気料金節約のテクニック

キッチン家電

テク1 炊飯器の保温をやめる

ご飯を炊くと、保温したままにしてしまいがちですが、3合のご飯を12時間保温すると、もう一度3合炊くのと同じで、電気代が約5円かかります。炊いたらすぐに冷蔵庫に移し、食べるときにレンジで温めたほうがおトクです。冷蔵保存したご飯を温めるのには1回につき0.7円。2日に一度（週3回）3合炊いて、1日3食、6回で食べきるとすると、1年で約2475円の節約になります。

電力各社の基本料金

	北海道電力	東北電力	東京電力	中部電力	北陸電力	九州電力
10A	325.5	315	273	273	231	283.5
15A	488.25	472.5	409.5	409.5	346.5	425.25
20A	651	630	546	546	462	567
30A	976.5	945	819	819	693	850.5
40A	1302	1260	1092	1092	924	1134
50A	1625.5	1575	1365	1365	1155	1417.5
60A	1953	1890	1638	1638	1386	1701

（単位は円）

テク2 ご飯は小さい炊飯器で炊く

3合炊きの炊飯器で3合炊くのと、5合炊きの炊飯器で3合炊くのでは、同じ3合でも、小さい炊飯器で炊くほうがおトク。両者を比べると、週3回炊くとして、1カ月で60円、年に1080円の差が出ます。スペースのことを考えても、ひとり暮らしには小さい炊飯器がおススメ。

テク3 冷蔵庫の設定温度を弱にする

冷蔵庫の設定温度は「弱」のほうが「強」よりも1日約20％もおトク。しかしいつも「弱」にはできないので、入れる量や、季節によって調節してみるのも手です。冬季の3カ月は、「弱」にし、春と秋の6カ月は「中」、夏の3カ月は「強」にしたとすると、一年じゅう「強」にする場合と比べて、1年で1260円もおトクです。また、冷蔵庫に関しては置き方にも注意。壁から2㎝以上離す、上に物を置かないなどが鉄則です。冷却の熱の逃げ場がなくなってしまうと、それを冷やすためにまた電気が必要になるのです。詰め込みすぎも電気代がかかるので、注意しましょう。

設定温度による電力量比較

	消費電力	電気代
強	2.32kwh	52円
中	2.22kwh	50円
弱	1.88kwh	42円

（電気代は1日分）

室内家電

テク4 待機電力を切る

例えばテレビの電源を切っても、コンセントを抜かず主電源が入っていれば、少しずつ電力が消費されます。このように、家電を使用していないときでも消費される電力を「待機電力」といいます。統計によると、この待機電力は、全消費電力の10％にもなるといわれています。

待機電力を切らなかった場合、1年間に各家電が消費する待機電力にかかる金額は左の表のとおりで、合計するとなんと９３３８円！ 待機電力が大きいのは、ステレオ、電子レンジ、エアコン、パソコン、CDラジカセなど。プラグを抜くのが面倒な家電ばかりですが、なるべくこまめにプラグを抜いて、節電、節約を心がけることが大切です。

家電別、1年間に消費する待機電力費

テレビ	294円	留守電	922円
パソコン	687円	CDラジカセ	687円
炊飯器	432円	洗濯機	235円
ビデオ	135円	電話子機	491円
エアコン	903円	温水暖房便座	1589円
電子レンジ	942円	ステレオ	2021円

テク5 小型テレビを選ぶ

テレビは画面が大きくなるほど電気代も高くなります。左のグラフでもわかるように、14型と29型を比べると、およそ3倍も電気代が違います。29型から14型に変えると、1年で４３２０円の節約になります。また、映像を最大に明るくした場合と最小にした場合とでは、6時間で8円の差がでます。テレビは見て楽しむものなので、最小にするのは本末転倒ですが、少し暗くするだけでも、節約になるのは事実です。

大きさ別、1カ月当たりの電気代

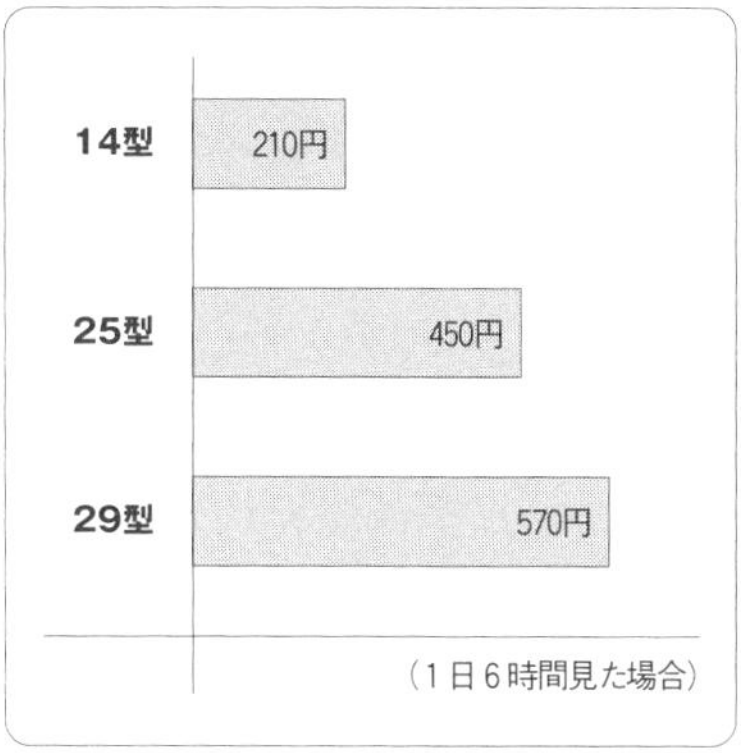

テク6 エアコンを1℃がまん

夏場のエアコン温度を1℃上げ、冬場のエアコン温度を1℃下げれば、電気代はそれぞれ10%ダウン。夏と冬の各3カ月は、一般に月3000円のエアコン代がかかるので、温度を1℃がまんすれば、年間1800円の節約に。また扇風機を併用すれば、部屋の空気が循環することで、エアコンの効果が高まり、さらに設定温度を控えることが可能になります。

テク7 冬はこたつで乗り切る

暖房器具の1時間当たりの電気代を比べると、左の表のとおり、節約大賞はこたつ。エアコンと比べると、1日に6時間つけるとして、冬の3カ月で約13500円の差に！ 節約重視ならこたつで乗り切るのも手です。ただし、こたつは体感温度が劣るので、エアコン＋こたつ、または電気カーペットなどと組み合わせて使う方法も考えてみましょう。

暖房費の比較

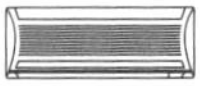	エアコン	約28円／時
	電気ストーブ	約20円／時
	ガスファンヒーター	約9.3円／時
	電気カーペット	約7円／時
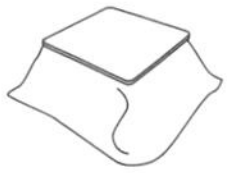	こたつ	約3円／時

性能比較

	エアコン	電気ストーブ	ガスファンヒーター	電気カーペット	こたつ
加熱の速さ	△	△	○	△	×
燃費のよさ	△	△	○	△	△
温風の吹き出し温度の高さ	△	―	○	―	―
無臭度	○	○	△	○	○

知ってトクする

暖房費節約あの手この手

！厚手のカーテンをかける

厚手と薄手のカーテンでは、保温効果が2℃も違います。また、遮光性のあるカーテンも、暖かい空気を外に逃がさない効果があります。

！エアコンを「自動」にする

「強」や「弱」にすると、設定温度に達しても一定の風量で運転を続けます。「自動」にすれば、暖めすぎ・冷やしすぎも防げ、電気代もダウン。

！こたつの保温性をアップする

光熱費の安いこたつはやっぱり魅力。弱点である保温性を補うために、こたつのマットの下に段ボールや新聞紙を敷きましょう。

！こたつの消し忘れを防ぐ

消し忘れを防ぐには、タイマー付きのコンセントが有効です。設定した時間に自動的に切れるので安心。

照明

テク8 寿命の長い蛍光灯がおトク

左の表のとおり、電球代は白熱灯がおトク。いっぽう寿命は、白熱灯が半年、蛍光灯が1年半と蛍光灯がおトクです。ただし、蛍光灯は頻繁に点滅すると寿命が縮まります。電気代は、6畳で1日5時間つけるとして白熱灯が21・6円、蛍光灯（吊り下げ型）が7.4円なので、結局は蛍光灯が1年で5183円おトクになります。

蛍光灯と白熱灯の比較

部屋の広さ		蛍光灯		白熱灯
		吊り下げ型	じか付け型	吊り下げ型
4.5畳	電気代	216	216	360
	電球代	2,000	2,340	190
6畳	電気代	222	228	648
	電球代	2,500	3,120	480
8畳	電気代	259	360	864
	電球代	3,300	3,900	640

（電気代は5時間つけたときの1カ月分。単位は円。）

その他さまざまな節約法

夏場には飲み物を凍らせる

夏場は何度も冷蔵庫を開け閉めして飲み物を飲みますが、開けるたびに庫内の温度が上がり、余計な電気を使います。夏場は冷凍庫で飲み物を凍らせておくと、いちいち冷蔵庫にしまわなくても、冷たいものが飲めます。

待機電力をまとめて切る

105ページにもあるように、家電はスイッチを切っていても、待機電力を消費しています。そのムダな電力をなくすためには、こまめにコンセントを抜くことですが、面倒でできないという人は、出かける前に部屋のブレーカーを下げるという手も。ただしキッチンは、冷蔵庫があるので切らないこと。いちいちコンセントを抜かなくても、待機電力を手元でカットできる、写真のような配線プラグもあります。

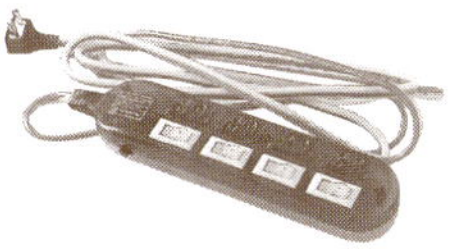

この節約術で水道・ガス・電気代を合わせて1年でなんと約58,970円の節約！

覚えておきたい 公共料金の節約術 5カ条

1 水は1分流すと12ℓのムダに！ ためて使って節水を心がける

2 口火のつけっぱなしは1日約35円 使い終わったら即、消すこと

3 基本アンペア数を下げれば電気代は確実に下がる

4 コンセントをマメに抜いてムダな電気を垂れ流さない

5 エアコンを1℃がまんすれば電気代は10％も減

お金もたまって健康に！

食費の節約法

Try to cut down on food expenses

ひとり暮らしの支出のなかで大きな割合を占めるのが食費。
自由に使えるお金がふえるかどうかは
食費の節約にかかっているといっても過言ではありません。
食費を減らすにはもちろん自炊がいちばんですが、
忙しくて手がまわらないという人も多いのでは？
食品の買い物術や賢い外食のコツなども交じえながら
食費を減らすテクニックを考えていきましょう。

Step 01

食費節約への第一歩

ちょこっと自炊のススメ

3日に一度ご飯だけは炊こう

毎日自炊はしなくても、「3日に一度ご飯を炊く！」と決めましょう。あとは副食代と調味料代だけになるので、食費が確実に減ります。例えば、昼食におにぎり2個（240円）、夕食にご飯1パック（150円）買うと、ひと月11700円ですが、自分でご飯を炊けば、1カ月で約2500円（米5kg）ですみます。

残り野菜で浅漬けを作ろう

ビニール袋に野菜を入れて塩をふり、しんなりするまでもむか、電子レンジで軽く加熱します。しょうゆ、みりん、酢で好みの合わせ調味料を作り、野菜にかけて混ぜればでき上がりです。

「作りおき」を常備しておこう

ふだんからソースやおかずを作りおきしておけば、自炊するのが面倒ではなくなり、食費の節約につながります。

〈トマトソース〉

材料
トマトの水煮…1缶
タマネギ…1/4個
ニンニク…1片
固形ブイヨン…1個

鍋を熱して油大さじ2をひき、弱火でニンニクのみじん切りを炒め、さらにタマネギのみじん切りを加えて炒めます。トマトを加え、形が崩れたらブイヨンを入れて、20分煮込みます。

〈ひき肉のそぼろ〉

材料
豚ひき肉…300g
タマネギ…2個

まずタマネギをみじん切りにしておきます。フライパンを熱して油大さじ2をひき、みじん切りにしたタマネギをキツネ色になるまで炒めます。ひき肉を加え、火が通るまで炒め、塩・コショウ各少々で調味します。

ドレッシングだけでも自分で作ろう

自分で作れば、節約になるのはもちろん、料理のレパートリーも広がります。

●**フレンチドレッシング**：サラダ油と酢を3：1の割合で混ぜ、塩・コショウ各少々を加えてさらに混ぜるだけ。パセリのみじん切りや、すりおろしたニンニクを加えてもおいしいでしょう。

●**マヨネーズドレッシング**：前述のフレンチドレッシング大さじ2に、レモン汁大さじ1/2、塩・コショウ各少々、市販のマヨネーズ1/2カップを加えて混ぜます。

●**和風ドレッシング**：酢1/3カップに、すりおろしたショウガ小さじ1、しょうゆ大さじ3、塩小さじ1/3、すりごま大さじ1を合わせます。サラダ油2/3カップを少しずつ加えながら混ぜればでき上がり。

●**韓国風ドレッシング**：塩小さじ1/2、コチジャン大さじ1、砂糖大さじ1/2、コショウ・一味唐辛子各少々を合わせ、酢1/2カップ、サラダ油1/2カップ、ごま油1/4カップを加えて混ぜます。

●お金を使わず、おなかは満足！

野菜づくりのススメ

小さなベランダだって野菜は育つ！

お金も不足、野菜も不足、と悩む前に、野菜を育ててみませんか？ 鉢で育つ食用植物は、プチトマト、ハーブ、チンゲンサイなどさまざま。簡単に作れて、しかも食費も減らせるなら、育ててみないわけにはいきません。まずは水で育つ野菜から始めてみましょう。

これなら育てるのも簡単！

イチゴはベランダの鉢で簡単に育つし、可愛い実がなるのがうれしい。モヤシと青菜は、水があれば簡単に作れ、しかもすぐふえるので、野菜不足解消にもってこい！

ベランダで育てやすい野菜を教えて

ベランダで育てやすい野菜には、ナス、ラディッシュ、ニンジンなどいろいろあります。鉢は少し大きい直径30cmのものを、プランターなら幅が65cmのものを使いましょう。家電の入っていた発泡スチロールの箱などに水抜き穴をあけて代用してもOKです。

野菜は一鉢に何種類も植えてもいいの？

実がなるものどうし、葉ものどうしなら一緒でもOK。ハーブは、乾燥を好むものか、湿気を好むものかを確認して。ナスやピーマンなどは苗木が大きくなるので、単独で鉢植えにします。

Step 02

安く賢くそろえよう

食材買い出しのワザ

ワザ1 大型スーパーと商店街を使い分ける

大型スーパーは豊富な品ぞろえが魅力ですが、他店舗と価格を統一しなければならないため、目玉商品を特別安くはできません。いっぽう商店街は、品ぞろえには限界があるものの、大型店に対抗するために、赤字覚悟の値下げをすることも。特性を見抜いて、上手に使い分けましょう。

ワザ2 スーパーの法則を知る

通路に出してあるワゴンや、陳列棚の隣に置かれた台には特売品が多いので、まずは注目。次に、棚の中から本当のお買得品を探すには、ＰＯＰの言葉を見ます。「広告の品」のように値下げの理由が明示されたものは○、「セール」など漠然とした言葉なら、目を引くためだけのもので、実はそれほど安くないかも。

ワザ3 閉店間際の値下げをねらう

生鮮食品は、午後6時から閉店までの間に買うのがおトク。お客さんの入るピークの時間帯が過ぎているため、スーパー側が売れ残りを心配し、半額など、大幅に下げてきます。この時間帯にしか買い物しない、と決めればかなりの節約に。

ワザ4 ポイントカードを活用する

自炊に変えても、食材費は必ずかかるもの。それなら、食材を買うたびにポイントがたまるカードを利用しない手はありません。クレジット払いのときだけでなく、現金払いでも、カードを見せるだけでポイントがつくものを選んだほうが、よりためやすいでしょう。

ワザ5 おなかがすいているときに買い物に行かない

おなかがすいていると、なんでもおいしく見えて衝動買いしがち。ムダ遣いを防ぐためには、空腹時は買い物を避けて。

ワザ6 コンビニでかごを持たない

かごを持つと、ついつい余計なものまでかごに入れてしまいがち。フリーハンドにして、手で持てるぶんだけ買いましょう。また、レジ前のセール品にはぜひ注目を。賞味期限が迫っている商品や廃番品、キャンペーン中の商品が、10～50％オフになっていることもあります。

ワザ7 生鮮食品以外は底値でゲット

底値とは？

例えば野菜の値段は、季節や天候で変動します。また、スーパーなどによって、特売の安値にも限度があります。このような条件から、「これ以上は下がらない」という最低価格がおのずと決まってきます。これが「底値」と呼ばれる価格です。店や地域などによっても「底値」は違ってくるので、まめにチェックして、どの価格ならお買得なのかを把握しましょう。

底値表を作ろう！

それぞれの商品の最低価格を知るために作るのが底値表。よく行くスーパーのチラシなどで、自分がいつも買う商品が、その日いくらで売られているかをチェックします。1カ月ほど続ければ、例えば、卵は最低でいくらなのかなどがわかるはず。それを底値としてノートに書き写し、表を作ります。買い物をするときはこの表を見て、底値以上のものは買わないようにすれば、節約になります。

ワザ8 食材の「旬」を知る

野菜や果物、魚介類には、それが大量に出まわる季節があります。これを一般に「旬」と呼びます。この時期には、ほかの季節に比べて値段が1割程度安くなるうえ、味も格段においしく、さらに栄養価も高いなど、まさにいいことづくし。節約のためにも健康のためにも、左の表を参考に、よく使う食材の「旬」をぜひ覚えておきましょう。

食材の「旬」を教えて

	野菜	果物	魚介類
春	キャベツ、新ジャガ、エンドウ豆、ソラ豆、タマネギ、アスパラガス	夏ミカン、梅、イチゴ、サクランボ	サケ、サヨリ、マダイ、アワビ、トビウオ、サワラ、ニシン
夏	トマト、ピーマン、ジャガイモ、キュウリ、レタス、カボチャ	メロン、スイカ、桃、ビワ、アンズ	カツオ、カワハギ、アジ、シジミ、鮎、エビ、メバル、ウナギ
秋	サツマイモ、シイタケ、シメジ、ホウレンソウ、ニンジン、ナス	梨、栗、洋梨、ブドウ、柿	マグロ、サンマ、イワシ、サバ、アサリ、ホタテ
冬	大根、小松菜、長ネギ、白菜、カブ、ゴボウ、春菊、レンコン	ミカン、リンゴ、イヨカン	キンメダイ、ハマチ、カレイ、タラ、ハマグリ、アマダイ

ワザ9 週に一度まとめ買いをする

毎日スーパーに通うと、必要のない食材まで買いがち。その結果、せっかく買ったものを腐らせて捨てるハメになるなど、ムダな出費がふえます。これを避けるためには、1週間のメニューを決めて、週に一度、食材をまとめて購入しましょう。食材を計画的に使うようになるので、慣れれば、食費が半分程度ですむようになる場合もあります。

ワザ10 食材宅配サービスを利用する

忙しいひとり暮らしの強い味方が、食材宅配サービス。献立が決まっていて、必要な食材だけをセットにして届けてくれるものもあるから、ムダが出ません。近くのコンビニや生協などで取り扱っていないか、まずは調べてみましょう。

ワザ11 保存のきく食材を選ぶ

せっかく買った食材を、使いきれずに腐らせてしまっては、節約どころではありません。最近はコンビニにも、保存食品がたくさんあります。缶詰類をはじめ、わかめなどの乾物やスープの種類も豊富。上手に使って、ムダを省きましょう。

ホールトマトやツナなど、素材の缶詰は、料理の幅を広げてくれる。

水ですぐにもどる乾燥わかめ。生だと大量に余ってしまうわかめも、これなら使いきれる。

フリーズドライしたアサツキ。香りも味も、生のものと遜色ないすぐれもの。

保存のきく明太子ソース。パスタ以外にも、タラモサラダやオムレツなどに重宝。

魚類は、水煮缶を利用すれば調理の手間が省ける。栄養価も生のものとほぼ同じ。

Step 03

上手に選べば外食だって安くなる

外食先の選び方

外食だってうまく利用すれば節約に！

いくら節約になるからといって、疲れているときに、無理して自炊する必要はありません。お財布の事情によって、外食先を使い分けるのも節約テクのひとつ。同じメニューでも、どこで食べるかでかかるお金は千差万別。安くて賢い外食術を身につけることで、外食しつつも節約することができるのです。

自分へのごほうびに外食するのはいいこと！

節約ばかりしていると生活がぎすぎすします。ふだんは節約して、週に一度、大好きなカフェでゆったりと外食するなど、お金を上手に使いましょう。

例えば、かき揚げ丼を食べる場合の価格比較

1位 そば屋 900円

「座っているだけで食べ物が出てくる」だけにお金がかかる。お財布に余裕があればたまにはいいかも。

2位 コンビニ 580円

便利さが上乗せされているため、割高。値段もさることながら、ついほかのものを買ってしまうことも。

3位 弁当店 350円

温かいご飯が食べられるうえに、価格も安い弁当店はねらい目。遠くても足をのばす価値あり。

4位 惣菜店 150円

一から作りたくはないけど、ご飯だけは炊いてある。そんなときはお惣菜をアレンジ。そば屋より750円もおトク！

覚えておきたい 食費節約の5カ条

1. 少しだけでも自炊することが食費節約への第一歩
2. 生鮮食品を買うなら閉店間際の値下げをねらう
3. 食材の「旬」を知っていいものを安く手に入れる
4. 食材は週に一度まとめて買い出し
5. 外食するなら財布と相談して何をどこで食べるか決める

03·04

娯楽費から雑費まで——

日ごろの出費の節約法

Keep saving money everyday ●●

生活に欠かせない、洗剤や歯ブラシなどの日用品費、
暮らしにハリや潤いを与えてくれる娯楽費——
ひとつひとつの金額はたいしたことがなくても
一年を通してみるとかなりの金額になるはず。
身近なところから上手に支出をシェイプアップする方法を、探ってみましょう。

●Part 01

小さなことからコツコツと

身近なお金の節約法

日用品費

単価が安いだけについ買ってしまう日用品ですが、合計すると年間13万〜15万円にもなっているのが一般的。賢い買い方、使い方を覚えて、節約しましょう。

台所用洗剤はうすめて使う！

台所用洗剤は、うすめて使っても効果は変わりません。例えば270㎖・198円の洗剤を100倍にうすめて使用した場合、1回10㎖使って、1日2回洗うと仮定すると、年間約4811円の節約に。

バス用、トイレ用洗剤は直接吹きかけない！

バス用洗剤は直接吹きかけるより、スポンジに含ませたほうが、使用量が7割ダウンします。400㎖・280円の洗剤の場合、1回30㎖使い、月に4回掃除すると仮定して、年間約706円のおトクに。また、トイレ用洗剤も直接たわしにつけたほうが使用量が8割ダウン。400㎖・280円の洗剤の場合、1回30㎖使い、月に8回掃除すると仮定して、年間1613円おトクになります。合計で年間2319円の節約に。

シャンプー・リンスは詰め替え用がおトク

詰め替え用に替えると、容器代がおトク。500㎖・800円のシャンプーとリンスを、500㎖・600円の詰め替え用に替えた場合、3カ月で各1本使うと仮定すると、年間1600円の節約に。

ビニール袋は買わない！

キュウリの塩もみ、野菜の保存、冷凍時の小分けなど、なにかと重宝するビニール袋。スーパーで肉や魚を買ったついでに1枚ずつ余分にもらってくれれば、ビニール袋代はタダですみます。

郵便・ＮＨＫ費

普通のはがきより「エコーはがき」がおトク！

「エコーはがき」とは、広告入りの官製はがきのこと。普通は1枚50円するはがきが、45円で購入できます。ただし発売日が一定でないのが難点。まめに近くの郵便局に通ってチェックして、見つけたらまとめ買いしておきましょう。

書き損じはがきは郵便局で交換

年賀状や暑中見舞いなどで書き損じたはがきを、そのままにしておいたり、捨ててしまったりしていませんか？　郵便局の窓口に持っていけば、1枚5円で新しいはがきと交換してくれます。書き損じたら、この制度を利用しましょう。

小包を送るなら郵便局の「ゆうパック」で

小包を「ゆうパック」で送るとき、郵便局の窓口に持ち込むと1個につき１００円の割引が受けられます。また、1年以内に差し出したゆうパックで同一の宛て先が記載されているラベルの控えを持っていくと、1個につき50円の割引となります。実家とのやりとりに便利。

ＮＨＫ受信料は1年分一括払いだと1カ月分おトク！

ＮＨＫの受信料は、口座振替えにすると振込用紙での支払いより1カ月50円割安になり、さらに1年分一括で払うと、約１７００円、1カ月分以上もおトクになります。「払いに行くのが面倒」「あまり見てないから払いたくない」と思っている人は、どうせ払うなら、この手を使ってみては？

先輩に聞く！

身近なお金の節約術

ティッシュは買わない！

街でもらえるポケットティッシュ以外使いません。年間で計算すると、１４４０円の節約に。（27歳／女性）

バーゲンでしか服は買わない！

冬物は1月、夏物は7月と、各シーズンのセール時期を把握。欲しい洋服はバーゲンの時期まで待って、半額以下で買ってます。（26歳／女性）

プリペイド式の携帯電話を利用
プリペイド式なら、話せる時間などが限られているから、自然と長電話が減る。今では月々の携帯代が５０００円になりました。（24歳／男性）

無料配布グッズをもらい倒す
ドラッグストアに置いてある基礎化粧品や口紅のサンプル、街頭でくれる試供品をもらい、月に２０００円は浮かせてます。（28歳／女性）

● Part 02

賢く楽しく遊ぶべし

娯楽費の節約法

旅行費

旅行はネットorコンビニで予約する

ネット上の旅行会社のサイトの場合、人件費がかからないなどの理由で、割引率が高く、また、ネットの即時性を生かし、直前の予約も可能です。総合旅行情報サイト「トラベルコちゃん」など、全国の旅行会社の価格をひと目で比較できるサイトなどを利用してみても。

http://www.tour.ne.jp/

「青春18きっぷ」を活用する

0時から24時まで、JRの対象列車に1日乗り放題という切符が5回分セットで11500円の「青春18きっぷ」。ムダなく使いきるためには、まず時刻表で乗り継ぎをチェック。例えば目的地まで2日かかるなら、往復で4枚。残り1枚で少し足をのばすなど、うまく活用しましょう。

夜行列車に乗るときは要注意！

例えば23時の夜行で出発すると、1時間後の日付が変わった最初の駅で「使用済」のハンコを押されてしまいます。そこまでの切符だけは別に買っておきましょう。ただし例外区間もあるので確認を。

友達とシェアすればもっとおトク

例えば東京から北海道は2日で着くので、友達と2枚ずつシェアして、片道1人5750円ですみます。1日で着く場所へ5人で行けば、片道1人2300円！

JRの昼行バスを利用する

JRの昼行バスは、夜行バスよりさらに格安です。例えば東京〜大阪間の往復は10000円。新幹線の「のぞみ」と比べると、19500円もおトクになります。

飛行機は格安券より特定便割引

航空法の改正で航空会社が自由に料金を設定できるようになったため、早朝便や夜便などで3割〜半額近い割引がふえています。また「設定日限定割引」は、月のうち数日と期間も短く、席数も限定、予約も2カ月前など制約は多いですが、予定が合えば大幅な割引に。早めに旅行の計画を立てて、上手に利用しましょう。

国民宿舎を利用する

設備も充実し、格安なのが国民宿舎。数千円から泊まれるとあって、かなりねらい目です。なかには温泉や、スポーツジムがついているところもあるので、ぜひチェックしてみて。

http://www.kokumin-shukusha.or.jp
全国の国民宿舎をエリア別で検索できるサイト。メールで予約も可能。

デート・交際費

ネットでクーポン券をGET!

レストランに出かける前には、インターネットでクーポン券の有無を確認しましょう。例えば「ぐるなび」のホームページ(http://www.gnavi.co.jp/)で探せば、実にたくさんの店が、1ドリンクサービスや食事代10~20%オフなどを実施しています。誕生月に利用するとシャンパン1本サービスなどの店もあるから、要チェック。ただし、プリントアウトしたクーポン券を忘れずに持っていきましょう。

格安スポーツ施設で遊ぶ

スポーツは格安デートの代表。公共施設を利用して、ジムやプールを満喫して。

http://www.e-kinniku.net/

「格安スポーツ施設マップ」には、数百円で利用できるスポーツジムや、体育館、室内プールの情報が満載。所在地、営業時間、休館日、連絡先が一目瞭然なので、リサーチ後すぐに出かけられそう。

レディースデーに遊ぶ

水曜日に女性のみ映画が1000円で見られるサービスをはじめ、レストランやホテルなどでも独自にレディースデーを設けているところがたくさんあります。出かける前には「レディースデー」をキーワードにネットを検索してみましょう。

居酒屋では、まずご飯ものを注文

居酒屋ではおつまみではなく、まずご飯ものなどの腹もちのいいものから注文しましょう。また肉類や焼き魚、枝豆などのたんぱく質を同時に頼むのもおすすめ。ある程度おなかがふくれると、ダラダラと注文しすぎることがなくなり、飲み会代が安くすみます。

遊ぶ場所は定期券の圏内で

娯楽費のうち、意外と大きな割合を占めてしまう交通費。ならば、定期券で行けるスポットを探してみて。また、JRの通勤定期を使う場合、目的地まで通しで購入するより、分割したほうが安くなる場合もあります。

先輩に聞く! 私の娯楽費節約術

レジャー施設の無料開放日をねらう

国民の休日や、県民の日、開園記念日に、入場無料になる施設をねらって遊べば、娯楽費がタダ。(25歳/女性)

ユースホステルの会員はおトク!

全国にあるユースホステルは、なんと1泊2500~3000円。年会費はたった500円だから、格安旅行に最適です。(27歳/男性)

大人数なら回数券で移動する

仲間6人の日帰り旅行では、10枚分の価格で11枚つづりの回数券が大活躍。復路で1人分の通常料金を払っても、かなりの節約に。(26歳/女性)

カラオケは客引きの人と勝負!

夜中のカラオケは、通常料金では入りません! 客引きのお兄さんにわざとつかまり、値下げ交渉して、格安カラオケを獲得。(23歳/女性)

● Part 03

さらに節約するために――

金券ショップの利用術

少しでも安く遊びたいなら、金券ショップが強い味方。映画、スポーツ観戦、交通機関など、さまざまなチケットが値下げ販売されています。遊ぶ予定が決まったら、とりあえずのぞいてみましょう。

金券ショップ活用法

図書券でおつりもGET！

図書券は金券ショップで購入すると約5%オフに。書店の多くはおつりを現金でくれるので、図書券で雑誌や本を買えば、おつり分と5%オフ分で得した気分に。

テレフォンカードで電話代を払う

NTTの営業所に限り、電話料の支払いに未使用のテレフォンカードを使えます。金券ショップで安く買って支払いに使えば、割引分がおトクになります。

商品券を安く買って洋服代を節約

百貨店で洋服を買うときは、まず金券ショップで商品券を購入して。これで買えば、消費税分くらいは安くなります。

よく遊びに行く街のショップをチェック

見たい映画や美術展が決まったら、映画館や美術館のある街の金券ショップをチェックしましょう。チケットが大量に流れて、安くなっている可能性大です。

使わない商品券を売ろう！

すぐに現金が欲しいときにも金券ショップは強い味方。部屋にテレフォンカードや商品券が眠っていませんか？ 使わないなら金券ショップで現金に替えて。

チケットの金額の目安

種類	正規金額	販売金額
航空券（例／東京→札幌）	33500円	24000円
新幹線切符（例／東京→大阪指定）	13750円	12000～12300円
百貨店共通商品券	500円	490円
ビール券	766円	685円
図書カード	500円	480～490円
ギフト券	500円	485～490円
お米券	540円	500～530円
旅行券	10000円	990円
QUOカード	1000円	970円
テレフォンカード	1000円	950円
切手	80円	78円

日常に起こる、急な出費の相場を知っておこう！

家電、家具の引き取り（料金は目安。家電リサイクル料金はメーカーによって異なる。運搬料金別・税抜）

洗濯機	冷蔵庫	TV	エアコン	ベッド	タンス
2400円	3600円	1700円	1500円	1000円～	300円～

前歯の治療

歯の治療は、健康保険で使える材料が決まっており、それ以外の材料を使う場合は保険がきかないので注意。前歯は特別な材料を使った治療が多く、差し歯だとセラミックで１本８万円前後、金属＋合成樹脂で１本５万円前後。

水まわりの修理

各種蛇口の水もれによるパッキングの交換は3000円前後、排水管に物が詰まった場合の修理は１万～１万5000円。水道管の破裂だと２万5000円前後。夜間の修理だと、さらに約30％の割増料金を請求されることが多い。

鍵の紛失

鍵を開けるだけの場合は5000～１万円。鍵を壊して開けてもらう場合は8000～２万円かかる。鍵を交換する場合は、種類によっても違うが１万～２万円。特にピッキングなどに対する防犯対策用のカギと交換する場合はやや割高に。

旅行のキャンセル（航空機利用）

国内				海外			
20～8日前	7～2日前	前日	当日	31日前	30～3日前	前日	当日
20％	30％	40％	50％	無料	約20％	30％	50％

結婚式のお祝い

	同僚へ	友人へ	親戚へ	部下へ
20代	30000円	20000～30000円	30000円	30000円
30代	30000円	30000円	30000～50000円	30000～50000円

葬式の香典

	上司へ	同僚へ	祖父母へ	友人へ
20代	5000円	2000～3000円	10000円	3000～5000円
30代	5000円	5000円	10000円	5000円

覚えておきたい 日ごろの出費の節約術 5カ条

1. 洗剤類は詰め替え用にしてお金もゴミも出さない
2. タダでもらえるものはどんどんもらう
3. 旅行に行くならインターネットで予約
4. 「居酒屋では、まずご飯」で飲み会代を節約
5. 金券ショップを活用して少しでも安く遊ぶべし

03·05

あとの祭りにならないために――

お金のトラブル解決法

Good lesson of the money trouble

「新聞の勧誘がしつこくて、部屋にいるのが恐い」
「注文していない商品に、誤って代金を支払っちゃった」――
ひとり暮らしを取り巻くお金のトラブルは多種多様。
しつこい勧誘や押し売りにも、ひとりで対応しなければならないだけに、
ビクビクしながら暮らしている人も多いはず。
そこでこの章の最後は、トラブルを避けるための基礎知識や、
万一契約してしまった場合の対処法をご紹介します。

Section 01

公共料金、カード払い

お金の支払いについて正しく学ぼう!

公共料金を滞納するとどうなる?

延滞利息が加算され、催告状が届きます。次に集金人が直接家を訪問することもあります。それでも滞納が続けば、供給停止に! ちなみに、電話がいちばん早く止められ、ガス、電気、水道の順に止められることが多いようです。

カードの支払い方法について詳しく教えて!

一括払い

多くのクレジットカードの場合、一括払いなら無利息。なかには、ポイントをためて景品などをもらうことを目当てに、一括払いでカードを使う人もいるようです。ただし、一括でも利子を請求する会社もあるのでよく確認しましょう。

分割払い

何回かに分けて支払う方式。「分割手数料」として利子が上乗せされるので、最終的に払う金額は、売値よりも高くなります。ボーナス払い併用システムなどカード会社によっていろいろあるので、よく考えて利用しましょう。

リボルビング払い

購入した商品の金額にかかわらず、毎月一定の金額を返済する方法。その後また買い物をしても、月の返済額は変わらず、期間だけが延びるので、借金がふえているという感覚が鈍りがち。利用にあたっては充分な注意が必要です。

カードの支払いを滞納したらどうなる?

催促状を送るとともに、即、電話をかけてくるカード会社が多いよう。本人に連絡がとれないと、勤め先や実家にも連絡がいきます。それでも支払わない場合は、カード会社に告訴され、「支払い命令書」がきます。

Section 02

泣き寝入りなんて絶対しない！

悪徳商法に対抗しよう！

まずは悪徳商法の手口を知ろう

マルチまがい

対象 健康食品、婦人下着、浄水器、化粧品、美顔器、キッチンツールなど

粗悪な商品を高額で大量に売りつけ、「自分で別の買い手を探せば、売上の何割かが手元に入って大金持ちになれる」とだまします。結局は買い手が見つからず、自分が在庫を抱える羽目に……。

アポイントメントセールス

対象 教材、パソコン、アクセサリー、旅行券、ゴルフ会員券など

「旅行券が当たった」「あなたが当選した」「○○を無料サービスします」などとウソをついて営業所などに呼び出し、むりやり商品を売りつけます。

キャッチセールス

対象 アクセサリー、化粧品、エステティックチケット、美容グッズ、絵画など

駅や繁華街の路上で、プレゼント付きのアンケートと称して近づき、喫茶店や営業所などへ誘い込んで、脅迫的に商品の購入を迫ります。

ネガティブオプション

対象 雑誌、ビデオソフト、新聞など

注文していない商品を一方的に送りつけ、受け取った人が「代金を支払わなければならない」と勘違いすることをねらった商法。代引き郵便を悪用する手口も。

万一契約してしまったらクーリングオフ制度を利用しよう

訪問販売などでうっかり契約をしてしまった場合は、ある一定の期間内なら、無条件で契約を撤回できるクーリングオフ制度を利用して解除できます。多くの場合、期間は8日間以内とされていますが、例外もあるので、期間を過ぎていてもあきらめずに確認しましょう。

クーリングオフの適用範囲

クーリングオフとは訪問販売などで契約した場合、一定の期間内であれば、一方的に契約を解除できる制度のこと。適用されるのは、①「営業所以外の場所で契約」、②「商品を開封したり使っていない」、③「金額は3000円以上」、④「契約書面の交付日を含めて8日以内」。以上の条件を満たしていることが基本です。通信販売は熟考する時間があるので、制度の適用外。ただし、路上や電話で誘われ、営業所に連れていかれた場合は、適用範囲。このほか例外もあるので確認して。

勝手に商品が送られてきたら——

契約してもいないのに、勝手に商品が送られてきた場合は、代金を支払う必要も、商品を返送する必要もありません。送付された日から数えて14日（業者に引き取りを求めた場合は7日）を経過する日までに申し込みを承諾せず、かつ業者が引き取らないときは自由に処分できます。あせらず、落ち着いて対処しましょう。

● Section 03

本当に困ったときのために

トラブル解決イエローページ

クーリングオフ通知書の書き方

クーリングオフの通知は、証拠を残すためにも必ず書面で。左記の記入例を参考に、業者宛てに内容証明または書留で送ります。このとき、文書のコピーを必ずとっておきましょう。

契約解除通知書

契約年月日　平成○年○月○日
商品名　○○○○
価格　○○万円
販売会社名　○県○○市○○町○－○
株式会社○○○○

上記の商品の購入契約を致しましたが、この契約を解除します。
なお、貴社の負担にて商品をお引き取りいただくようお願い申し上げます。
また、すでに支払い済みの代金○万円を返金するように請求致します。

平成○年○月○日
○○県○○市○○町○－○－○
氏名　㊞

いざというときはここに相談！

訪問販売や通販など、消費生活のトラブルに関しては、各地に設けられた消費生活センターなどで相談にのってもらえます。また、勝手に送られてきた商品は、受け取り拒否も可能なので、郵便局へ確認を。

覚えておきたい トラブル解決の5カ条

1 サービスを止められないよう公共料金の支払い期日を守ろう
2 支払い期日を守れるようにクレジットの利用は計画的に
3 悪徳商法の手口を知って事前に難を防ごう
4 万一契約してしまったらクーリングオフ制度で対処
5 被害にあったら、即、相談ひとりで悩まないで

トラブル解決電話帳

■消費生活全般について

各地に設けられている消費生活センターや国民生活センターで、相談を受け付けている。引越したらまず番号を調べておこう。

■電話の勧誘に困ったら

NTTなど各電話会社では「ナンバー・ディスプレイ」や「迷惑電話おことわりサービス」などのサービス（有料）があるので、検討してみて。

■通信販売全般について

（社）日本通信販売協会の「通販110番」に相談してみて。受付時間は平日10:00～12:00、13:00～16:00。☎03-5651-1122

■クレジットや消費者ローンの返済などで困ったら

クレジットなどの返済についての相談は（財）日本クレジットカウンセリング協会へ。受付時間は平日10:00～12:40、14:00～16:40。☎03-3226-0121

第四章

Small but favorite rooms

帰りたくなる場所にしよう!
今すぐできる部屋づくりレッスン

ひとり暮らしを楽しむためには、部屋づくりも重要なテーマ。
狭くても、ホッとくつろげる部屋をつくるには
どうしたらいいのか――手軽な模様がえのテクニックから、
頼れるインテリアショップの情報まで、
先輩たちのアドバイス満載でお届けします。

CONTENTS

どんな部屋にしようかな？

スタイル別 インテリア術

Decorate your room as you like ●●

ひとり暮らしの醍醐味のひとつが、自由に部屋づくりができること。
でも「さっそく模様がえしたい！」と思っても、
どこをどうしたら、理想のイメージに近づけるのかわからない……
という人も多いのでは？
そこで人気のインテリアスタイル5つをピックアップし、
ひとり暮らしの先輩の実例から、その特徴を徹底解剖。
スタイル別のおススメ雑貨も紹介しているから、要チェックですよ！

● Part 01

白がベースの
やさしい雰囲気

シンプル&ナチュラルStyle

真っ白な食器やクロス、籐のバスケット――イメージは「南フランス風」

南フランスのインテリアが大好きという江沢香織さん。フランスで買ってきた雑貨を中心に飾るなど、プロヴァンスの明るい雰囲気を意識して、部屋づくりをしています。フルーツをバスケットに入れて飾ったり、生活感のある雑多な日用品を、おしゃれな空き箱に詰め替えたりと、細かい気配りも万全。この6畳の気持ちのよさに、つい長居してしまう友達が多いというのもうなずけます。（東京都）

1フランスのインテリア雑誌がアイデアの源。**2**キッチンが狭いため、食器棚はベッドの横に置き、見て楽しめるように。**3**フレグランスは、見た目も美しいので、大好き！　**4**よく使う調味料は、持ち手付きのバスケットにまとめて。

ペンキや布を駆使して テレビも家具も白に統一 アクセントにグリーンを使うのがミソ

現在、国家公務員を目指して、勉強漬けの毎日を送っている尾形由佳さん。いちばんのストレス解消法は、部屋の改造です。紺色だった家具を自分で白くペイントするなど、何度も模様がえした末に、やっと今の部屋を完成させました。

化粧品や調味料の瓶は「見せる収納」としてディスプレイし、その他の日用品は徹底して隠す、というのが尾形さん流。ポイントは、「形や色がそろっているものは、思いきって見せたほうが、ごちゃごちゃも目立たず、可愛く見える」ということ。また、アクセントに観葉植物を置くことで、さわやかな印象をさらにアップさせています。（東京都）

1

4

3

2

1一日じゅうペンキを塗って、紺色だった机もミラーも白に。**2・4**すべてを白で統一するために、ペンキで塗れなかったものは白い布でカバーリング。**3**近くの花屋さんで200円くらいだった観葉植物。

シンプル&ナチュラルインテリアに似合う雑貨

バスケット

ナチュラルな質感と、使うほどにあめ色に変わる味わい深さに、ファンが多い。価格も安価。

ワインの木箱

ワインの輸送に使われる梱包箱。立てて積めば、棚としても使える。

キャニスター

フランスなどで食品の保存に使われる缶。セットで集めて小物の分類収納に使う人も。

ブレッド缶

もとはパンを保存するための容器。衣類や雑誌の収納に使う人も多い。

ウォーターピヴォ

蛇口の取っ手部分。ドライバーで簡単に付け替えられるので、模様がえに最適。

マーマレードジャー

イギリスでクリームなどのパッケージに使われていた陶製の容器。小物入れに。

● Part 02

やっぱりいちばん
ホッとする

和風 Style

コツコツ集めた和骨董と着物帯のディスプレイで味わい深い「和」を演出

築40年の古い住まいで、たくさんの和骨董と暮らしている柳田美穂さん。かつてはカントリー系のインテリアが好きでしたが、いつの間にか和のものがふえ、引越しを機に、和のイメージに合う部屋を探したとか。「最近、お茶も習い始めたんです。いずれは着付けも覚えたいな」と語る柳田さん。お正月や雛祭りなど、日本ならではの季節感も大切にしています。インテリアだけでなく、生活全体で「和」を満喫している――。そんな暮らしぶりが伝わる空間です。（東京都）

1小ぶりの階段だんすの中には化粧品を入れ、ドレッサーとして使っている。「和家具って、けっこう収納力があるんです」。**2**リビングのちゃぶ台の上。しょうゆや梅干しを入れている食器も、和のものがほとんど。**3**シェードも自分で取り付けた。アンティークではないが、やさしい雰囲気を醸し出している。**4**着物帯をタペストリーに。古い布のあしらい方は、ぜひ参考にしたいところ。**5**お正月用に買った飾りを、その後も天井から吊るしている。**6**古道具店で購入した時計や友人の描いたイラストを飾って。**7**冬はここにこたつを置き、ゆっくりくつろぐ。

着物、ゴザ、藍染めの布――雑貨の選び方しだいでフローリングの部屋だって和の雰囲気に

実家の部屋のインテリアは洋風だった、という河野真希さん。でも、「築年数が古いこの部屋に合うのは、和！」と考えて、部屋づくりの方針を決めました。

まずは壁にインパクトのある着物をかけ、床にはゴザを敷いて座ぶとんを置き、「和風」を強力にアピール。さらに本棚やパソコンまわり、鏡台、柱、鴨居の上など、目につくところには小さな和雑貨をこまごまと飾りました。結果はごらんのとおり、フローリングの洋室が、見事に和室へと変身をとげています。（東京都）

1年末にはだるまを買って片目を描き入れ、一年の幸福を願う。**2**実家から持ってきた紙製ランプ。**3**布製の柿は手作り。**4**壁の着物が目を引くインテリア。**5**和とはほど遠いオーディオ機器まわりも、「和」テイストを心がける。**6**部屋の空気清浄のために、備長炭を置いている。

和風インテリアに似合う雑貨

手拭
吸水性がよく、乾きも早い。柄が豊富なので、敷いたりかけたり、インテリアに生かしやすい。

和紙のランプシェード
手漉《す》きの和紙で作られた照明カバー。紙を通してほんのり照らす、やわらかな光が魅力。

和ろうそく
和紙で芯を作り、ハゼの実から採ったロウを手で塗りかけて仕上げる。三角形の炎が特徴。

ちゃぶ台
小ぶりで、「ひとり暮らしの部屋に最適」と、人気。脚を折りたたんで片づけられるのも便利。

南部鉄器
日本の代表的工芸品。飾っておくだけでも存在感抜群！

Part 03

ビタミンカラーを多用して
元気いっぱいに

キャラクター&ポップStyle

部屋をカラフルにするには布やカッティングシートを切り貼りするのが近道

ヨシムラナオコさんの部屋づくりの目標は、訪れた友達に「楽しい!」と言ってもらえること。大好きなグリーンやピンクを中心に、カッティングシートで作った花模様を壁に貼ったり、ビニールテープで家具をリメイクしたり——。友達がゆっくりくつろいでくれるようにと、家具やモノをなるべく置かない、などの配慮にも余念がありません。「最近は、友達と雑貨屋さんに行くたびに、『あ、これナオちゃんっぽい』とか言われる。インテリアを通じて、自分のことを理解してもらえていて、うれしいです」。(東京都)

1 1畳分ある床の間には、洋服や本、ビデオをまとめて。ソファは通販で1万円だった。**2** ビニールテープを2本使った力作。**3** グリーンがこの部屋のアクセントカラー。このラジカセも即買いした。**4・5** 5色のカッティングシートを組み合わせて作ったイチゴや花。**6** 壁も天井もカッティングシートや布で模様がえ。

キャラクター雑貨と１００均のプラスチック小物は一緒に飾ると相性抜群！

1

2

4

3

高校生になったころから、ガーリッシュな雑貨や人形の収集に凝りだしたという村上裕美さん。この部屋は、まさにコレクションを生かした「自分の城」です。

村上さんにとってインテリアとは、お金をかけずに楽しむもの。家具を自分で塗ったり、勤務先で不要になった什器をもらってきたり、１００円均一を活用したりと、節約を心がけたディスプレイが光ります。ぜひ参考にして！（茨城県）

1ピンクで思いっきりキュートに。テレビにもカラフルなシートを貼った。**2**マスコットの置き方にもこだわりが。**3**コレクターが泣いて喜びそうなマスコットの数々。**4**100円均一のアイテムを多用した、ポップな部屋。

キャラクター＆ポップインテリアに似合う雑貨

ドォボーイのカップ

アメリカの食品メーカー、「ピルスベリー」社のマスコット。「ドォ」は英語で「パン生地」の意味。

フレッド君S&Pセット

イギリスの製粉会社「ホームプライド」社のキャラクターで、日本でも人気急上昇中。

ブリキ缶

にぎやかな色使いと、軽い質感が魅力。サイズ違いで集めれば、小物の収納に役立つ。

プラスチックののれん

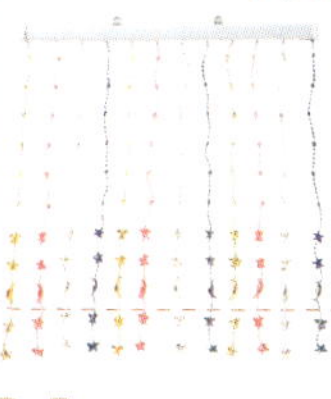

安価で手に入り、カラフル度をあげてくれる。１本ずつバラして、照明のまわりにつけても。

おまけグッズ

こちらは国産のキャラクター。佐藤製薬から、長寿と健康の象徴として登場した子象の兄妹。

1「せいろ」は、2段に分かれていて、小さなものを分類するのに最適。2CDラジカセは、デッドスペースに収納。3部屋の長押《なげし》に「長押フック」をかけ、かごバッグを吊るす。4色を抑えた、シンプルな部屋。

Part 04

リゾートを思わせる
癒し空間

アジアン Style

バンブーの家具やベトナム雑貨に大胆な配色のアジアンクロスをプラス

家具、雑貨、食器――。部屋にあるもののほとんどが、ベトナム製という堀純子さんの部屋。旅行で現地を訪れ、雑貨のデザインや家具の安さ、食べ物のおいしさにすっかり魅了されてしまったそう。

いちばんのコレクションは、天然素材のかご類。形やサイズが豊富なので、収納にも大活躍してくれるとか。「大きさによって中身を変えてます」。（東京都）

極彩色の色使いやキッチュな雑貨のセレクトで「アジアの市場」風に

こちらは愛知県の近藤美樹さんの部屋。ベトナム旅行以来、すっかりアジアン雑貨の魅力にとりつかれてしまい、ベトナムの市場で買った極彩色の布を壁面に。洋服もアジアンスタイルを意識しているそう。

アジアンインテリアに似合う雑貨

せいろ

点心を蒸すために使う調理器具。普通、2段で1セット。日本では、小物の収納に使う人も多い。

ビーズ刺しゅう入りスリッパ

衣服や布小物にビーズを縫いつけて絵柄を描いたもの。台湾やベトナムで盛ん。

アジアンバスケット

アジアの気候で育つ植物を素材にしたバスケット。独特の雰囲気が魅力。

ミニグラス

高さ数cm。やや厚手のガラスが特徴。日本ではヘアピンなどの小物入れとして活用する例も。

蓮の花のモチーフ

いかにもアジアな雰囲気漂う雑貨。写真のようなライトをはじめ、布や食器の柄などにも多用されている。

● Part 05

新「カッコいい部屋」の代名詞！

ミッドセンチュリーStyle

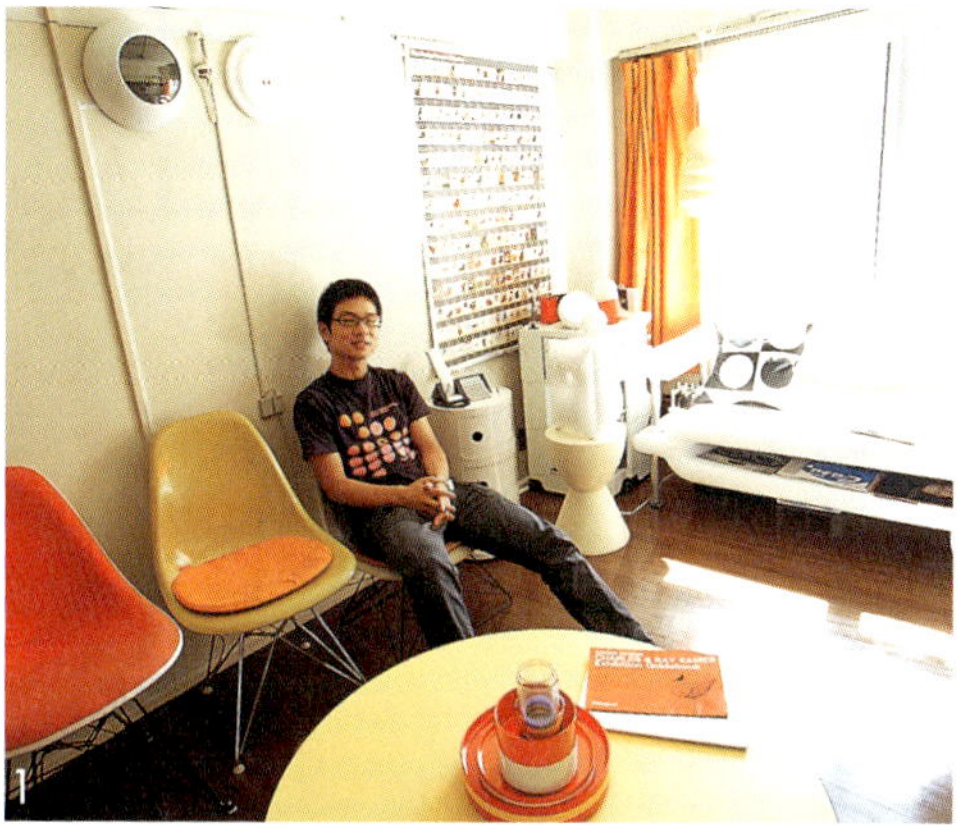

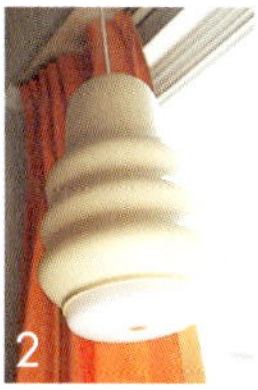

1畳にウッドカーペットを敷き、フローリング風に。古さを感じさせないよう、木の部分を白いテープで隠した。2イギリスのデザインユニット「インフレイト」の作品。3レトロな感じにひかれて買ったコップとお皿。4テレビもオーディオも、部屋に合わせて白く塗った。5インテリアに興味をもつきっかけとなった「イームズ」のチェア。

赤・黄・オレンジを基本にしたレトロなアメリカ家具で最近話題のスタイルを実現

ミッドセンチュリーの代表的な家具や雑貨が、ズラリと並ぶ桜井浩幸さんの部屋。友達の部屋で「イームズ」のチェアを見て以来、このスタイルにハマってしまったとか。もっかの悩みは、狭くて、せっかくの家具を置く場所がないこと。スペースを節約するため、押入れの下段を利用して寝ているほどです。（神奈川県）

ミッドセンチュリーインテリアに似合う雑貨

クラムアッシュトレイ

灰皿。「クラム」とは二枚貝のこと。波状の縁取りが面白い。メラミン樹脂製。

ハングイットオール

もとは子供用の帽子掛け。カラフルな色使いと曲線の多用が、このスタイルの特徴。

サイドシェルチェア

座面と背もたれを一体化させたデザインが画期的。駅で見かけるベンチも、これが原型。

覚えておきたい インテリア術 5カ条

1. ナチュラルスタイルは白やベージュが基本
2. 藍の布や焼き物などの小物使いで和を演出
3. 100円ショップの小物はポップスタイルの名脇役
4. 竹製品やカラフルな布でアジアの雰囲気に
5. ミッドセンチュリー系はコツコツ集めて楽しむもの

細部にまでこだわって!

キッチン、トイレ、ユニットバスのインテリア

Change your kitchen, toilet and unit bath ●●

ひとり暮らしをしてはじめて自分で管理することになる、
キッチンにトイレにバスルーム。
実家とは違って、狭くて暗くて不便な造りに
インテリアをあきらめてしまいがちですが、
ひとり時間を有意義にすごすためには、ここも無視できない場所。
悪条件を乗り越えて、楽しい空間を作り上げた先輩たちの実例から、
キッチンやサニタリーを模様がえするコツを探ってみましょう。

楽しく自炊できるかが決まる！

キッチンのインテリア

●Part 01

ビニールシートやテープで明るく一新

「おもちゃ箱みたいなキッチン」を目指し、１００円均一の雑貨などを使って、模様がえを楽しんでいる松山久美子さん。壁に１ｍ３００円のビニール製テーブルクロスを張りめぐらせたり、扉にテープを貼ったりと、斬新なアイデアが光ります。（東京都）

カッティングシートでオリジナルの家具にリメイク

古めかしいビニールの床や、日の入らない窓など、悪条件を見事に乗り越えているのが、ヨシムラナオコさん宅のキッチン。床には水玉柄の布を敷き、壁やシンク、家電にいたるまで、カッティングシートで作った花モチーフで模様がえしています。雑貨もあえて原色を選び、楽しい雰囲気を演出しました。（東京都）

面倒な自炊も好きな**雑貨**にこだわれば楽しい時間に変身！

学生時代に映画で見た「昔のアメリカの食堂」をイメージして雑貨を集めてきた浅野恵美さん。この家に越してきて以来、築40年のキッチンをいかにしてアメリカっぽく変身させるかが、模様がえのテーマになりました。古いメーターを手作りのボードで目隠しし、給湯器もビニールテープでポップにリメイク。パッケージに日本語が書かれた調味料はすべて瓶に移し替えるなど、その徹底ぶりには頭が下がります。（神奈川県）

1レトロな雰囲気のキッチン。**2**通販などで売られているマガジンラックを、キッチンの収納に活用。**3**マガジンラックの中。雑貨も白と赤にこだわって。**4**ストッカーからマグ、まな板にいたるまで、こだわって集めたキッチン雑貨。**5**カーテンレールの上に板をのせて、ストックなどを置く収納スペースに。

色を統一して生活感とは無縁のすっきりキッチンに

平山亜佐子さん宅のキッチンのテーマカラーは、ずばりブルー。シンク下の扉には青いカッティングシートを貼り、調理器具や雑貨もすべてブルーで統一。「ブルーには食欲を抑える効果があるんですって」と語る平山さん。さわやかキッチンはダイエットへの近道!?（東京都）

1水まわりの小物はカフェオレボウルを利用して収納。**2**やかんやキャニスターまでとことんブルーに。**3**雑然としがちなキッチンも、色をそろえればスッキリ。

●Part 02

上手に生活感をシャットアウト！

トイレのインテリア

1床はさまざまなタイルのオンパレード。**2**飾る場所が限定されているだけに、給水タンクが頼みの綱。**3**サニタリーグッズは、おしゃれな紙袋に入れて手近に。

ポストカードや紙袋など身近な素材をディスプレイして生活感も古さも解消！

トイレをあくまでも「部屋の延長」と考えて、部屋と同じ気分になれるよう、インテリアに力を入れている芹沢陽子さん。ペーパーホルダーやタンクの上など、わずかなすき間も見逃さず、上手にディスプレイしています。植物を欠かさないのも雰囲気づくりの秘訣！　（東京都）

布や包装紙でイメージチェンジ テーマは「南国風」

「トイレは南国風に」と決めた原田めぐみさん。しかしいざ模様がえしようとすると、ピンクの便座やグリーンの床が障害になりました。そこで思いついたのが、床や便座を紙や布で徹底的にカバーする方法でした。イミテーションのグリーンをあしらって仕上げてみると、暗い空間が大変身！　予想以上のでき栄えに、友達の評判も上々です。　（宮城県）

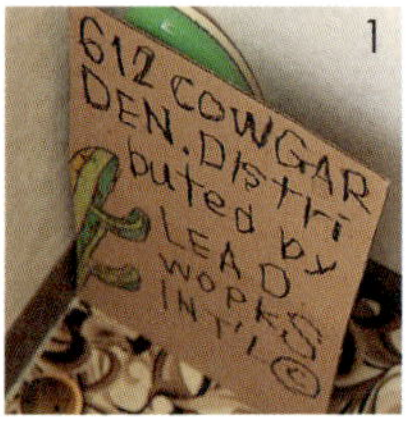

1段ボール紙に自分で字を書いて、アクセントに。**2**便座カバーを包装紙でくるみ、グリーンをプラス。**3**タオルハンガーにも、100円均一のグリーンを。**4**柄が気に入らなかった床には、布を切って両面テープで貼った。

ポップな色使いで明るい気持ちになる空間に模様がえ

中島博子さん宅のトイレは、入った瞬間、目の前がパッと明るくなる個性的なトイレです。カバーやマットをお気に入りの赤色・十字架柄で統一し、明るい空間に仕上げました。造り付けの棚の上にはつっぱり棚をプラスして、収納スペースの不足を補っています。（大阪府）

造り付けの棚の上につっぱり棚をつけて、2階建てに。見せたくないものは布のカーテンの後ろに隠す。

音楽があれば、ここでもひとりの時間を楽しめる

しょっちゅう友達が遊びにくる田村和将さんの家。「友達に楽しんでもらいたい」との思いから、トイレにラジカセが置いてあります。また、床を木目調にするために、オイルステインを塗った板を敷くなど、さりげない工夫も見逃せません。（埼玉県）

1 ラジカセが見えないように、つっぱり棚にのせ、スダレで目隠し。**2** 好きな音楽にチェンジできるよう、壁にはCDを並べている。**3** 板が上手に敷けない部分はレンガで隠した。

連なっている照明は、友達の手作りとか。「雰囲気がいいから、ついついトイレでボーッとしてしまいますね」。

照明を替えるだけで癒される雰囲気に

トイレをしょっちゅう模様がえする村野絵美さん。最近は、間接照明を使って、落ち着いた雰囲気に仕上げました。天井の照明をはずし、配線を変えて取り付けた力作です。「マンガも置いてあるし、友達は何十分も出てこないんですよ」。そんなエピソードも、このトイレの居心地のよさを物語っています。（東京都）

狭さと暗さを
克服できるかがカギ

ユニットバスのインテリア

●Part 03

ビタミンカラーを選んで 元気あふれる ポップな空間を演出

小川春美さんにとってユニットバスは、元気を充電するための大切な空間。それだけに、インテリアにも決して手は抜けません。カラフルなシャワーカーテンをはじめ、ポップな雑貨で明るく演出。どれも水にぬれても平気なものをチョイスしているのがポイントです。（埼玉県）

1 薄暗いユニットバスが大変身。**2** ビーズののれんは目隠し代わり。**3** たくさんのバスグッズを吊り下げ、殺風景な空間を明るく。ほとんどが100円均一のもの。

100円グッズを駆使して 狭くたって「銭湯風」にアレンジ

篠原昭寿さん宅のバスルームで、最大の存在感を放っているのは、「ゆ」の文字入りのシャワーカーテン。これを見つけたときにお風呂を和風にしようと心に決め、相性を考えながら、バスグッズを選んだそう。「ちょっと銭湯みたい」な空間が、一日の疲れを癒してくれます。（静岡県）

1・4 友達には「昭《あき》の湯」と呼ばれている。**2** スノコと小石は、実家の近くのホームセンターで購入。**3** グリーンは100円のものを使用。中にアヒルの歯ブラシ立てが。

防水タイプの**カッティングシート**なら水まわりの模様がえも簡単！

防水タイプのカッティングシートで、狭い空間を明るく演出しているヨシムラナオコさん。全体ではなく、洗面台の縁や水道のパーツ、鏡などに、アクセントとして花モチーフを貼るのがヨシムラさん流です。また、収納グッズも、プラスチック製の鮮やかな色のものを選んで、明るい雰囲気をだしました。（東京都）

1ボトルにビニールテープを貼って。**2・3**あえて不ぞろいの花模様にしたのがミソ。**4**壁はサクランボで囲み、鏡の縁にも花を。タンクの上にはラックを置いて、収納スペースに。

1やさしいイメージのユニットバス。**2**洗面道具は、木箱に。**3**ミラーに吸盤フックを取り付け、アイビーを絡ませた。**4**造花なら、手がかからず、壁などに取り付けるのも簡単。

湿気や暗さにも負けない**造花**で「ちょこっとガーデニング」気分

ナチュラルな雰囲気にまとまっている小林ゆり子さん宅のバスルーム。空き瓶にワイヤーや麻ひもをプラスして造花を挿したり、ミラーにイミテーションのアイビーを絡ませたりしているのが特徴です。日光も水やりも不要な造花を使うことで、暗いユニットバスを、さわやかな空間に変えることができました。（愛知県）

キッチン、サニタリーのインテリアをさらに楽しむために——

Kitchen

キッチンスケール
料理上手への第一歩は、分量を正確に量ること！ 小ぶりで機能的なものを選びたい。

キッチンクロス
何枚あっても便利なクロス。落ち着いた色を選ぶと汚れが目立たない。

ガラスボトル
パスタや米などをここに移して保存。生活感を払拭でき、おしゃれ度がアップ。

ダッシュボックス
意外と目立つものだけに、デザインにこだわりたい。足踏みペダル付きが便利。

メジャーカップ
大さじ小さじなどが便利なセットに。容量は、下から1、$\frac{1}{2}$、$\frac{1}{3}$、$\frac{1}{4}$カップ。

Toilet & Unit Bath

ポータブルスピーカー
手持ちのポータブルプレーヤーをセットすれば、お風呂で音楽が楽しめる。

トイレットペーパーカバー
生活感丸だしのトイレットペーパーも、こんなカバーを巻けば雑貨っぽく変身。

シャワーカーテン
ユニットバスの印象を左右する重要な存在。個性的な柄を選んで楽しもう！

ドアプレート
ユニットバスなどの味けないドアや壁を、こんなプレートでセンスアップ。

バスマット
窓がないユニットバスには、足もとにこんなマットを敷いて、明るい印象に。

アロマキャンドル
狭いお風呂いっぱいに香りが広がり、癒し効果が倍増。好みの香りをそろえて。

便座カバー
スリッパ
ペーパーホルダーカバー
トイレのインテリアは、こんなセットにおまかせ！ ハート柄で甘～い空間に。

バスラジオ
ひとりですごすバスタイムが楽しくなりそう。キュートなデザインは、存在感たっぷり！

覚えておきたい
キッチン、サニタリーのインテリア術 5カ条

1 ビニールシートやテープは水場の模様がえに最適

2 雑貨にこだわって色を統一しよう

3 暗いユニットバスはビタミンカラーで明るく

4 造花ならバスやトイレでガーデニングを楽しめる

5 音楽や照明の効果でバス、トイレを快適に

04・03

お金をかけずにここまでできる!

賃貸住宅の模様がえ

How to change your room

ここまで読んできて、「私も模様がえしたい！」
という気持ちが高まったものの、
「賃貸アパートだから、どうすればいいのかわからない」
という人も多いのでは？ そこでここでは
住まいを傷つけない模様がえテクの基本から、
それを応用した家具や家電のリメイク法までを徹底レクチャー。
これさえおさえれば、理想のインテリアはすぐそこです！

ひとり暮らしの模様がえの基本アイテムをおさえよう！

カッティングシート

丈夫ではがしやすいから賃貸住宅の模様がえにピッタリ！

さまざまな色が豊富にそろい、水まわりの棚や冷蔵庫のリメイクに重宝する。サイズは基本的に、45cm幅と90cm幅の２通り。

141ページへGO!

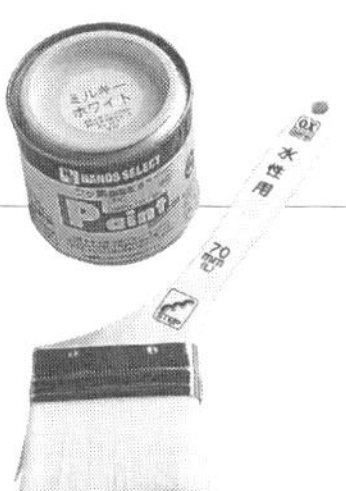

ペンキ

模様がえの基本中の基本といえばペンキ塗り！

家具や家電のリメイクに、いちばん手軽なのがペンキ塗り。扱いやすい「水性塗料」がおススメ。ハケは塗料１色に対し１本用意。

140ページへGO!

布

壁や天井など広い面の模様がえにもってこい！

安価で手に入るうえ、１枚あしらうだけで部屋の雰囲気が劇的に変わる。使う場所に合わせて、遮光性や保温性を考慮して選ぼう。

144ページへGO!

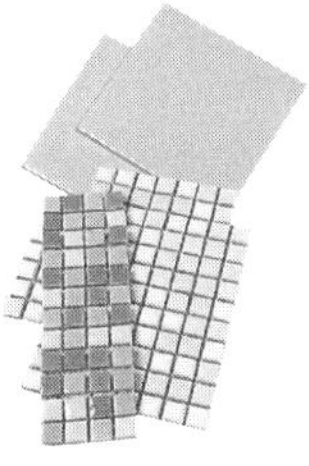

タイル

耐熱性と耐水性があるからキッチンまわりの模様がえに最適！

一般に洗面所まわりなどに貼られている約10cm四方のタイプと、それより小さなモザイクタイル（写真はつながっているタイプ）がある。

143ページへGO!

Pタイル

床に敷くだけで部屋の印象をガラリと一新！

プラスチックタイルの略。６畳全体に貼るなら、約100枚必要。色の種類が豊富で扱いやすいうえ、模様がえ効果が大きいのが魅力。

142ページへGO!

● Lesson 01

色の統一に効果抜群！

ペンキの塗り方

まずは木箱を塗り替えてみよう

用意するもの

●紙ヤスリ
●ハケ　●マスキングテープ

「ペンキ塗りははじめて！」という人のために、まずは木箱を使って基本をレッスン！

1 紙ヤスリをかける

ペンキがのりやすいように、目の粗い紙ヤスリ（180番程度）で表面の塗装を削り取る。色がうすくなったら、目の細かいもの（400番程度）に替える。

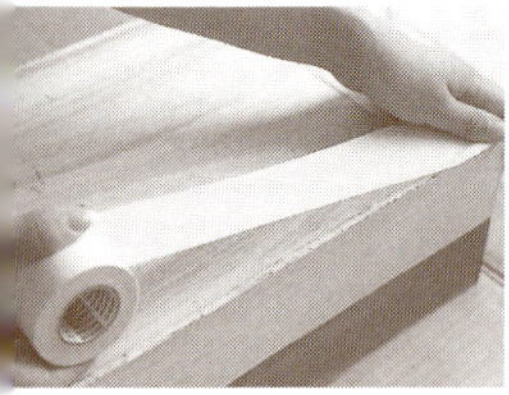

2 マスキングテープを貼る

色を塗り分けたい場合や、部分的に地を残したい場合は、ペンキを塗りたくない部分をマスキングテープでカバーする。面積が広い場合は、新聞紙などで覆って、端だけテープでとめてもよい。

3 ペンキをよく混ぜる

塗料の成分が沈澱している状態で使用すると、塗ったときに色ムラができる。缶を開ける前には必ずよく振り、使うぶんだけ別の容器（発泡スチロールのトレイなどで充分）に取り分ける。塗る直前にも、ハケでよくかき混ぜて、ムラのない均一な色調に保っておくこと。

4 同じ調子で塗る

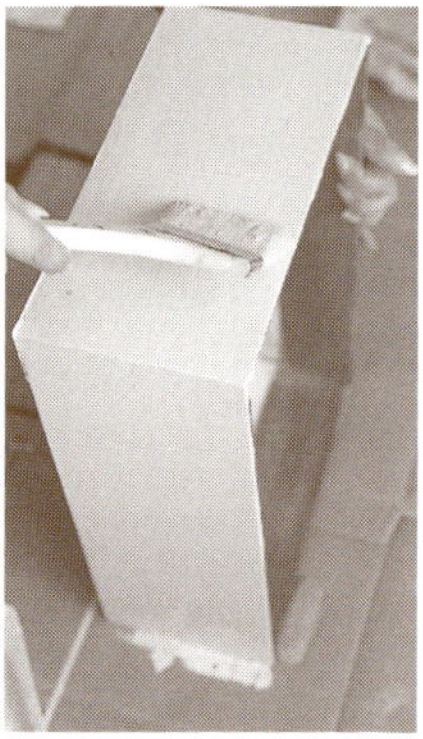

マスキングした縁や、細かい部分から塗り始める。ハケを同じ調子で一方向に動かして塗るのがポイント。最初はうすく塗って乾かし、２度塗りする。半乾きの段階で、マスキングテープをゆっくりはがす。あとは完全に乾くのを待つ。

before

完成

先輩に聞く！

ハケの正しい使い方●

ハケを使う前の注意点

おろしたてのハケをそのまま使うと、途中で毛が抜けて塗装面についてしまうことも。使う前に、手のひらの上で軽くしごき、指で引っぱるようにして、抜けかかった毛を取り除いて。

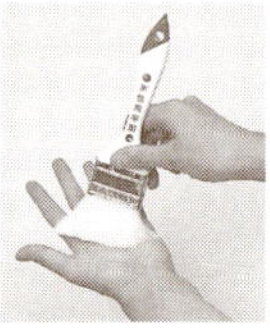

ペンキは毛先の3分の2までに

塗料は毛先の3分の2くらいまで含ませます。柄《え》の部分は汚さないように注意。塗る前に毛先をしごいて、ペンキの量を調整しましょう。

1色に1本が基本

水やうすめ液で洗っても、ハケについた塗料を完全に落とすのは不可能です。別の色を塗るときは、違うハケを用意しましょう。

Lesson 02

あとではがせるから安心

カッティングシートの貼り方

まずはシンク下の扉に貼ってみよう

用意するもの

●定規 ●カッター
●目打ち ●ドライバーセット

目打ちは、シートを貼るときに入った空気を抜くために、小穴をあけるときに使用。

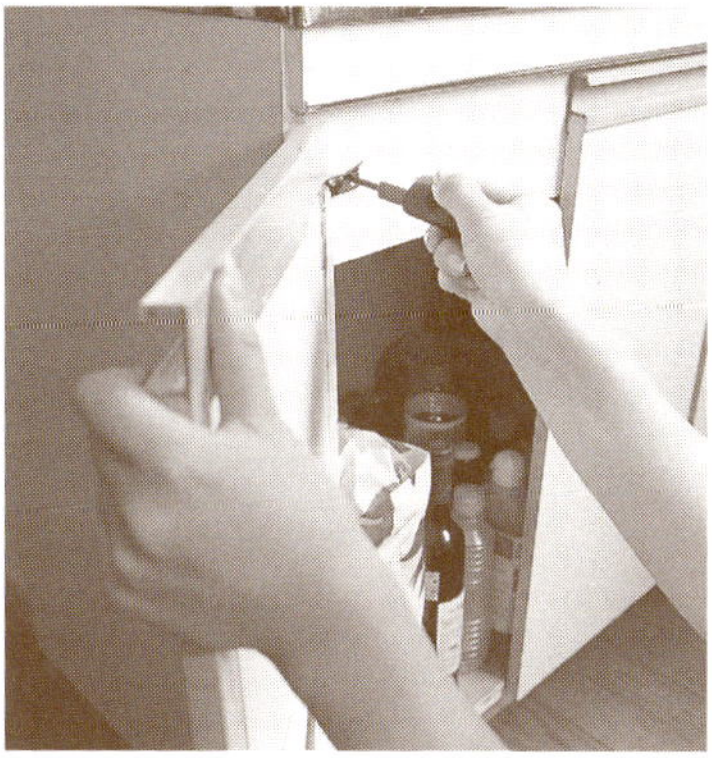

1 扉をはずす

シンク下の扉は、ドライバーを使って1枚ずつはずす。取っ手がある場合は、それもはずしておく。表面の汚れはよく拭き取って。

2 シートをカットして貼る

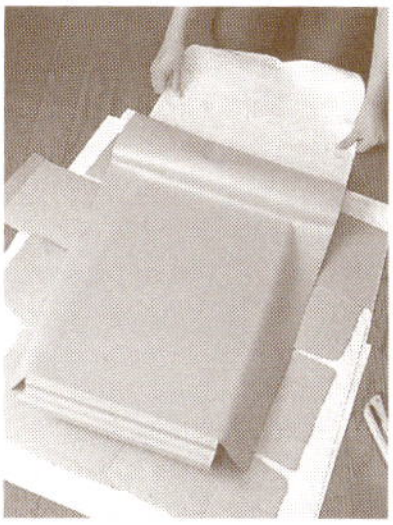

シートを扉の寸法より4～5cm大きめにカットする。まず5cmだけ裏紙をはがして扉に貼り、少しずつ裏紙をはがしながら全体に貼っていく。

3 タオルで圧着

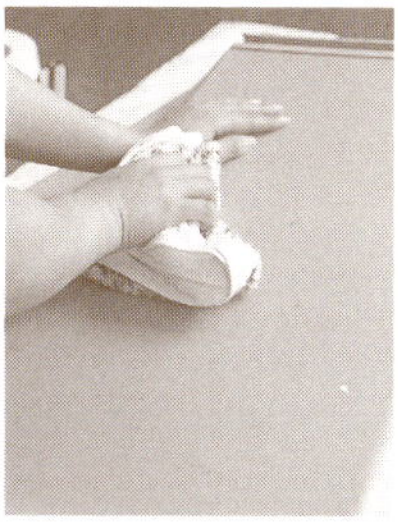

裏紙をはがして貼るたびに、固く丸めたタオルで、シートを左右に強くこすって、中の空気を抜く。こまめに繰り返すのが美しい仕上がりのコツ。

4 空気が残ったら…

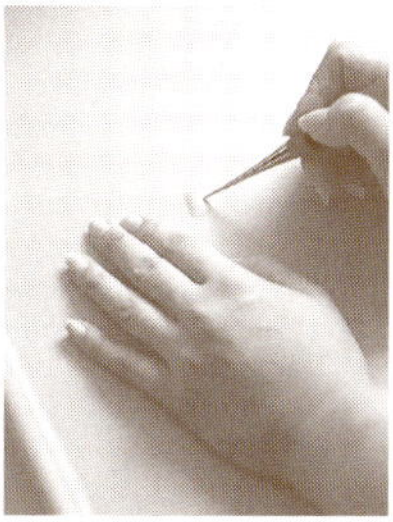

空気が入って表面にツブツブができたら、目打ちで小さい穴をあけ、タオルでこする。周囲の余分は、カッターで切りそろえる。

5 模様を作る

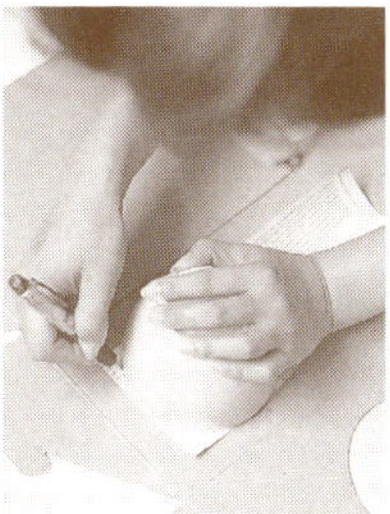

別の色のシートの裏に模様を下描きし、カッターかハサミで切る。ここでは茶わんを用いてドットに。バランスを見ながら、模様を扉に貼る。

before

蝶番《ちょうつがい》や取っ手をもとの位置につけ直し、扉を本体に取り付ける。シートが扉の開閉のジャマにならないか確認し、ジャマなら少しカットする。

完成

模様のアレンジでバリエーションを楽しんで

左右対称に配置できる絵柄を考え、パーツをカットする。貼るときは、ときどき少し離れて位置を確認しながら作業を進める。

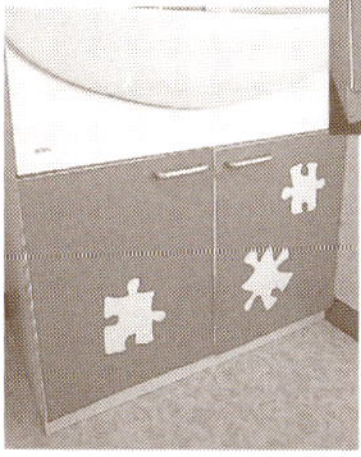

シートの裏に絵柄を描き、カッターで切り抜く。そのまま貼れば、扉の地の色が模様になる。抜いたパーツを、別の場所に貼っても。

● Lesson 03

部屋のイメージが大きく変わる

Pタイルの貼り方

Pタイルを床に貼ってみよう

用意するもの

●定規 ●カッター
●両面テープ

両面テープは、床に跡を残さないために、片面だけ弱粘着になっているタイプを用意。

1 床に両面テープを貼る

床のゴミをきれいに取り除いたあと、弱粘着面を床側にして、両面テープを貼っていく。まずは床の周囲4辺のみでOK。はく離紙はそのまま。

2 Pタイルにも両面テープを貼る

最初の1枚の裏に両面テープを貼り、部屋のすみに固定する。これを基点に、残りのタイルを部屋全体に並べてみる。様子を見ながら、両面テープで固定していく。

3 床の端の半端な部分を処理する

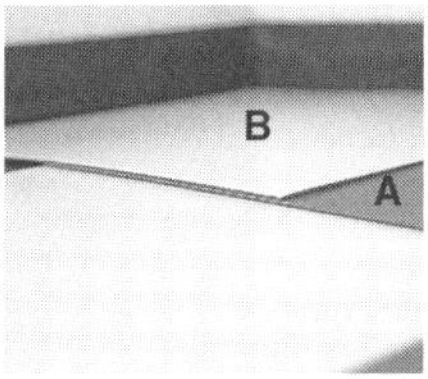

正方形のタイルを貼り終えたら、タイルを切らなければ埋められない端の部分を処理する。まず、すでに貼ってある手前のタイルAに半ば重なるような感じで、別のタイルBをのせ、Bの縁を部屋の端に合わせて置く。

4 切り取り線をひく

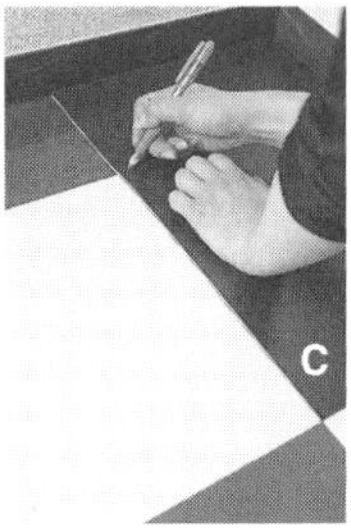

別のタイルCを、Aとぴったり合わせてBに重ね、BとCの境目に印をつけ、Bをカット。印は裏面につけると目立たない。

5 両面テープで固定

Bの残った部分が、半端な床面にぴったりとはまる。縦も横も半端な場合は、同じことを2辺繰り返せばよい。

完成

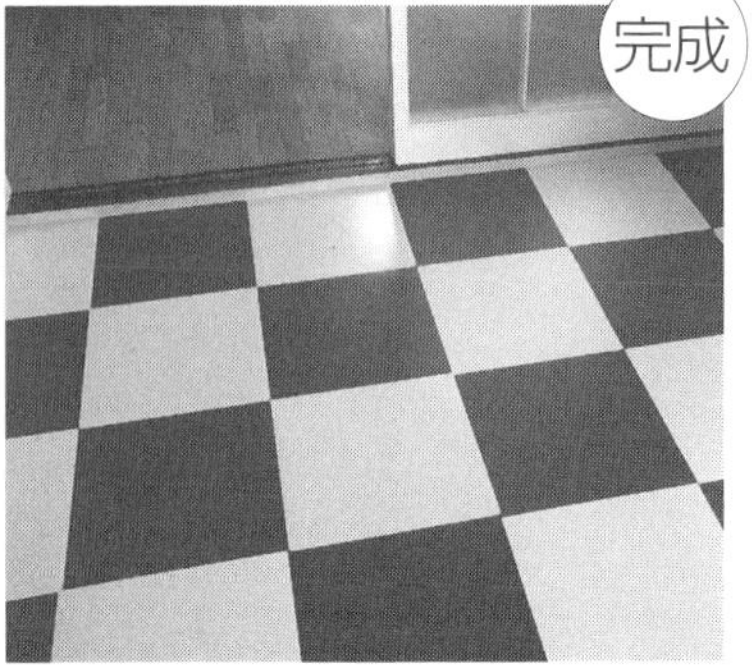

市松柄の床が完成。両面テープのはく離紙は、面倒でもタイル1枚分ずつはがしながら進めること。途中で曲がらないように、タイルの端同士をしっかり合わせて。

貼り方を工夫して模様がえしてみよう！

Pタイルを対角線で切って、色が互い違いになるように並べる。カットする回数がふえるので、Pタイル用カッターがあると作業が早い。

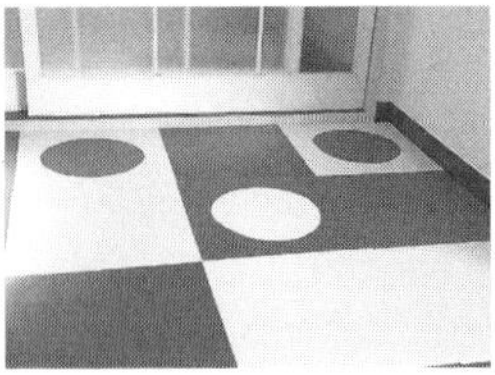

皿など丸いものを利用してPタイルの裏に印をつけ、カッターで切り抜く。切り抜いた円形のPタイルを、別の色の枠のほうにはめ込む。

● Lesson 04

水まわりのリメイクにもってこい！

タイルの貼り方

手持ちの家具をタイルトップにしてみよう

用意するもの

●木工用ボンド
●外枠用の板
●タイル目地材

ここでは、水を加えてペースト状にしてから使う、粉末タイプの目地材を使用。チューブタイプもある。

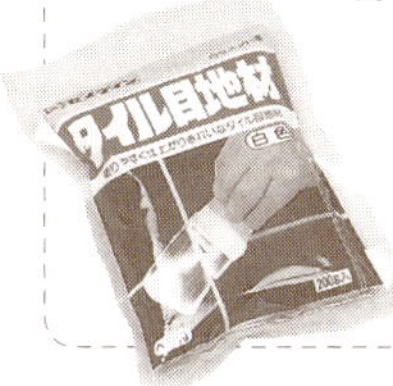

1 外枠を作る

目地を詰めるすき間を考えながら、実際に天板にタイルを並べてみる。周囲の余ってしまう部分は、板で外枠をつけて処理。板の厚さは、なるべくタイルの厚さに近いものを選んで。外枠を、木工用ボンドで天板に接着する。

2 タイルの位置を決めボンドで貼る

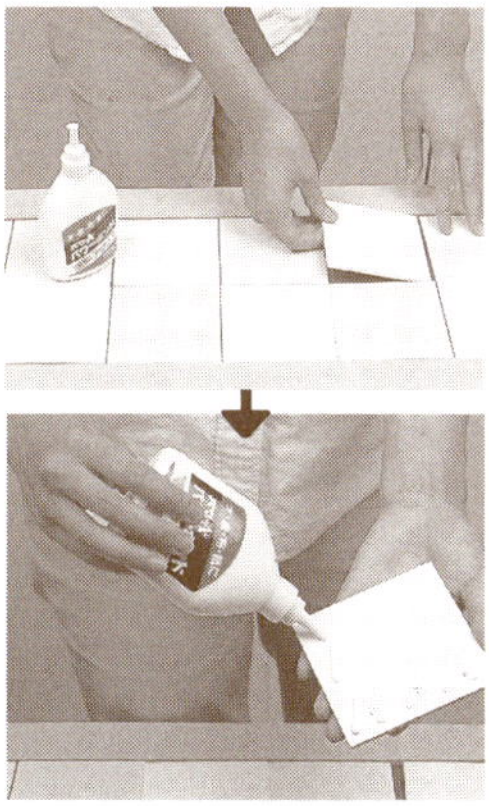

目地を詰めるためのすき間の幅が一定になるようにバランスを見ながら、天板にタイルを並べ、位置を決める。そのまま動かさずに、端から1枚ずつボンドで接着していく。ボンドがタイルからはみださないよう、最初は少し内側につけて、薄くのばすのがポイント。

3 目地材を詰める

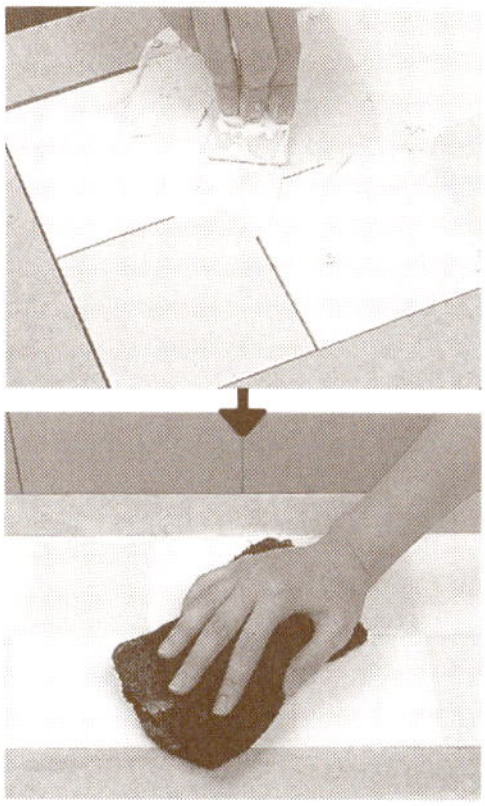

ボンドが乾いてタイルが固定できたら、タイルとタイルのすき間に目地剤を流し込む。パッケージの指示にしたがって目地材を作り、タイルの上に流し、ヘラですき間に押し込むようにして。完全に乾く前に、余分な目地材をぬれた布などで拭き取って仕上げる。

完成

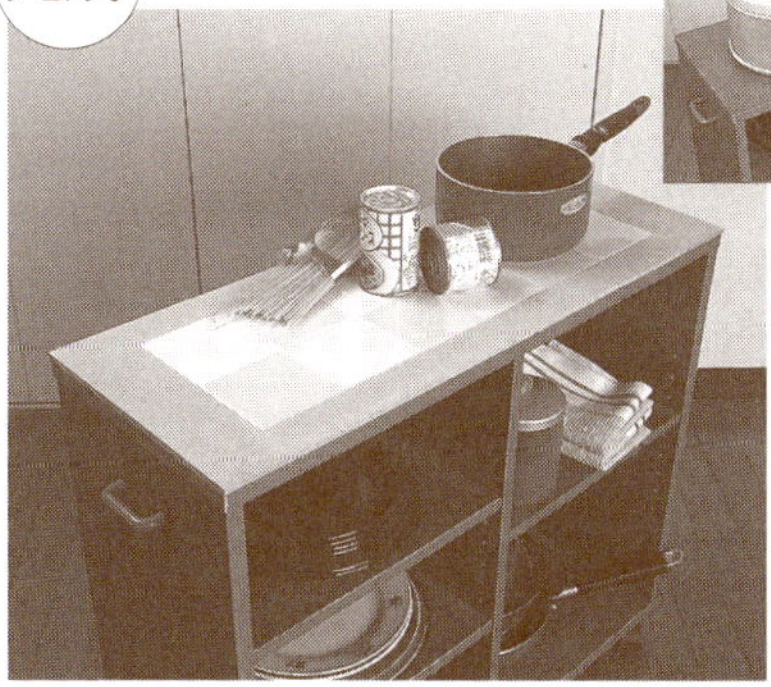

before

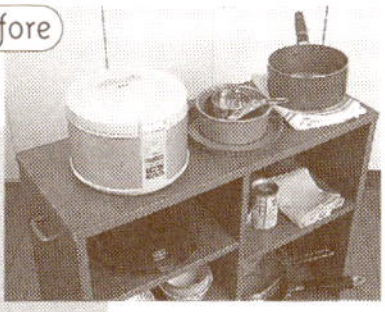

タイルトップになったから、熱い鍋やフライパンをのせても大丈夫。汚れてもきれいに拭き取れる。窓辺のシェルフを1段だけタイルにして鉢を飾るなど、ほかの家具にも応用してみて。

モザイクタイルを使えば細かいアレンジも可能

周囲に小さいモザイクタイルを貼って表情をつけても。大きなタイルと同様、まずは並べてみてバランスを確認してから、接着剤で固定していく。

● Lesson 05

針も糸もいらないから簡単！

布のアレンジ

押入れの天井に布を張ってみよう

用意するもの

●両面テープ　●画びょう

画びょうは、住まいに傷をつけないよう、なるべく細いタイプを使用。また、ヘッドの部分がなるべく布の色に近いものを選ぶ。

1 布を仮どめする

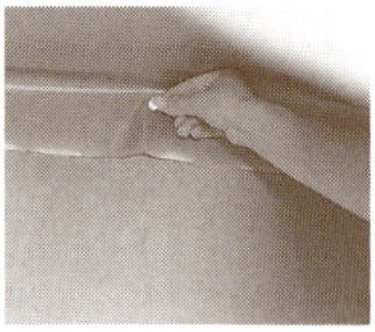

壁の上部に両面テープで布を仮どめする。布の位置を確認し、よければ、画びょうでしっかりとめる。

2 たるみ具合を決める

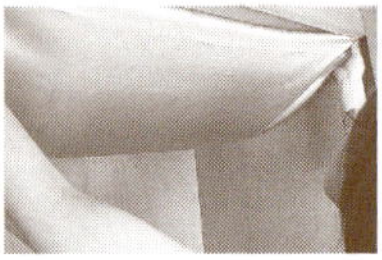

布を前方にもってきてたるみ具合を決め、端を仮どめ。

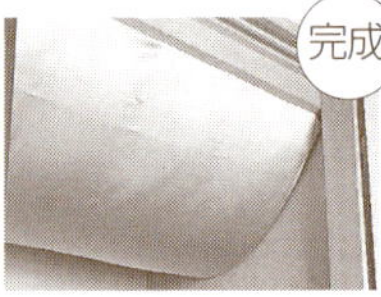

完成

離れて見てバランスを確認し、周囲を画びょうで固定。

壁に布を張ってみよう

用意するもの

●画びょう　●布用ボンド

画びょうは、なるべく細く、ヘッドの部分が布の色に近いものを選ぶ。

1 端を始末する

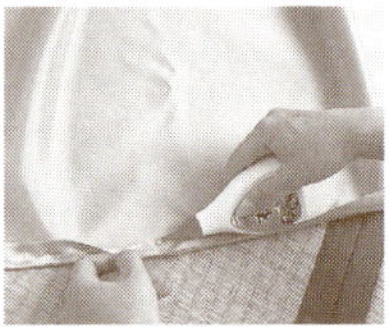

布端にボンドをうすく塗って折り、ほつれないように処理する。アイロンだけで押さえて接着できる「アイロンテープ」も便利。

2 画びょうでとめる

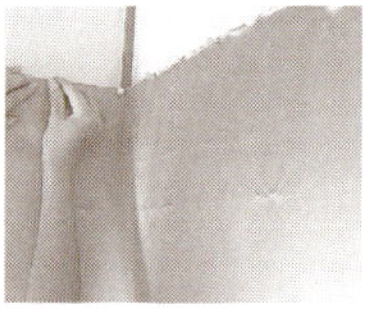

壁の上部から張っていくのが、きれいに仕上げるコツ。張り始める部分に布の端を合わせ、まず一端を画びょうで固定する。

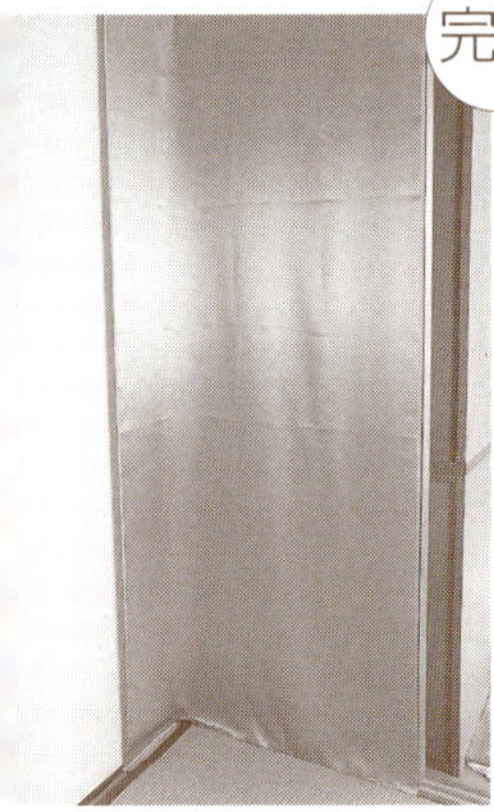

完成

上部をとめたら、布をピンと張って下端を固定し、等間隔に画びょうでとめる。必要なら左右の端もとめる。時間がたつとたるんでくるので、ときどき張り直そう。

針も糸も使わずにカーテンを作ろう

用意するもの

●ピンキングバサミ　●カーテン用金具

カーテン用金具は、レール玉にかけるタイプとバーに通すタイプがあるので、確認を。

1 布の端を始末する

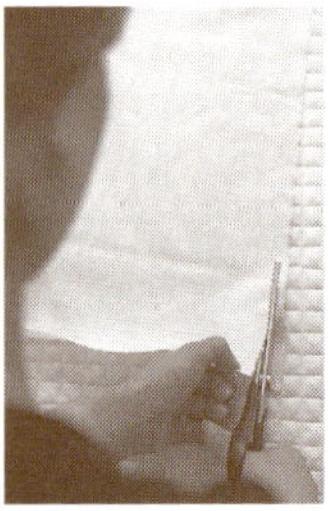

窓のサイズを測り、サイズどおりに布を裁つ。ほつれが心配なら、縫い代をつけて裁ち、端を三つ折りにして縫っても。

2 金具をつける

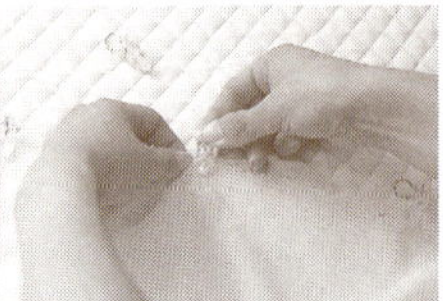

ピンチ部分に布を挟み、金具を取り付ける。等間隔につけるには、金具の数より1回少なく布を折り、折り目を目安にするとよい。レールにまず両端と中央を、次に間を引っかける。レール玉と金具の数が合わない場合は、左右均等に調節。

完成

● Lesson 06

無機質な家電が
おしゃれに変身！

家電のアレンジ

木枠を使ってアレンジしてみよう

エアコン

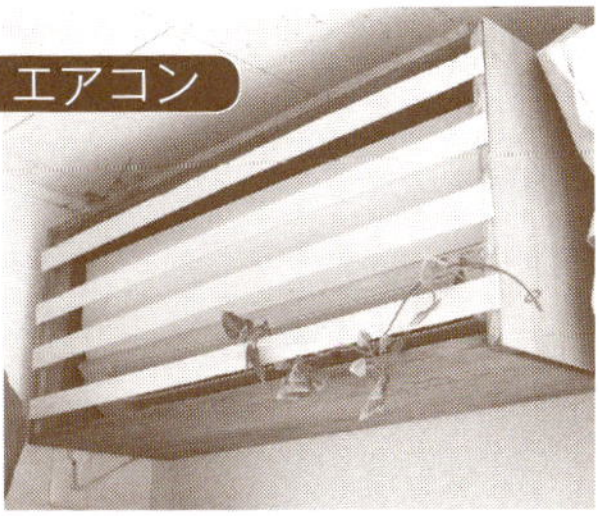

お手製の木枠で存在感を払拭

存在感たっぷりのエアコンを木枠でカバー。釘や金具などで固定せず、エアコン本体にかぶせているだけ。すき間をつくっているので、いちいちはずさなくても使える。

インターホン

インターホンも、木枠＋レース＋造花のアイビーでとことんナチュラルに。

こんな方法も！

フレームの中にインターホンがすっぽり

インターホンにぴったりのサイズに手作りした木枠に、蝶番で絵柄入りの扉をつけて。

ブレーカー

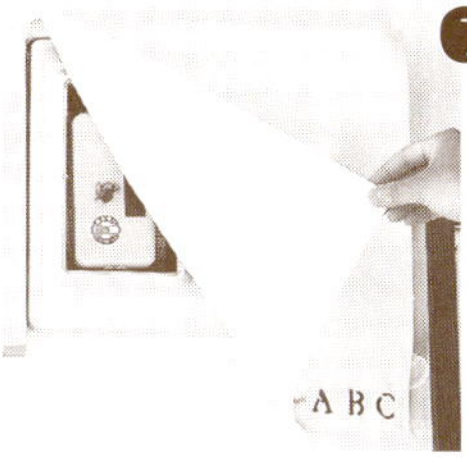

ブレーカーの周囲の木枠がポイント

コの字に組んだ木枠をブレーカーに引っ掛けて木枠の上部に画びょうで布をとめた。

カッティングシートとマスキングテープでアレンジしてみよう

冷蔵庫

カッティングシートで冷蔵庫をおめかし

冷蔵庫扉に木目調のカッティングシートを貼る。さらにレースリボンをつけ、無機質な冷蔵庫をガーリーに変身。

BEFORE

家電が寂しく見える

1Rのため目につきやすい灰色の冷蔵庫。今のままでは暗くて味けない。

マスキングテープ

好きな色・柄をバランスよく組み合わせて

AFTER

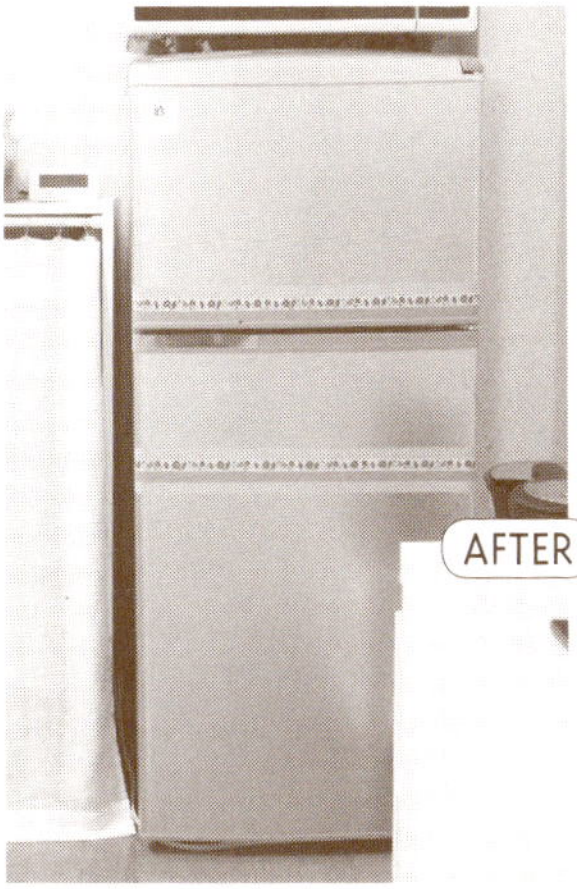

マステを使ってちょいデコ

部屋になじまなかった冷蔵庫には、マスキングテープを貼っておめかし。

● Lesson 07

古くなった家具をあの手この手で一新！

家具のリメイク

カラーボックスをツートンカラーにペイントしよう

1 P.140の1～4の要領でペンキ塗り

2 マスキングテープを貼り縁を別の色で塗る

before

先に塗ったベースの色が乾いたら、塗り分けたい部分との境にマスキングテープを貼る。ホビー用の小さなハケを使って、別の色を塗る。

完成

ペンキが完全に乾く前にマスキングテープをはがして完成。よくあるカラーボックスが、ツートンカラーのナチュラル家具に大変身。慣れたら大きな家具も塗ってみよう。

パイプベッドをアジアンテイストに

用意するもの

●麻布 ●麻ひも ●両面テープ

麻布は、生地を買ってもいいが、麻袋を切り開くほうが安価で手に入る。

1 麻布を貼る

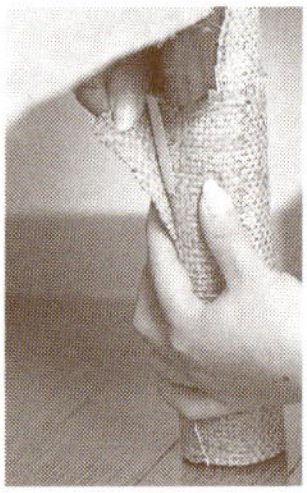

ベッドの枠や脚に両面テープを貼り、それらに合わせて切った麻布を貼っていく。はく離紙は麻布を貼る直前にはがすこと。

2 麻ひもを巻く

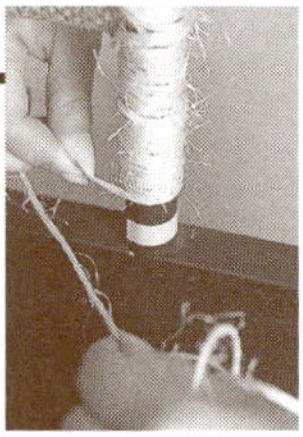

まず両面テープを貼り、その上にきっちりと麻ひもを巻いていく。巻き終わりはすき間に差し込む。麻布がずれないよう、麻ひもで縛る。

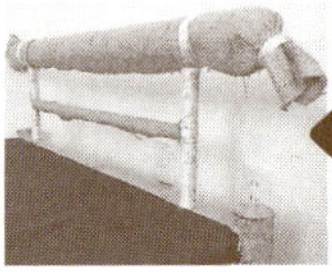

人気のアジアンスタイルに。生成りの帆布などを使えば、ナチュラルな雰囲気にも。

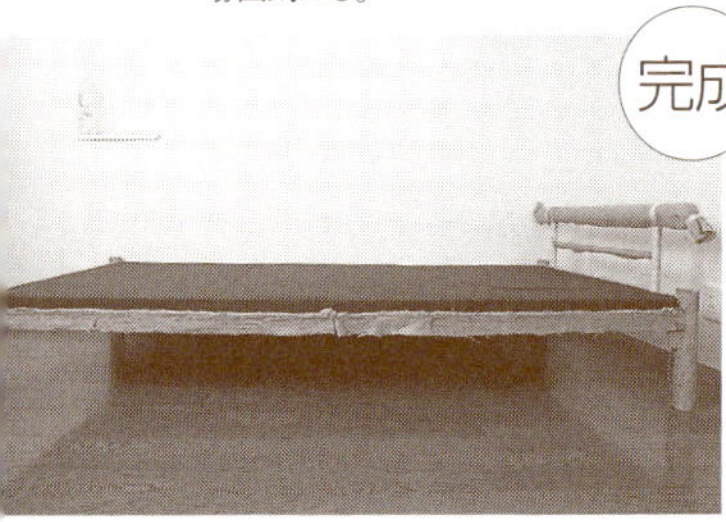

完成

椅子の座面を貼り替えよう

用意するもの

●布 ●画びょう ●ドライバー

プラスとマイナスの入った、基本のドライバーセットを用意して。

1 座面をはずす

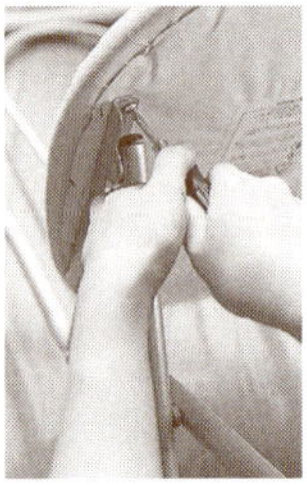

椅子を裏返し、プラスドライバーでネジを1個ずつはずし、座面をはずす。ネジはあとで使うので、捨てずにとっておくこと。

2 布を裁つ

新しい布の上に座面を置き、まわりに5cm程度ゆとりをもたせて、布を裁つ。布の端は特に始末しなくてもよい。

3 画びょうで布をとめる

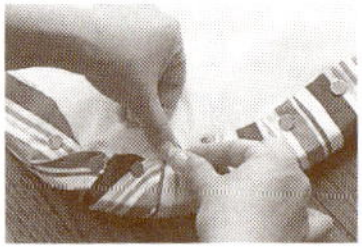

布がたるまないように四すみを折りたたみ、1カ所ずつ画びょうでとめる。

完成

四すみ以外の部分をとめ、本体に座面をネジでとめて完成。手軽にイメージを変えられる。

● Lesson 08

まだまだこんなところも
模様がえできる！

小さな部分のリメイク

スイッチプレートを替えてみよう！

1 もとのカバーをはずす

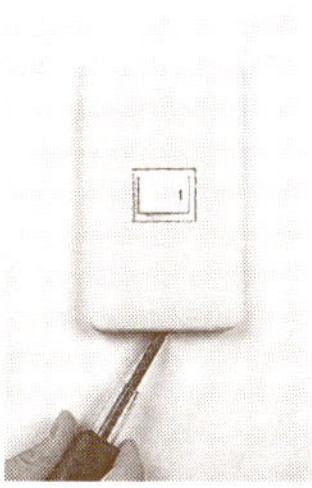

もとのスイッチカバーと壁とのすき間にマイナスドライバーを差し入れ、浮かせてはずす。壁を傷つけないように。

2 ネジ、中枠をはずす

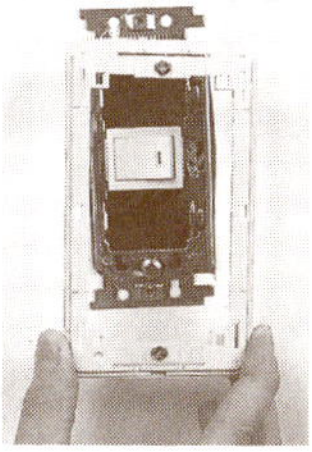

プラスドライバーでネジをはずし、もとのカバー類を全部取り払う。ネジとカバーは退去時まで保管しておく。

完成

上から新しいスイッチカバーをかぶせ、ネジ穴の位置を合わせる。上のネジを少し締めてから、下のネジを差し込み、上下を交互に締めれば完了！

水栓金具を替えてみよう

1 もとの金具をはずす

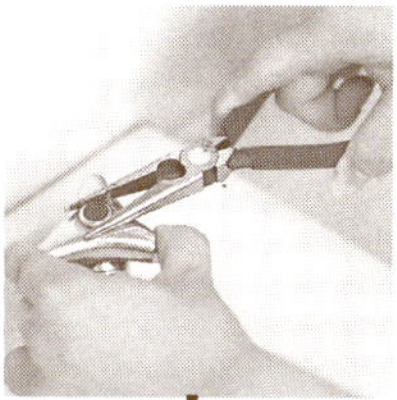

ペンチで水栓金具の上部のボルトをゆるめる。ボルトをはずすと、水栓金具が一緒にはずれる。もとのボルトと水栓金具は、退去時まで保管しておく（下は、ボルトと水栓金具をはずした状態）。

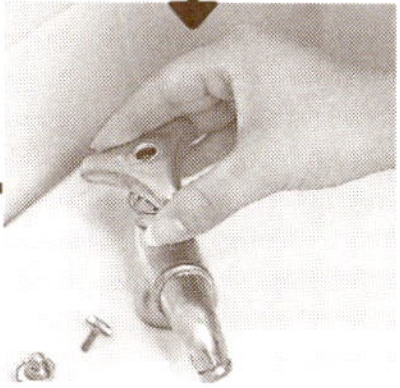

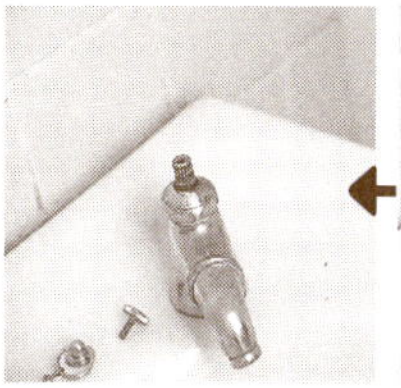

2 新しい金具をはめる

新しい金具を取り付ける前に、サビや汚れを落としておく。水栓金具の取り付け部を六角レンチで広げ、蛇口にはめる。はめたら、レンチで取り付け部を再び締める。

完成

無機質で古さの目立った金具が、見事おしゃれな雰囲気に。意外と簡単なので、ぜひ挑戦して。

照明をイメージチェンジしよう

レンズシートを貼る

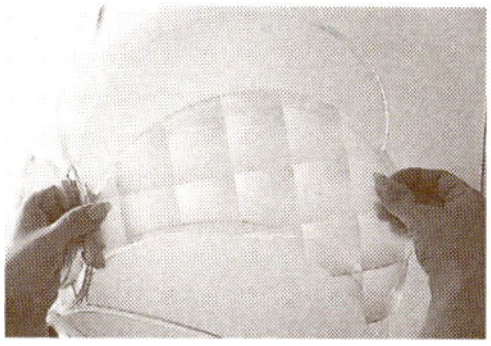

もとのカバーの形に合わせてレンズシートをカットし、両面テープで貼る。カバーが複雑な形をしている場合は何パーツかに分け、1枚ずつ貼るとよい。

完成

レンズシートの透明感と、こんもりした形がポイント。点灯したときもキレイ。シートの素材によっては熱がこもり危険なので、注意して。

布で隠す

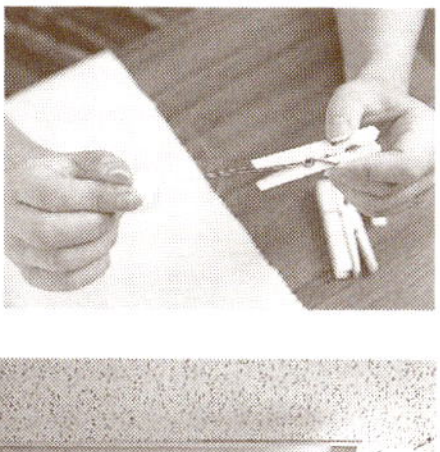

蛍光灯が隠れる大きさの布を用意。ピンキングバサミで端を切り、四すみにテグスを通したピンチをとめる。

完成

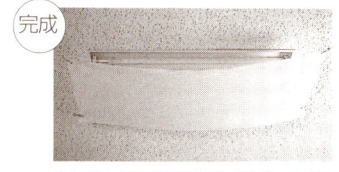

それぞれのテグスの両端を結び、天井に刺したピンにかける。蛍光灯の下に、ふんわり垂れ下がるくらいのたるみ具合に。

便利な模様がえグッズはまだまだこんなに！

ビニールテープ

カッティングシートよりさらに手軽なのがビニールテープ。間隔をあけて貼るだけで、扉や電気製品が個性的なストライプ柄に変身してくれる。

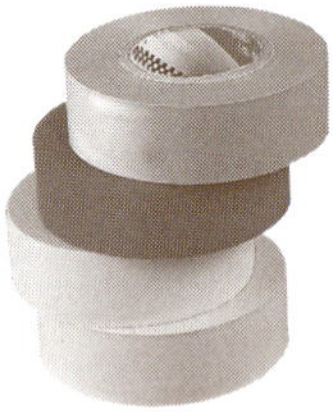

タイルシール

浴室や洗面所、キッチンなどのタイルの上に貼って、手軽に模様がえを楽しめる。はがした跡にも糊残りしないから安心。木箱などに貼っても。

つっぱり棒

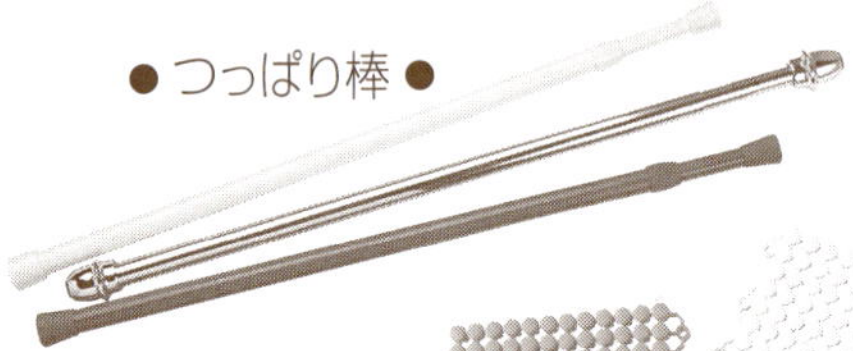

壁に傷をつけずに収納スペースをふやしたり、カーテンをつけたいなら、つっぱり棒が強い味方に。長さ、太さ、素材など、種類もいろいろあるので、じっくり選んで。

ボーダーテープ

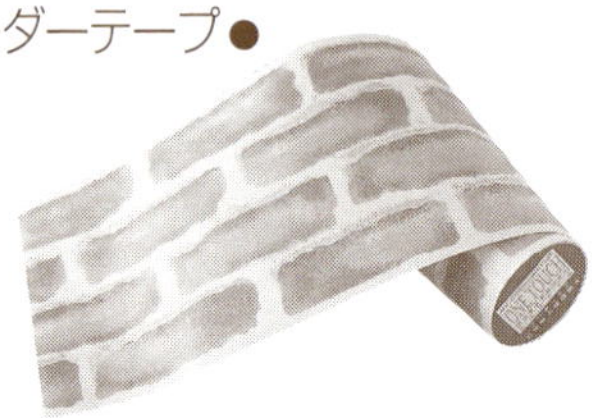

裏が粘着面になっている、帯状の壁紙。壁の腰の高さにこのテープを貼れば、ワンポイントの模様がえが楽しめる。はく離紙を少しずつはがしながら、まっすぐ貼るのがポイント。

プラスチック製スノコ

無機質な床を簡単にイメージチェンジできる。好みの大きさになるまで連結できるので便利。

覚えておきたい 模様がえ術 5カ条

1 ペイントの仕上がりを左右するのはヤスリがけ
2 Pタイル貼りは弱粘着性の両面テープで
3 味けない家電もシートでおしゃれに変身
4 壁、天井、窓の模様がえは布さえあればOK
5 細部にまでこだわってこそ模様がえの達人！

万一、模様がえ跡を残してしまったら——

16～17ページの補修法も参考に！

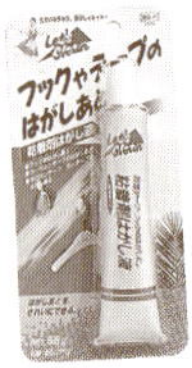

フックやテープのはがし跡に

粘着剤が残ったら、これを塗って軟らかくし、ヘラで落とす。下地が布、紙、プラスチックや塗装面などの場合は使用不可。

シールの上からスプレー＆除去

除去したい粘着テープやシールの上からスプレーすれば、糊残りなくきれいにはがせる。

これだけおさえておけば安心！

おすすめのインテリアショップ厳選ガイド

The list of popular interior shops

「憧れのスタイルにするには、
どこのショップに行けばいいのかな？」
「生活雑貨がひととおりそろうショップが知りたい！」
そんな声にこたえるべく、シンプル、ナチュラル、リーズナブルなど
大人気のインテリアショップ８軒をご紹介！
きっとひとり暮らしの強い味方になってくれるはず！

家具、家電、雑貨がそろう 無印良品

スタイルを選ばないシンプルなデザイン

「感じよいくらしをリーズナブルに」という考え方を基本にしている無印良品。生活の基本となる本当に必要なものを、必要なかたちでつくっています。アイテム数は約７５００で、毎日の生活に欠かせないものを完全網羅。部屋づくりのヒントが見つかりそう！

伸びにくく改良したニット地を使用。体にフィットするソファ（本体）¥12600、カバー¥3150

超音波で香りを拡散。超音波アロマディフューザー¥4900

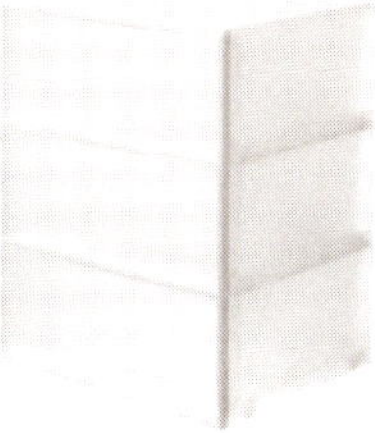

使い勝手のよい横幅が広い収納ケース。ポリプロピレン収納ケース・横ワイド・大・３段¥4500

Shop インフォメーション

全国のおもな店舗はこちら!

北海道・札幌ステラプレイス 北海道札幌市中央区北５条西２－５札幌ステラプレイスイースト６Ｆ
☎ 011-209-5381

東京・池袋西武 東京都豊島区南池袋１-28-１西武池袋本店別館１～２Ｆ
☎ 03-3989-1171

・有楽町 東京都千代田区丸の内３－８－３ インフォス有楽町１～３Ｆ
☎ 03-5208-8241

愛知・栄スカイル 愛知県名古屋市中区栄３－４－５栄スカイルＢ２Ｆ ☎ 052-238-1865

大阪・グランフロント大阪 大阪府大阪市北区大深町３－１ グランフロント大阪ショップ&レストラン北館４Ｆ
☎ 06-6359-2171

広島・広島パルコ 広島県広島市中区新天地２－１ 広島パルコ新館７・８Ｆ ☎ 082-546-2261

福岡・MUJI キャナルシティ博多 福岡県福岡市博多区住吉１－２－１ ノースビル３・４Ｆ
☎ 092-282-2711

ネットショッピング可能!

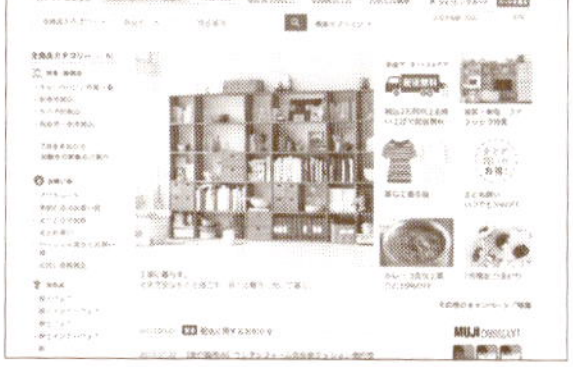

http://www.muji.net/store/

「無印良品」のネットストア。店頭で販売されているほとんどの商品が購入可能。素材やサイズなどの説明も詳しいので、安心して買い物ができる。

※掲載商品は、在庫切れになる可能性があります。価格は2014年２月28日現在のものです。一部を除き、総額表示（税込み）ですが、消費税の関係で変更になることがあります。

家具、家電、雑貨がそろう

Francfranc
フランフラン

さりげないカッコよさが魅力のアイテムが豊富

デザインはもちろん、質のよさにもこだわった家具や雑貨が手に入る人気ショップ。さまざまにコーディネートすることで生きてくる、ファッション性の高いアイテムは、どれも空間にさりげないカッコよさを与えてくれるものばかり。生活雑貨をはじめ、ファブリック、家具、オリジナルの家電まで、部屋をトータルにコーディネートできるのも魅力です。これから自分のスタイルを見つけて、部屋づくりを進めたいという人は、行ってみる価値大！

Photo Nacasa & Partners Inc.

壁掛け、立てかけどちらにも飾れる。キャンバス アートボード ヒール
¥1000

コロンとしたフォルムがかわいいコンパクトなソファ。チック ソファ 1300 レッド
¥38000

ラメ感のある素材がキュート。グランツ テーブルランプ シルバー
¥5800

低めの座面で部屋に圧迫感を与えない。ナビア パッチワークソファ 1S レッド
¥68000

サテンのベースに大判の花柄レースが重ねてあり華やか。フェリール コスメボックス S ピンク
¥5800

Shop インフォメーション

全国のおもな店舗はこちら!

北海道・Francfranc 札幌パセオ店 北海道札幌市北区北6条西2 パセオセンター B1F ☎ 011-261-5480

宮城・Francfranc 仙台店 宮城県仙台市青葉区一番町3-6-1 一番町平和ビル1～2F ☎ 022-217-8010

東京・LOUNGE by Francfranc 東京都港区南青山3-1-3スプライン青山東急ビル1～2F ☎ 03-5785-2111

・SHIBUYA Francfranc 東京都渋谷区宇田川町12-9 JouLeSHIBUYAB1～3F ☎ 03-6415-7788

・GINZA Francfranc 東京都中央区銀座2-4-6 銀座 Velvia 館4～5F ☎03-5524-2111

愛知・NAGOYA Francfranc 愛知県名古屋市中区栄3-15-36 ☎ 052-238-1581

大阪・UMEDA Francfranc 大阪府大阪市北区芝田1-1-3 阪急三番街北館1～2F ☎ 06-4802-5521

福岡・HAKATA Francfranc 福岡県福岡市博多区祇園町9-2 キャナルシティ博多イーストビル2～3F ☎ 092-283-5099

全国108店舗あり

ネットショッピング可能!

http://www.francfranc.com

ソファ、チェア、テーブル、ファブリック、家電、雑貨など、人気のアイテムがネット上でショッピングできる。新しい雑貨や家具の情報も必見!

家具、雑貨がそろう

NOCE
ノーチェ

手ごろな価格で
おしゃれな
家具が
いっぱい!

ヨーロッパ各国やアジアの輸入家具をはじめ、雑貨も豊富にそろうショップ。組み立て式の商品を多く買いつけすることで実現した、リーズナブルな価格もひとり暮らしの強い味方です。1万円以下でもチェアからテーブル、収納家具まであるので、部屋づくりに迷ったら、ぜひ足を運んでみて。

丸みをおびた三角形に三本脚の北欧系デザインが人気。ダイニングテーブル¥13800

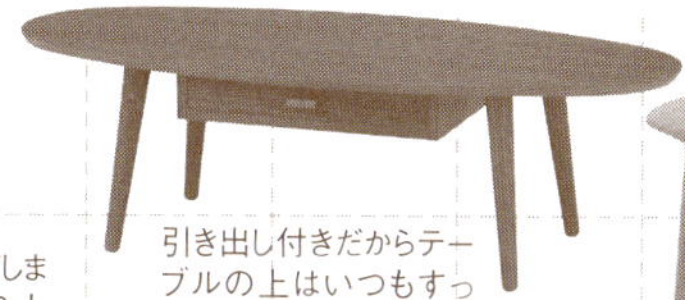

引き出し付きだからテーブルの上はいつもすっきり。センターテーブル¥12000

カフェ風のチェア。小ぶりながらお部屋のアクセントに。RY42チェア¥14800

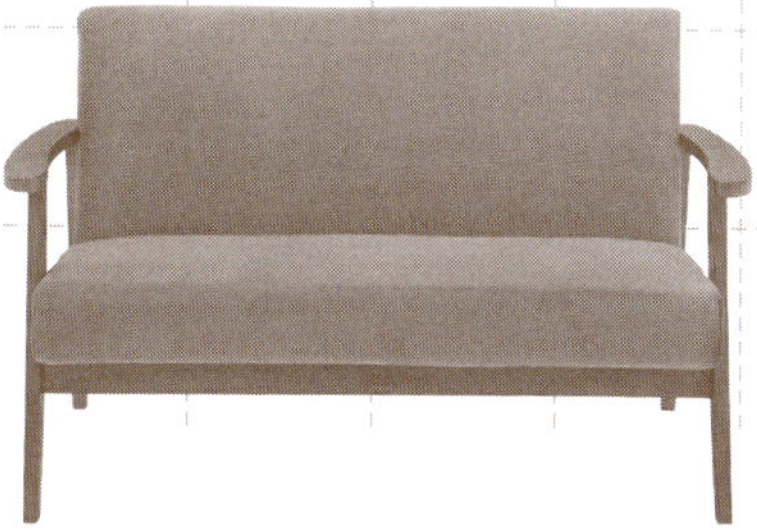

入荷するとすぐに完売してしまう人気のソファ。ソファ2人掛け¥23800

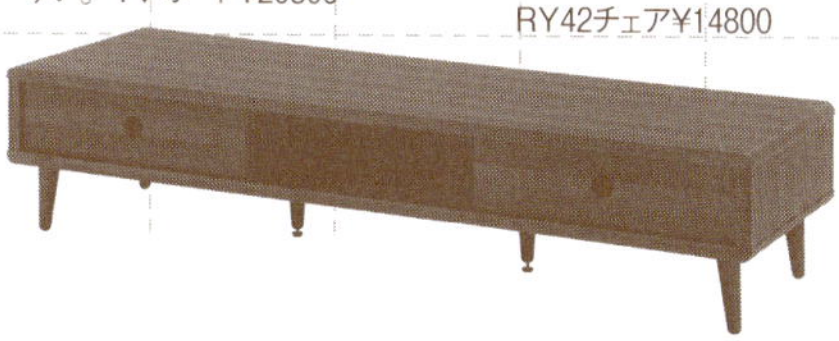

低めですっきりしたデザイン。3つのエリアに分かれた収納も使いやすい。TVボード¥20800

Shop インフォメーション

全国のおもな店舗はこちら!

北海道 北海道札幌市中央区南2条東1-1 ☎011-232-8338
宮城 宮城県仙台市青葉区一番町2-7-17 ☎022-722-0508
新潟 新潟県新潟市中央区東大通り2-4-1 1F ☎025-290-4568
東京・渋谷 東京都渋谷区神南1-4-8 神南渡邉ビル1F ☎03-5459-3638
・下北沢 東京都世田谷区代田6-6-1 FLEZIO下北沢1F ☎03-5738-0488
・吉祥寺 東京都武蔵野市吉祥寺本町2-24-1 ☎0422-23-2488
神奈川・港北ニュータウン 神奈川県横浜市都筑区茅ヶ崎中央32-2 ☎045-949-1788
・横浜駅前 神奈川県横浜市神奈川区金港町1-4 横浜イーストスクエア1F ☎045-450-7056
愛知・名古屋 愛知県名古屋市中区栄3-35-18 ☎052-249-0688
大阪・梅田 大阪府大阪市北区芝田1-14-8 梅田北プレイス1F ☎06-6371-3288
福岡 福岡県福岡市中央区天神2-4-11 パシフィーク天神1F ☎092-715-5880

全国15店舗あり

ネットショッピング可能!

http://www.noce.co.jp/

「NOCE」はオンラインショッピングができることも魅力のひとつ。おすすめの家具や人気の家具ランキングなどもわかるから、お気に入りがきっと見つかる!

家具、雑貨がそろう

B-COMPANY

ビーカンパニー

アンティーク風の家具をそろえるならここで!

使い込むうちに味わいが増したかのようなぬくもりのあるアンティーク風家具が充実したインテリアショップ。ひとり暮らしにピッタリのコンパクトサイズの家具も数多く取り扱っているので、ワンルームでも手軽にとり入れられるアイテムがそろいます。ひとつあるだけで部屋の雰囲気も変わりそう。

シンプルなデザインなのでどんな部屋にもマッチ。604チェスト ¥20790

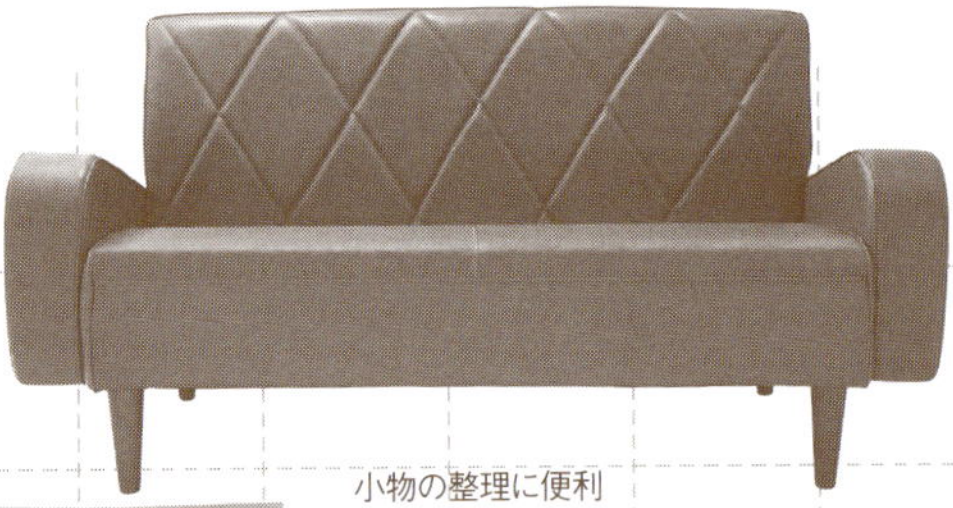

なだらかな曲線が美しいソファ。Kソファ2.5人掛け ¥41790

オープン部分とフラップ扉の棚にもコード穴があって便利。TVボード¥26040

小物の整理に便利な棚板つきで、使い勝手◎。emo.リビングテーブル（surf）¥10000

Shop インフォメーション

全国のおもな店舗はこちら!

東京・青山　東京都港区南青山5-6-4　☎03-5774-8848

神奈川・ルミネ横浜　神奈川県横浜市西区高島2-16-1　ルミネ横浜5F　☎045-451-3530

千葉・津田沼パルコ　千葉県船橋市前原西2-18-1　津田沼パルコB館5F　☎047-474-1137

埼玉・ルミネ大宮　埼玉県さいたま市大宮区錦町630　ルミネ大宮2-3F　☎048-647-3004

宮城・仙台パルコ　宮城県仙台市青葉区中央1-2-3　仙台パルコB1F　☎022-774-8224

愛知・名古屋パルコ　愛知県名古屋市中区栄3-29-1 名古屋パルコ南館7F　☎052-264-8689

大阪・グランフロント大阪　大阪府大阪市北区大深町4-20　グランフロント大阪南館5F　☎06-6485-7190

広島・広島パルコ　広島県広島市中区新天地2-1　広島パルコ新館5F　☎082-545-3707

福岡・福岡パルコ　福岡県福岡市中央区天神2-11-1　福岡パルコ5F　☎092-235-7218

ネットショッピング可能!

http://www.b-company.net/

店頭で販売している商品はもちろん、オンラインショッピングであらゆる商品が購入可能。新しいアイテムもどんどん紹介されているから、見逃さないで!

家具、家電、雑貨がそろう
ニトリ

ひとり暮らしに必要な家具がリーズナブルに手に入る!

ベッド・ソファなどの家具から寝具・カーテンなどのファブリック、さらにはキッチン用品などの生活雑貨に家電まで、リーズナブルな価格でそろいます。家具は、イメージしやすいようにコーディネートした形で展示。イメージに合わせて一つ一つ家具をそろえていく楽しさにあふれています。

赤い色が鮮やかなケトルと鍋。ホーロー仕上げなので、臭いがうつりにくい。IH・ガス火対応。ホーローケトル¥1400、IH ホーロー片手鍋18cm ¥1190、IH ホーロー両手鍋20cm ¥1490

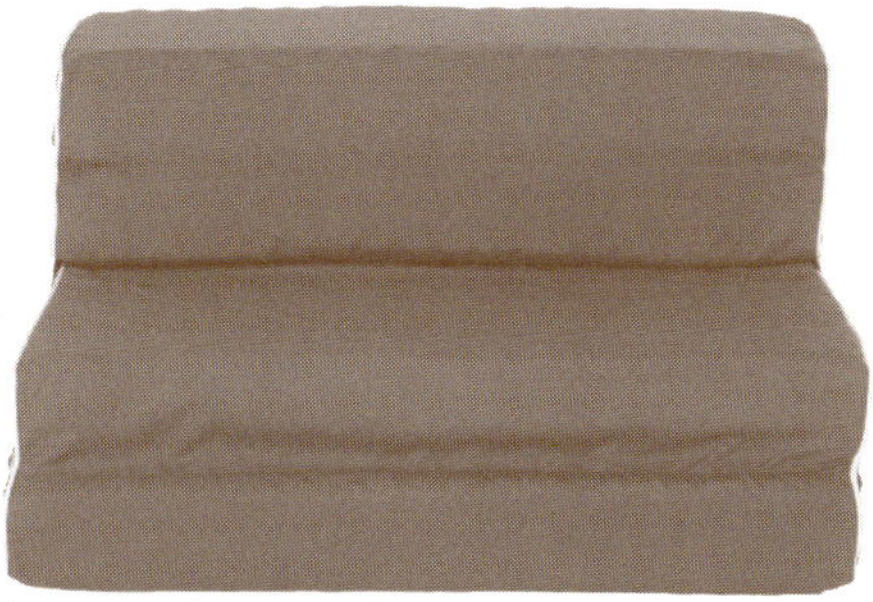

マットレスを折りたたむと、ひとり暮らしにぴったりのソファに変身! ソファになるマットレス¥7990

カフェ気分で食事ができる清潔感あるプレート。24cm ランチプレート¥399
(フォークは別売り)

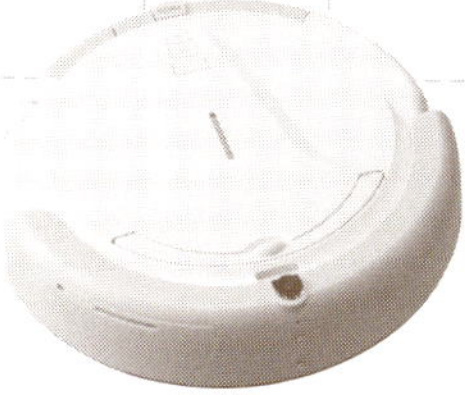

セルフ充電、タイマー運転で自動お掃除。留守中の部屋がきれいに。ロボットクリーナー¥14900

Shop インフォメーション

全国のおもな店舗はこちら!

北海道・麻生 北海道札幌市北区新琴似7-1-2-39
宮城・仙台松森 宮城県仙台市泉区松森字太子堂38
東京・南砂 東京都江東区南砂3-3-6
・赤羽 東京都北区神谷3-6-20
・成増 東京都練馬区旭町3-35-6
埼玉・草加 埼玉県草加市長栄町581-1
神奈川・横浜鶴見 神奈川県横浜市鶴見区尻手2-1-26
愛知・名古屋みなと 愛知県名古屋市港区砂美町1-5 名古屋みなとショッピングセンター
大阪・西成 大阪府大阪市西成区出城1-2-37
・豊中 大阪府豊中市神州町1-1
福岡・ゆめタウン博多 福岡県福岡市博多区千代6-2-23

お客様相談室
0120-014-210(固定電話)
☎ 0570-064-210(携帯電話)

ネットショッピング可能!

http://www.nitori-net.jp/

ニトリ公式通販・ニトリネットでは、家具からインテリア雑貨まで購入可能。7000円以上購入すると送料無料になるうえ、メンバーズカードのポイントも貯まる。

家具、家電、雑貨がそろう

イケア

北欧の雰囲気漂う家具がそろう

スウェーデン発祥で、ヨーロッパ、北米、アジア、オセアニアなど世界に出店している世界最大の家具専門店。デザインのよさ、リーズナブルな価格、イメージしやすいディスプレイ、アフターサービスのよさなどで絶大な人気を集めています。基本的には購入した商品は自ら持ち帰り、設置し、組み立てることを前提に販売していることが特徴（配送サービスもあり）。

ベッド下のスペースは、ワークスペースや収納スペースなどにできる。TROMSÖ ロフトベッドフレーム¥12900

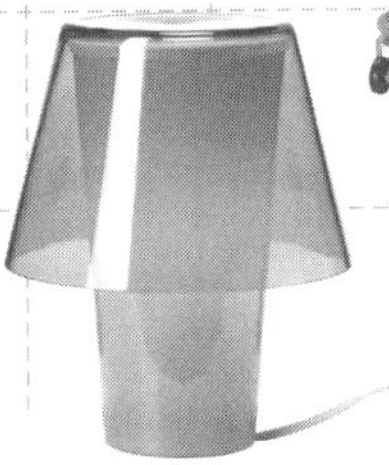

コンパクトなランプ。部屋のワンポイントに。全5色。GAVIK テーブルランプ¥1390

頑丈なスチール製ワゴンはキャスター付きで便利。RÅSKOG キッチンワゴン¥4990

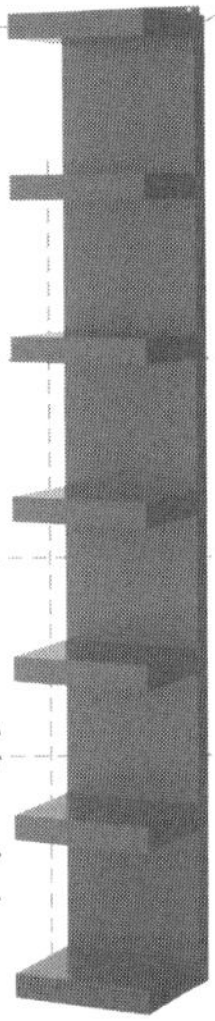

奥行きが浅いので、壁面が有効に使える。LACK ウォールシェルフユニット¥7990

Shop インフォメーション

全国のおもな店舗はこちら!

IKEA 船橋　千葉県船橋市浜町2－3－30
IKEA 港北　神奈川県横浜市都筑区折本町201－1
IKEA 新三郷　埼玉県三郷市新三郷ららシティ2－2－2
IKEA 神戸　兵庫県神戸市中央区港島中町8－7－1
IKEA 鶴浜　大阪府大阪市大正区鶴町2－24－55
IKEA 福岡新宮　福岡県糟屋郡新宮町中央駅前2－9－1
IKEA 立川　東京都立川市緑町6番（2014年春オープン）
IKEA 仙台　宮城県仙台市太白区長町（2014年秋オープン）

カスタマーサポートセンター　☎050-5833-9000

HP で最新情報を GET!

http://www.IKEA.jp

ショップやキャンペーン、新商品の情報をはじめ、イケアでコーディネートしたインテリアの提案など、盛りだくさんの内容。オンラインのカタログもチェックできる。

家具、雑貨がそろう

MOMO-natural

モモナチュラル

シンプル&ナチュラルなインテリアならおまかせ！

シンプル&ナチュラルがコンセプトのインテリアショップ。どんな部屋にも、どんな人にもすっとなじむようなプレーンでスタンダードな家具や雑貨を提案。品質のよい素材で家具のひとつひとつをていねいに作っています。日々の暮らしを楽しくしてくれるヒントが詰まったショップには足を運ぶ価値あり。

小ぶりなサイズのドレッサー。CIELE CONSORE DESK ¥22050
（ミラー別売り）

約70種類から張り生地がセレクトできる。オリジナル感がうれしいスツール。STICK LEG STOOL ¥12390～

ひとつひとつ編まれたシェード。年月を経て味わいを増すバスケットと同じように、長く使って味を出して。Ararog shade ¥7140
（ソケット別売り）

ソファやベッドサイドなどに置けば、ちょっとした食事やパソコンデスクなどにもできる。SIDE B-TABLE ¥29400

Shop インフォメーション

全国のおもな店舗はこちら!

東京・自由が丘 東京都目黒区自由が丘2-17-10ハレマオ自由が丘ビル2F
☎03-3725-5120
・吉祥寺 東京都武蔵野市吉祥寺本町2-1-7 DM BLDG. 2F
☎0422-21-1515
・豊洲 東京都江東区豊洲2-4-9 アーバンドックららぽーと豊洲2F
☎03-6910-1296
神奈川・みなとみらい 神奈川県横浜市西区みなとみらい 3-5-1 MARK IS みなとみらい3F ☎045-319-6855
千葉・TOKYO-BAY 千葉県船橋市浜町2-1-1 ららぽーとTOKYO-BAY 西館2F ☎047-421-7760
愛知・名古屋 愛知県名古屋市中区栄3-6-1 ラシック6F 6061
☎052-259-6550
大阪・難波 大阪府大阪市浪速区難波中2-10-70 なんばパークス5F
☎06-6556-6075
・梅田 大阪府大阪市北区大深町4-20 グランフロント大阪 南館5F
☎06-6485-7616
兵庫・西宮 兵庫県西宮市高松町14-2 阪急西宮ガーデンズ3F
☎0798-78-6123
福岡 福岡県福岡市中央区天神2-11-1 福岡PARCO 5F
☎092-235-7390

HPで最新情報をGET!

http://www.momo-natural.co.jp/
キャンペーンや新商品のお知らせなど、見逃せない情報がいっぱい。スタッフブログには、参考になるグッズの使い方の提案もあり、必見。

家具、雑貨がそろう

salut!

サリュ

プチプラで買えるミニ家具が人気の秘密

コットンや麻などの天然素材を使用したナチュラルテイストの雑貨やインテリア用品が豊富にそろうショップ。ナチュラル系の部屋づくりを目指す人におすすめ！ テーブルやラックなどのミニ家具が1050円中心のプチプライスで購入できるのも、大きな魅力です。

定番人気のテーブルは、シンプルで使いやすいデザイン。ディスプレイテーブル ¥1050
※テーブル以外は商品に含まれません

壁に掛けて窓の演出ができるキュートなミラー。リサイクルウッド窓型ミラー ¥1050
※窓型ミラー以外は商品に含まれません

LPレコードが飾れるサイズのおしゃれなラック。ディスプレイLPラック¥1050
※ラック以外は商品に含まれません

アクセサリーや時計などがきれいに収納できる２段ケース。２段ジュエリーケース¥1050
※中身は商品に含まれません

覚えておきたい ショップ選び 5ヵ条

1 好きなテイストを絞ってから ショップへ出かけよう

2 お気に入りを手に入れたいなら ホームページ上での情報収集も大切

3 家具など大きなものが欲しいなら カタログやネットで買えるかがポイント

4 お財布と相談しながら 価格帯も考慮に入れて

5 ショップの得意分野をおさえて ムダなく賢く選ぼう

Shop インフォメーション

全国のおもな店舗はこちら!

宮城・仙台 宮城県仙台市泉区寺岡6－5－1 泉パークタウン タピオ南館１F ☎022-378-2031

埼玉・越谷 埼玉県越谷市東町２－８ イオン越谷レイクタウンＢ街区１F ☎048-930-7376

・羽生 埼玉県羽生市川崎２－281－3 イオンモール羽生１F ☎048-560-0126

東京・池袋 東京都豊島区東池袋3－1 サンシャインシティ B1F ☎03-5960-4438

・新宿 東京都新宿区新宿３－38－1号 ルミネエスト新宿３F ☎03-3358-2951

神奈川・MARK IS みなとみらい 神奈川県横浜市西区みなとみらい３－５－1MARK IS みなとみらい２F ☎045-319-6638

大阪・なんばマルイ 大阪府大阪市中央区難波３－８－９ なんばマルイ B1F ☎06-7633-7953

・HEP FIVE 大阪府大阪市北区角田町 5－15 HEP FIVE 2F ☎06-6366-3742

http://www.palcloset.jp/shop/salut/

salut! の公式通販サイトでは、セールも行われているから随時チェックしてみて。

第五章

Nice fight against trouble and crime

防犯から心の問題まで――
ひとり暮らしの危機管理術

病気、災害、身にふりかかる犯罪、心の不調――。
次々と起こるトラブルも、
自力で乗り越えてこそひとり暮らしの達人。
自分のことを自分で守る力を身につけるために、
覚えておきたいAtoZをたくさん詰め込みました!

CONTENTS

05·01

備えあれば憂いなし！

早く治そう！ ケガや病気

Take care of your own health ●●

ひとり暮らしで不安なのが、なんといってもケガや病気。
実家にいたときとは違って、高熱をだしても
大ケガをしても、誰も助けてはくれません。
予防のための基礎知識から、いざというときの対処法まで、
ここでしっかり勉強しておきましょ！

● Part 01

病気になってから
あわてないために

日ごろの備え

医療機関

近くの病院をまずチェック

日ごろからチェックしておきたいのが、近くにある病院の位置。さらに、24時間受け付けてくれる緊急病院がどこにあるかも、確認しておきましょう。緊急病院は電話番号も控えておくと安心です。

薬

最低限必要な薬を用意しておこう

痛みや、吐き気、発熱などを薬で一時的に抑えておくと、その後の回復も早くなることが多いよう。最低限の薬は用意しておき、早期回復につなげましょう。

基本の常備薬

解熱剤	風邪薬
歯痛や頭痛などに伴う熱を一時的に和らげたいときに服用する。ただし短い間隔での連用は避けて。	風邪だと思って甘くみず、きちんと対処を。ひきはじめの時期などに、早めに服用するのが大切。
整腸剤	**鎮痛剤**
腹痛や下痢の症状に効果的。ただし、腹痛とともに吐き気などがある場合は、病院に相談を。	頭痛、歯痛などを一時的に鎮めるのに効果的。月経痛には、鎮静効果のある薬が○。
消毒液	**消化健胃薬**
切り傷、すり傷などはきれいに水で洗ってから消毒しておくこと。治癒がかなり早くなる。	胸やけ、消化不良などに。ストレスで起こる場合は、原因自体を解消することも必要。

非常食

ひもじい思いをしないように2日分は準備しておこう

病気になって困るのは、ひとり暮らしだと買い物や料理ができないこと。自分でなんとかしなければ、なにも食べられないので、飲み物やレトルトのおかゆなど、2日分程度は準備しておきましょう。

準備しておきたい非常食

飲み物	発熱時は、しっかり水分をとって汗をかくことが大切。ペットボトルの水やお茶などを常備。
レトルト食品	おかゆや野菜スープ、シチューなど、すぐに準備できて、消化のいいものを用意しておこう。
パン	意外にも消化がいいので、病気のときの食事に適している。冷凍庫に保存しておいて、そのまま焼く。
粉末スープ・つゆの素	粉末スープやつゆの素は、おかゆや雑炊、うどんなどの味つけを簡単にしてくれる、便利な存在。
うどん・そば	冷凍のものでも充分おいしい。サッと2、3分ゆでるだけで食べられるので、病気のときには重宝。
冷凍野菜	レンジなどで温めるだけで食べられるので、不足しがちなビタミンなどの栄養補給に欠かせない。
缶詰	野菜の水煮缶、ツナ缶など、簡単な調理で食べられるものを。果物の缶詰も、食欲のないときにいい。
カップラーメン	熱があって動けないときに頼れる存在。冷凍野菜などを加えて食べれば、栄養価がアップする。

医療用品

応急処置に必要なグッズも用意しておこう

いざというとき、ケガや病気の回復を助けてくれるのが、頼れる医療用品です。病気の症状を確認するのに必要な体温計や、ケガの応急手当てに必要なグッズなども、常備しておくとよいでしょう。

基本の医療用品

包帯	打ち身やねんざ、すり傷などの応急手当てには、湿布やガーゼなどを固定するための包帯が必要。
体温計	体温計を使って正確な体温を確認することは、自分の症状を把握するための第一歩と心得て。
ばんそうこう	傷口をばい菌から守ったり、包帯をとめたりするときに。いくつかサイズをそろえておくと便利。
湿布	ねんざなど内出血を伴う炎症には、冷却効果のあるものを、慢性の炎症には、温めるタイプを使って。

●Part 02

早期発見&
早期治療のために

初期症状について学ぼう

風邪と間違えやすい病気

インフルエンザ

だるい、熱っぽい、のどが痛いといった症状は、いわゆる「風邪」。しかし、似たような症状だからと油断していると、インフルエンザで死にいたることもあります。風邪の症状との微妙な違いを把握して、悪化する前に対処しましょう。

インフルエンザと風邪の違い

初期症状	風邪はのどの痛みで始まるのに対し、インフルエンザは寒気や頭痛でスタートすることが多い。
発症の仕方	風邪の場合、病状が徐々に進行するが、インフルエンザは、急激に熱や関節痛などの症状が出る。
発　熱	風邪の場合、平均37.5度の発熱。いっぽうインフルエンザの場合は、39〜40度に及ぶ高熱が出る。
筋肉痛	風邪では通常、筋肉痛は発生しないが、インフルエンザでは、全身の関節や筋肉が痛む。
全身症状	インフルエンザは、風邪に比べて全身の症状が重く、吐き気や下痢の症状が出ることもある。

結核

最近、患者数が増加傾向にある結核は、風邪と間違えやすい病気のひとつ。昔は死にいたることも多かった病気ですが、今では薬で治療できます。ただし伝染病なので、被害を大きくしないためにも、早期発見が最重要課題となります。

結核の特徴

発　熱	微熱が長期間続くのが特徴。2週間以上たっても微熱が下がらない場合は、風邪ではなく結核を疑うこと。
セ　キ	乾いた感じのセキが、慢性的に続く。さらに病状が進行すると、血の混じった血たんが出ることもある。
倦怠感	体がだるい状態が続き、ちょっと動いたり、仕事をするだけで疲れやすくなる。
全身症状	夕方になると、毎日のように37〜37.5度の微熱が出て、毎晩寝汗をかくようになる。

肺炎

風邪の延長線上にあるのが肺炎。風邪だと思って放っておいたら、肺炎に進行したというパターンが多いようです。風邪で体が弱っているのをいいことに、ウイルスや細菌が肺の奥まで到達してしまうことによって起こります。

肺炎の特徴

セキ	激しいセキが出て、高熱を伴う。しだいに、ヒューヒューと息の音がかすれるのが特徴。
たん	たんがひどいのも肺炎の特徴。黄色、緑色、鉄サビ色のたんや、血たんが出ることもある。
呼吸困難	はげしいセキが続き、病状が進行するにつれ、呼吸困難や胸の痛みを感じるようになる。
全身症状	呼吸をすると息苦しさを感じたり、全身の筋肉や関節に、痛みを感じるようになる。

髄膜炎

髄膜炎も、風邪の延長線上にある病気のひとつです。初期症状が頭痛なので、風邪だと勘違いするケースが多いよう。しかし油断していると、ウイルスがしだいに脳の髄膜にまで入り込んで、髄膜炎にかかってしまうこともあります。

髄膜炎の特徴

発熱	37～38度くらいの熱が出て、うとうとしたような状態が続く。病状が進むとけいれんも。
頭痛	発作的な頭痛ではなく、圧迫されるような鈍い痛みを伴う頑固な頭痛が、長時間続く。
首が硬くなる	ひざを曲げて座ったとき、ひざにあごをつけられないほど、首や後頭部が硬くなる。
全身症状	軽い頭痛から、1～2日たつと急に症状が重くなり、吐いたり、吐き気を感じたりする。

ひきはじめに効く！

先輩に聞く！

風邪対策レシピ

せきを止める！ 大根あめ

大根を1cm角に切る。煮沸消毒したふた付きの瓶に大根を入れ、ハチミツをひたひたに注ぐ。2～3日たつと大根が浮いてくるので、上澄み液をお湯で割って飲む。

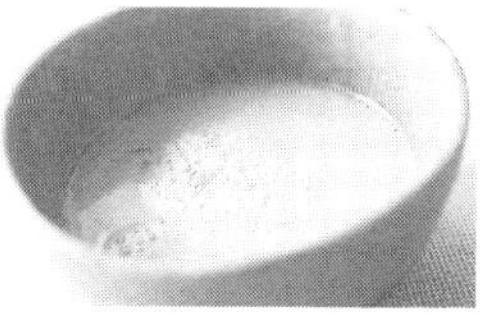

体を温める！ 卵酒

卵1個を割りほぐし、砂糖小さじ1～2を加えて、なめらかになるまで混ぜる。日本酒1カップを電子レンジで温める。卵に日本酒を少しずつ注ぎ、よく混ぜる。

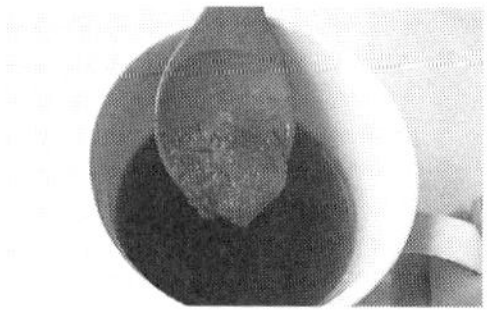

殺菌効果あり！ 焼き梅茶

梅干しを焼き網にのせて、表面が黒くなるまで焼く。カップに、焼いた梅干しとすりおろしたショウガを入れ、熱いお茶を注ぐ。仕上げにしょうゆで味をととのえる。

胃腸系の病気

食中毒

ひとり暮らしをしていると、どうしても食材が余ってしまいがち。「消費期限を過ぎているけどもったいないし」と食べたら食中毒に！　そんなときに適切に対処できるよう、ここでは、各種の食中毒の特徴をチェックします。合わせて、予防のための注意点も確認しましょう。

〈サルモネラ菌〉

牛、豚、鶏、卵などに寄生している菌です。人間の体内に入って8～48時間は潜伏しているので、すぐに症状が出るわけではなく、食べたあと半日から2日後に症状が出てきます。

おもな症状

吐き気や腹痛、下痢、38度前後の発熱、嘔吐などがあげられます。また対策として、サルモネラ菌は62～65℃で30分以上加熱すると死にます。食べ物は、しっかり加熱して食べるようにしましょう。

〈O-157〉

動物の糞便によって汚染された食品が原因となります。特に飲料水には気をつけて。潜伏期間が5～10日なので、食べて10日してから発症することもあります。

おもな症状

腹痛、38度前後の発熱、嘔吐、下痢、血便などがおもな症状です。菌は75℃以上・1分以上の加熱で死滅します。肉を切った包丁やまな板では生野菜を扱わないなどの注意を。

胃潰瘍

胃潰瘍のおもな原因は、人間関係のトラブルやストレス。ストレスによって、胃壁を守っている粘膜や粘液の働きが低下し、胃酸が胃壁を傷つけることで潰瘍ができてしまいます。薬で治ることがほとんどですが、ストレスが原因なら、まずストレスのもとを取り除き、生活スタイルを整えることから考えなければ、根本的な解決にはなりません。

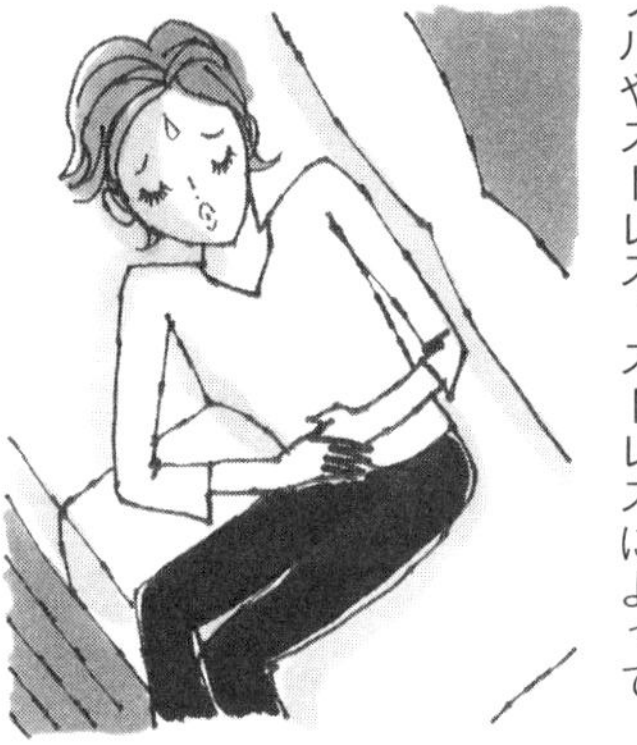

胃潰瘍の特徴

胃　痛	胃潰瘍の胃痛は、空腹時に、胃酸が胃粘膜の傷（潰瘍）にしみることで起こる。
痛みの場所	おなかの上部、ヘソよりも上のみぞおちあたりに、圧迫するような重い痛みがある。
原　因	ストレスがおもな原因だが、痛みが強弱をつけて反復する場合は、ピロリ菌かも。
気をつけたい食事	高脂質、高刺激の食べ物は避ける。消化が悪く、胃液の分泌が過剰になる。

女性特有の病気

乳ガン

最近、発症年齢が下がってきている乳ガン。統計では、出産経験のない未婚の人、肥満の人に多いのだとか。初期症状のしこりや皮膚の引きつりは自分でチェックできるので、ふだんから気にかけて。

子宮筋腫

遺伝や体質によっては、20代の女性でも発症することがあります。小さい筋腫でも、放っておくと妊娠や出産に影響が出ることも——。血液検査と超音波検査で簡単に見つかるので、心配なら、早めに検査を受けておきましょう。

子宮内膜症

子宮内膜の組織が、子宮の内側以外で増殖してしまう病気。月経のとき、不要になった子宮内膜が血液と一緒にはがれ出ることで月経痛が起こりますが、内膜症は、別のところでその現象が起こるため、いろいろな部分に痛みがあります。

乳ガンの初期症状	
しこり	無痛性のしこり。形はさまざまで、押しても痛くないし、動かないので、自分では気づきにくい。
引きつり	しこりは、ガン細胞が周囲の組織に入って起こるので、皮膚にエクボのような引きつりができる。
腫《は》れ	首やわき下のリンパ腺が腫れたり、ガン細胞が乳腺に入って乳房が赤くなる。発熱を伴うことも。
乳首のガン	痛みやかゆみはないが、乳首から茶色や赤の分泌物が出たり、ただれるので、比較的発見しやすい。
子宮筋腫の種類別・初期症状	
内膜性筋腫	月経血がいつもより多いようなら、子宮内膜の筋腫の疑いが。筋腫の成長を抑える治療を行う。
内膜性筋腫のポリープ	有茎性のポリープが、膣から外へ出てくることがある。月経が終わったのに出血があったら要注意。
漿膜下筋腫	下腹部の中央に、痛みを伴ったしこりが感じられる。しかし月経時の出血量は変わらない。
漿膜下筋腫のしこり	症状がしこりだけなので、疑いがある場合は病院で検査して。筋腫は手術で取ることができる。
子宮内膜症の初期症状	
月経痛①	若いころには月経痛が軽かったのに、20～30代になって、痛みがひどくなったという人は要チェック。
月経痛②	月経のとき、月経痛がひどく、さらに下痢が起こるという場合、直腸で内膜症が起こっている疑いが。
性交時の痛み	性交時に痛みがある場合、卵管で内膜症が起こっている可能性が。不妊症に発展する危険もある。

クラミジア

クラミジアは性感染症のひとつ。女性の場合症状が現れないことが多く見逃しがちですが、放っておくと、知らないうちに不妊症になっていることも。早期発見を心がけ、薬でしっかり治しましょう。

おもな症状

❶白または黄色のおりものが出る。
❷クラミジアが骨盤腹膜まで到達すると、原因不明の腹痛が起きる。
❸外陰部に、少しヒリヒリ感がある。

膣炎

カンジダ膣炎とトリコモナス膣炎があり、大腸菌やちょっとした異物が原因で起こります。体の抵抗力が弱まっているときは、膣の自浄作用が低下してかかりやすくなるので、注意しましょう。

おもな症状

カンジダ膣炎の場合、白いカッテージチーズのようなおりものが出ます。トリコモナス膣炎は、悪臭のある黄色や黄緑色の泡立ったおりものが出るのが特徴。

Part 03

ダメージを最小限に!

ケガをしたときの応急処置

打撲

「患部を心臓より上に」が基本

手足を強く打って内出血が起きたら、患部を冷やして痛みを和らげ、内出血を止めます。その際、患部を心臓より高い位置まで上げると、血液の循環がよくなり、筋肉が硬くなるのを防げるので、回復が早まります。

ねんざ

「冷やす→温める」が基本

まずはすぐに冷やして。できれば患部を心臓より高くして冷やすこと。その際、冷やしながら患部をもんだりさすったりするのはタブーです。およそ2、3日冷やしたあと、温めると、血液の循環がよくなり、硬くなった筋肉がほぐれます。

骨折

骨折の見分け方

骨折の見分け方は次の4点。

❶圧迫すると激痛がある。
❷患部が曲がったり、飛び出している。
❸患部を動かすと音がする。
❹内出血がひどく、患部が発熱している。

その後、腫れてくる。

骨折の応急手当て

内出血を止めるために患部以外を圧迫し、患部を冷却します。その際、患部を心臓よりも高い位置にすること、脱脂綿やスポンジを巻いた上から冷やすことがポイントです。痛みが少し治まったら、鉛筆や段ボールなどで添え木し、すぐに病院へ行きましょう。

おなかを強く打ったら——腹部をさすってはダメ!

おなかを打ったときに、さするのは厳禁。内臓の損傷が考えられるので、疾患を悪化させてしまう恐れがあります。すぐ病院へ行き、頭痛や吐き気があるかどうか、言葉がきちんと話せるかどうかなど、現状を医者に伝えましょう。

やけど

できるだけ早く冷やすこと!

流水で充分に時間をかけて患部を冷やして。水ぶくれができたら、つぶさないように気をつけながらガーゼを巻き、雑菌から傷口を守ります。ガーゼを少し火であぶると、ガーゼの消毒になります。

切り傷

まずは落ち着いて止血

ハンカチやガーゼなどで傷口を強く押さえ、落ち着いて止血を。その上からさらに強めに包帯を巻きます。手などをケガした場合は、傷口を心臓より高い位置にしておくと、早く血が止まります。

刺し傷

刺さったものは焦って抜かない!

抜くと、刺さっていたものの一部が体内に残ったり、血管や神経を傷つけてしまう場合があります。刺さったものが動かないように保ち、病院へ急ぎましょう。

病院に行くほどではないけど――

素朴な疑問解決ノート

Q1 風邪のときお風呂に入るのはやっぱりよくない？

風邪のときにお風呂に入ると湯ざめが心配。でも、入り方に気を使えば大丈夫。39～40℃のぬるめのお湯にゆっくりつかって、体の芯まで温まるようにして。

Q2 頭痛がひどいときは冷やす？ 温める？

ひと口に頭痛といっても、症状はさまざま。風邪など、発熱を伴う頭痛の場合は、熱や倦怠感を和らげるために、冷やすのがベターです。疲れやストレスなどで筋肉が緊張して起こる頭痛の場合は、首から頭にかけて温めましょう。

Q3 夏に風邪をひいても暖かくしなくちゃダメ？

悪寒がある場合以外は、温めることで体力を消耗する場合も。クーラーをかけて、気分を和らげたほうがいいでしょう。

Q4 風邪薬と胃腸薬、一緒に飲んでも平気？

市販の薬でも原則的にダメですが、薬にもよるので、薬剤師の説明を受けて。薬の効果には持続性があるので、時間をズラして飲むのもNG。

Q5 薬は水で飲まなければダメ？

水で飲むのが原則。それ以外のものと一緒に飲むと、効き目が悪くなる場合も。特にグレープフルーツジュースは、さまざまな薬に影響を与えるので要注意です。

Q6 「食間」って、いつのこと？

薬を飲むタイミングで「食間」とは、「空腹時」のこと。目安として、食事をして2時間後ぐらいのことをさします。

Q7 肩こりは冷やす？ 温める？

まず痛みをとるために冷やし、その後、温めて筋肉をほぐします。特に慢性の肩こりの場合は、じっくり温めましょう。

いざというときの、お役立ち110番

24時間医療機関案内・ひまわり
東京都では夜中に病院に行きたいとき、開いている病院を教えてくれる。市区町村役所で「ひまわり」の電話番号を確認しておこう。

医療機関検索サイト
http://www.gokinjo.co.jp
最寄り駅からはもちろん、診療科や専門分野などの条件を指定して、医療機関を検索できる。

医薬品医療機器総合機構くすり相談窓口
薬局で購入した薬、処方された薬の効果や、使用法などについて相談にのってくれる。☎03-3506-9457

覚えておきたい ケガ・病気の対処法 5カ条

1. いざというときのために薬、非常食の用意は万全に
2. 病気の知識を身につけて早期発見、早期治療
3. ケガをしたら患部を心臓より高く
4. 用途の違う薬は一緒に飲まない
5. 自己判断は禁物 気になる不調はすぐ病院へ

自分の身は自分で守らなくちゃ！

ひとり暮らしの防犯について考える

Powerful security against the crime ●●

連日のようにテレビや新聞で報道される悪質な犯罪。
もはや、「私だけは大丈夫！」なんていっていられません。
ひとり暮らしならなおさらのこと、日々の生活にスキはないか、
部屋の防犯度を上げるにはどうしたらいいか、
ここでしっかりチェックして、
あなたを狙う卑劣なヤツらを追っ払いましょう！

●Section 01

自分の部屋をしっかり守ろう！

空き巣対策

空き巣の基本データをチェック

空き巣の入る時間帯は？

空き巣が好むのは、近所も不在がちな午前10時から午後4時の間。とはいえ、必ず下見をしてから犯行に及ぶので、この時間帯以外なら安心とは限りません。

何分かかると犯行をあきらめる？

警察が行った調査によると、部屋に入るのに10分以上かかると、犯行をあきらめるのだそう。カギを二重、三重にして時間をかけさせれば安全度が高まります。

空き巣ってどんな格好？

街を下見し、その街にいても違和感のない格好を選んでいるので、スーツなど身なりのきちんとした人が多いそう。

空き巣の手口

〈玄関〉

手口1 ピッキングで侵入

シリンダー（鍵の穴）に特殊な工具を入れて鍵を開ける手口。一般に広く使われている「ディスクシリンダー錠」は特にピッキングに弱く、プロならほんの10秒程度で開けてしまうとか。犯行は外国人によるものが多く、犯行中に遭遇すると、凶悪事件に発展する場合も……。

手口2 新たな手口！「カム送り解錠」で侵入

シリンダーやドアのすき間から極細の工具を入れて鍵を開けるという手口。狙われやすい鍵が特定されており、各メーカーのホームページなどで、注意すべき型番が公表されているのでチェックして。

手口3 郵便受けを破壊する「サムターン回し」で侵入

「サムターン」とは、ドアの内側にある、鍵を閉めたり開けたりするつまみのこと。

ドアについている郵便受けを破壊して手を入れたり、ドアのすき間から工具を入れるなどして、つまみを回し、鍵を開けます。

手口4 鍵のかけ忘れを狙って侵入

意外に多いのが、鍵のかけ忘れを狙って、玄関から堂々と侵入するパターン。空き巣は住人の毎日の行動を下見しているため、日ごろからスキのある行動をしているとターゲットにされてしまいます。

手口5 玄関まわりのスペアキーを使って侵入

玄関まわりに置いてあるスペアキーなどを使って侵入するという例も。郵便受けの中、水道メーター室の中など、空き巣はくまなく探すので、スペアキーは外に置かないようにしましょう。

〈窓〉

手口6 窓を破り、鍵を開けて侵入

窓を破るといっても、大きな音を立ててガラスを破るようなことはしません。窓ガラスに小さな穴をあけ、そこから手を入れて、窓の鍵をはずします。

〈ベランダ〉

手口7 足場を使って、ベランダから侵入

部屋が2階以上にある人でも、油断は禁物。人目につきにくい窓やベランダを狙い、電柱や塀などを足場にして侵入される可能性もあります。また、屋上からロープなどを使って下り、最上階や高層階を狙う手口も。「最上階は1階の次に危ない」といわれているほどです。

あなたの部屋は大丈夫？

狙われやすいのはこんな部屋

当てはまる項目が多い人は、特に防犯意識を高めて。これから部屋を探すなら、下見で必ずチェックしよう！

- □建物が、人通りの少ない道路に面して建っている
- □ベランダの手すりにすき間がなく、高いので、外から内部が見えない
- □建物の外に、足場になるような部分(配水管、塀、電柱、隣家の屋根など)がある
- □建物に屋上があり、誰でも入れるようになっている
- □外から玄関が見えない内廊下タイプになっている
- □ベランダや窓が道路から見て死角になっている
- □部屋が1・2階か最上階にある
- □部屋がエレベーターの前にある

空き巣に入られない部屋をつくろう！

〈不在時対策〉

留守がちなひとり暮らしは、空き巣には格好の標的。つまり、いかに「留守」を隠すかがポイントです。帰りが遅くなるときは、テレビや照明のタイマーをセットしておき、自動的に音や明かりがつくようにするなどの工夫をしましょう。

！新聞や郵便物をためない！

郵便受けにたまった新聞や郵便物は、空き巣にとって、留守であることを見分ける判断材料になります。出張や旅行などで長期間留守にする場合は、新聞や郵便の配達をストップしてもらいましょう（詳しくは209ページを参照）。

！留守電にメッセージを残さない

「○日から○日まで旅行にいってきま～す」なんて留守電に吹き込むのは、もってのほか。ふだんどおりの応答メッセージにしておきましょう。

〈玄関のドア対策〉

2000年に激増したピッキング犯罪。その後、鍵の取り替えなどが進み、一時は3分の2程度に減少したものの、最近は再びふえています。さらに、166ページのような新たな手口をはじめ、ドアをこじ開けるといった手荒な手段もふえているため、対策が必要不可欠です。

！鍵を取り替えてもらう

ピッキングされにくい鍵（CP・C認定錠）や、カム送り解錠対策済みの鍵に交換するか、補助部品を取り付けてもらうのが効果的。まずは大家さん（または管理会社）に相談してみましょう。ただし費用の負担割合はケースバイケースです。

！補助錠を取り付ける

防犯は「ワンドア・ツーロック」が基本。ドアにはぜひ補助錠をつけて。ネジを使わないタイプなら、ドアにキズをつける心配もありません。テープなどで粘着するタイプの場合は、大家さん（または管理会社）の了解を得たほうが無難です。

！鍵は確実に閉め隠したりしない

近所のコンビニなどに行くときでも、しっかり鍵をかけましょう。水道メーター室や郵便受けなどに鍵を隠すのも厳禁。プロの空き巣は、すぐに見つけてしまいます。また、前の入居者がスペアキーを持っている可能性もあるので、入居時には、鍵の交換が済んでいるか確認を。

〈窓対策〉

！窓にも補助錠をつける

窓も「ツーロック」が基本。上階部に住んでいても油断は禁物です。窓用の補助錠は、簡単に取り付けられるものが多く、値段も手ごろなので、ぜひ設置して。

！特殊フィルムを貼って窓ガラスの破壊を抑止する

DIYショップなどで売っている、40層からなる多層構造フィルムがおススメ。1分以上も破壊音を出し続けないと破れないというもので、鍵の周囲の窓ガラスに貼れば、ガラスの破壊抑止に効果大。

〈ベランダ対策〉

⚠ 防犯ライトをつける

ベランダの見通しが悪い場合、ぜひ取り付けたいのが防犯ライト。警察の調べによると、空き巣が犯行をあきらめる理由として、およそ35％が防犯ライトをあげているということからも、ぜひつけておきたいところ。

人の接近をセンサーがキャッチして自動的に点灯するタイプのものも、3000円くらいから手に入るので、ぜひ検討してみて。

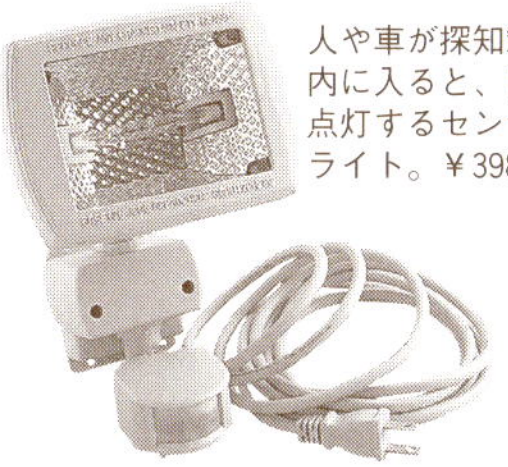

人や車が探知範囲内に入ると、自動点灯するセンサーライト。¥3980

⚠ 障害物を置いて、入りにくくする

ベランダには障害物を置くなど、入りにくくする工夫も必要です。ガーデニングの鉢や、大量の空き瓶を入れたゴミ袋など、倒れると音が出るようなものを置いておくと効果的。ただし、空き巣の隠れ場所になるようなものは逆効果です。

補助錠を取り付ける前に
自分の玄関の鍵をチェック

玄関の扉や鍵にはさまざまな種類があり、それぞれ取り付け可能な補助錠は限られています。自宅のドアの構造などをよくチェックしてから購入しましょう。

メーカー名、型番をチェック

例えば「MIWA LA」などの刻印は、MIWA＝「美和ロック」というメーカーの、型番「LA」のもの、という意味。そのほか、GOAL、KABAなどのメーカーも。

ドアの厚さをチェック

補助錠をつけるときは、ドアの厚さの寸法が必要です。mm単位で正確に測って。ドア枠の戸が当たる手前の部分）の幅やすき間の寸法も要確認。

ドアの開閉の仕方をチェック

自分の部屋のドアが、右開きか左開きか、内開きか外開きか、もチェックする必要があります。

飾り板のあるタイプ

メーカー名・型番

ドアの厚さ — 飾り板の厚さ

飾り板のあるタイプの鍵は、ドアの厚さに加え、飾り板の厚さも測っておく必要がある。

飾り板のないタイプ

メーカー名・型番

ドアの厚さ

Powerful security against the crime

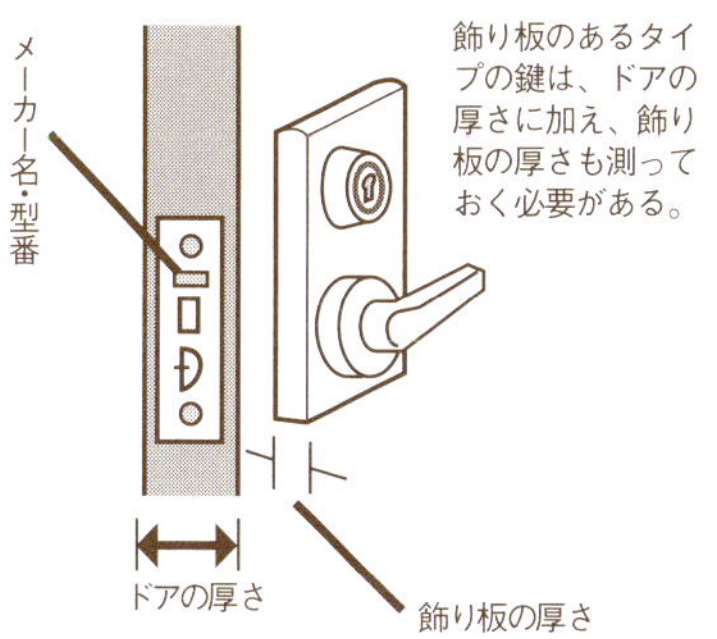

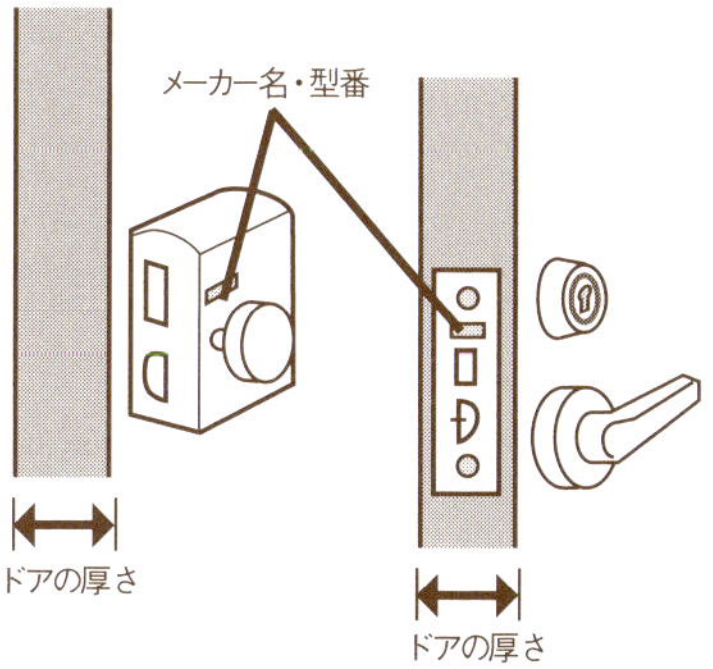

Section 02

もはや他人事じゃない!

ストーカー対策

ストーカーの基本データをチェック!

ストーカーってどんな人間?

ターゲットにした相手を執拗に監視、追跡する人のことをストーカーと呼びます。相手への関心という、だれもがもつ感情が出発点なので、逆に、どんな人がストーカー化してもおかしくないといえます。

ストーカーの目的は?

ストーカーの目的として最も多いのが、一方的な交際の要求。特に元彼氏や元彼女の場合、一時は気持ちが通じ合っていただけに、感情のコントロールが難しくなります。また、まったく見知らぬ人に性的関心をもたれるケースもあります。

ストーカーの手口と対策

手口1 個人情報を収集する

ターゲットのゴミを漁ったり、郵便受けから郵便物を抜き取ったりして、プライベートな情報を勝手に集めます。道ばたに捨てたレシートを拾われることも。

! プライバシーを保護しよう

ストーカーは、相手のプライバシーのすべてを知りたがるもの。請求書や手紙など、住所や電話番号、メールアドレスが記載されているゴミは、細かく破ったり、シュレッダーを使って裁断してから捨てるようにしましょう。

郵便受けに鍵がついていない場合は、自分でつけて。また誰にでも気軽に携帯番号やメールアドレスを教えるのも、思わぬ危険を招きます。

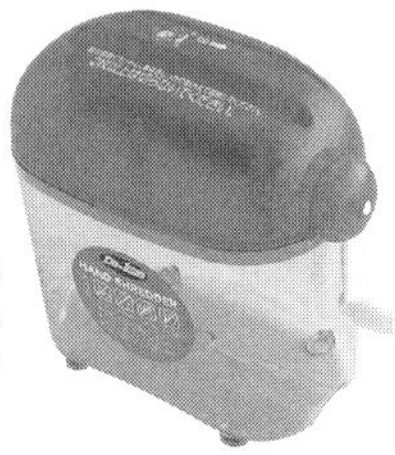

明細書などをカッターで粉々にしてくれる、ハンドシュレッダー。￥2200

手口2 帰り道をつける

相手を尾行して住まいを特定し、外から監視。スキを見て暗がりに連れ込んだり、部屋に押し入って襲うこともあります。

! 毎日同じ経路で帰らない

あなたに興味をもったストーカーは、たいてい下見、尾行、張り込み、待ち伏せをします。毎日同じ道を通ることは、自分の行動パターンを知らせているようなもの。いくつかの帰宅経路を見つけましょう。

! 毎日同じコンビニに行かない

コンビニに行くこと自体、ひとり暮らしを公言しているようなもの。毎日同じ店に通うと興味をもたれる可能性も。また弁当など、ひとり暮らしの人が買いそうなものを夜中に買うのはやめましょう。

! いざというときのために防犯ブザーを身につける

防犯ブザーもあなたを守る防犯グッズのひとつ。買うときのポイントは音の大きさ。１３０デシベル(音の大きさの単位)以上の音が出るものがおススメです。

手口3 エレベーターなどの密室で襲う

エレベーターで2人きりになったところを襲ったり、玄関前までこっそりつけてきて、ドアを開けた途端に押し入ってくるという手口です。

! 不審な人が入ってきたらすべての階のボタンを押す

マンションのエレベーターなどで、明らかに不審な人物と乗り合わせてしまったら、階数ボタンを多めに押して、次に止まった階ですぐに降りましょう。またエレベーターの中に男性ひとりしかいないときは、見送る余裕も大切です。

手口4 いやがらせやいたずら電話をする

無言電話やわいせつ電話、暴言電話を執拗にかけるなど、相手の目の前には現れずに嫌がらせをするパターン。誹謗中傷をビラやメールで相手に送りつけたり、インターネットの掲示板に掲載するというケースもあります。

! 「警察に訴えます」とキッパリ告げる

いたずら電話などは相手の反応を楽しむのが目的。感情的にならず、「警察に訴えます」とキッパリ伝えること。電話があったら、のちのち証拠として役立つように日時を記録して。また、電話はナンバーディスプレー付きがおススメです。

! 迷惑電話お断りサービスを利用する

NTTなど各社でオプションとしてついている「迷惑電話お断りサービス」が便利。ただし工事費が2000円、毎月の基本料金が、登録件数6件で600円、30件で700円かかります（NTTの場合）。携帯電話では、各社の撃退サービスと、非通知・公衆電話の着信拒否を併用して。

! 盗聴・盗撮発見器で部屋じゅうチェック

3000円程度の盗聴・盗撮発見器を1つ持っておくのも手。ただし通信機器の電波にも反応することがあり不確かなので、心配な場合は専門の業者に頼んで。

ストーカーを逆上させる！

ストーカーへのNG対処法

相手をののしる

ストーカーは自分の都合のいいように物事を考える人間。ストーカーを罵倒したり説教したりすると、自分に関心があると思い込み、さらにかかわり方が激しくなります。

2人きりで話し合う

2人きりで会って話すと、あなたを好きだと思っているだけに、何をしだすかわかりません。早めに拒絶の意思表示をし、それでも続くようなら、必ず第三者を立てて話すこと。

あいまいな態度をとる

「今は仕事で忙しいから」「今後についてしばらく考えたい」など、あいまいな態度をとるのは最大のタブー。時間がたてば親密になれると勘違いし、目的を達成するまでさらにつきまといが続くことになります。

ストーカー対策・最終手段
ストーカー規制法を活用しよう

ストーカー規制法とは

つきまといなどの嫌がらせは、従来の刑法では検挙できませんでしたが、これらも罰せるようになったのがこの法律。まず、警察の被害者相談室に相談し、それでも不安なら、生活安全課に「警告」または「パトロール」の要請をして。さらに重い「禁止命令」や「罰則」もあります。

規制の対象となる行為

「つきまとい等」の定義とは

❶つきまとう、待ちぶせるなどの行為、❷監視をしていると告げる、❸面会・交際の強要、❹ドアをたたくなどの乱暴な行動、❺無言電話や、嫌がらせのＦＡＸを送る、❻汚物など相手が嫌がりそうなものを送る、❼名誉毀損行為を予告する、❽性的な羞恥心を害する文書などの送付。

「ストーカー行為」の定義とは

先に述べた「つきまとい等」を、同じ人物に対してくり返し行うことを「ストーカー行為」として定めています。ただし、❶〜❹については、身体の安全などが侵害され、または行動の自由が著しく害される不安を覚えさせるような方法によって行われた場合に限られます。

警察に確実に動いてもらうためには——

1証拠を残す

届いた手紙、メールなどはすべて証拠になりえます。留守電は消さずに残し、無言電話も日付や時間を記録して。携帯の場合も録音し、日付、時間をメモ。待ち伏せの場合は日時や場所を記録しましょう。

2告訴状を書く

確実に処罰してもらうためには、告訴状を作成して、書留で警察に送ることがいちばん確実です。告訴状の受理を拒むことはできず、捜査を尽くす義務を負います。告訴状は、被害者と加害者の住所・氏名（加害者のものは不明でも可）、被害の内容、どんな罪を犯しているのかが書かれていれば、形式は自由です。

「警告」要請以外にも警察に「援助」を求めることも可能

ストーカーに豹変してしまったのが元恋人などで、まだ「警告」を要請するのがためらわれる場合に利用したいのが、警察の「援助」。具体的には、❶身を守るためのアドバイス、❷防犯グッズの貸し出し、❸ストーカーとの交渉場所として警察施設を提供し、交渉に立ち会う、❹交渉についてのアドバイス、❺ストーカー防止に役立つ各種組織の紹介、などです。

ストーカー規制法の仕組み

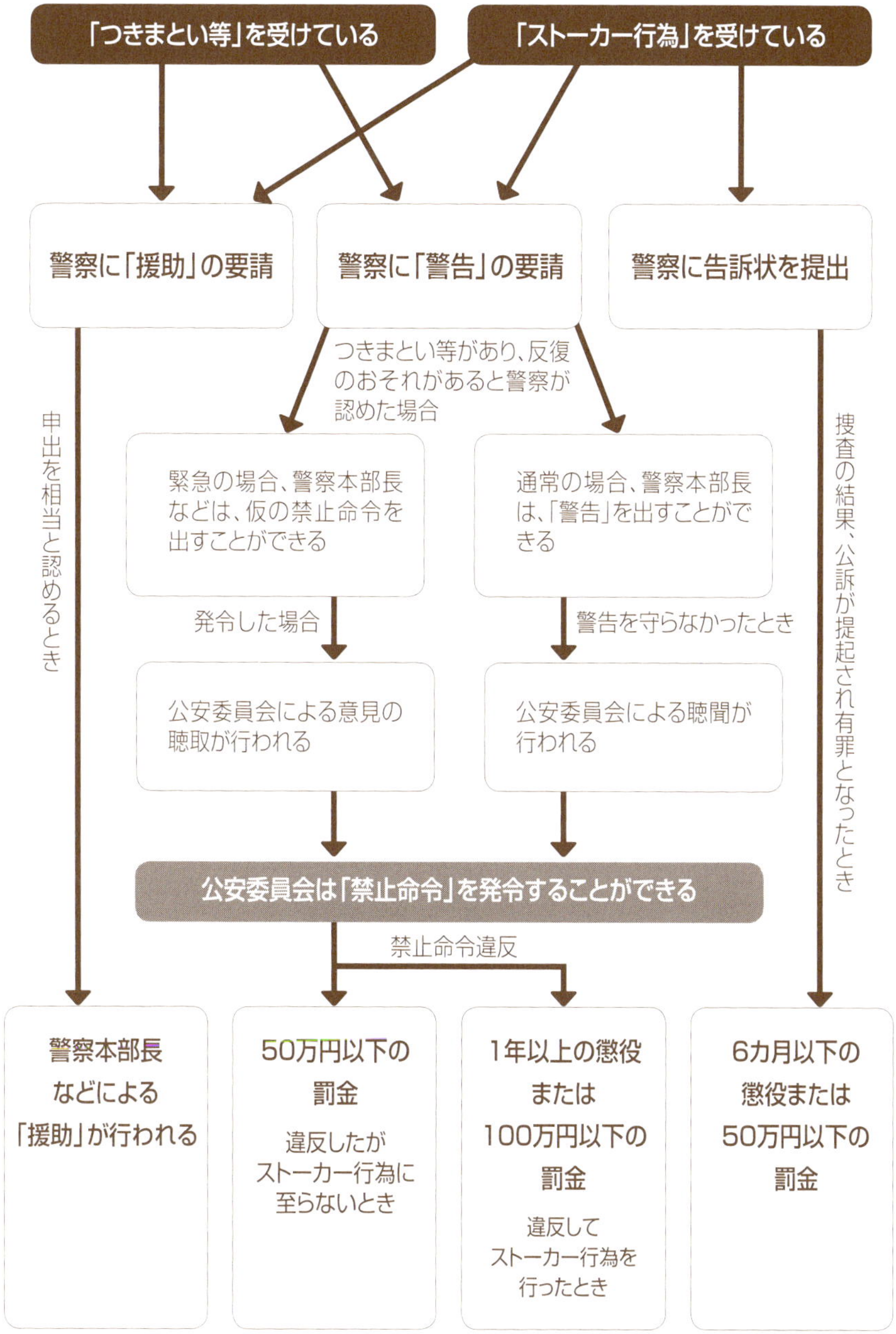

「つきまとい等」を受けている
「ストーカー行為」を受けている
警察に「援助」の要請
警察に「警告」の要請
警察に告訴状を提出
つきまとい等があり、反復のおそれがあると警察が認めた場合
緊急の場合、警察本部長などは、仮の禁止命令を出すことができる
通常の場合、警察本部長は、「警告」を出すことができる
発令した場合
警告を守らなかったとき
公安委員会による意見の聴取が行われる
公安委員会による聴聞が行われる
公安委員会は「禁止命令」を発令することができる
禁止命令違反
申出を相当と認めるとき
捜査の結果、公訴が提起され有罪となったとき
警察本部長などによる「援助」が行われる
50万円以下の罰金
違反したがストーカー行為に至らないとき
1年以上の懲役または100万円以下の罰金
違反してストーカー行為を行ったとき
6カ月以下の懲役または50万円以下の罰金

● Section 03

泣き寝入りなんて絶対ダメ！

押し売り＆勧誘対策

押し売り・勧誘の手口と対策

手口1 言葉巧みに物を売りつける

身分を偽ってドアを開けさせ、巧みな交渉術で物を売りつけるパターン。相手の顔色をうかがいながら対応を変え、あいまいな態度につけ込んできます。

！すぐに契約しない

たとえ買いたくても、契約や支払いをその場でせず、一度誰かに相談して。選択眼に自信がある人ほど要注意。必要ないときは、「いりません」と言いきること。

！断わり方を決めておく

断わり方の例としては、❶「体調が悪いので」「今、手が離せないので」と言う、

❷相手がひととおりしゃべったあとで「話はそれだけですか。いりません」と言う、❸何を言っても無表情・無反応で聞き流し、質問されても答えないなど、断わり方に困ったときに実践してみましょう。

手口2 強引に勧誘する

どんなに断っても、なかなか引き下がらず、時に威圧的な態度を見せながら、脅しまがいの勧誘をするというもの。その態度に根負けして、相手が契約するのを狙っています。

！ドアを開けない！

いちばんの対策はドアを開けないこと。ドアスコープで誰かを確認し、ドアを開ける必要があれば、チェーンをつけたままで対応しましょう。また、怪しいと感じたら、身分証明書などで身分を確認して。

！新聞のしつこい勧誘は新聞社本社に訴える

新聞の勧誘についての苦情は、新聞社本社の相談窓口で受け付けています。勧誘、販売については各営業所が管轄。本社に相談すると、その地区の営業所に苦情が伝わり、さらに営業所から販売店へ、営業停止命令などの処分が下される場合もあります。また、新聞勧誘の場合は、新聞セールス近代化センターが発行する身分証明書の携帯が指導されているので、提示を求めましょう。

いざというときの、犯罪相談110番

ストーカー被害	ハイテク犯罪被害
■女性の人権ホットライン ストーカー被害の相談にのってくれる。気軽に利用して。 ☎0570-070-810(受付時間は平日 8:30〜17:15)	**■都道府県警察本部のサイバー犯罪相談窓口** インターネット上での名誉毀損、誹謗中傷、脅迫などの被害の相談にのってくれる。 http://www.npa.go.jp/cyber/soudan.htm
■犯罪被害のおそれのある相談全般 ストーカー犯罪や悪質商法など、犯罪被害のおそれのある相談は、各都道府県に設置している警察総合相談室へ。電話番号は、局番なしの＃9110。	**■総合探偵社アビリティオフィス** サイバーストーカーにも対応。 📞0120-123-150　☎03-6206-1511 http://ability-office.co.jp

先輩に聞く! 押し売り・勧誘撃退法

怪しいと思ったら相手の身元を確認!

換気扇やガス栓をチェックしに来たというときは、とにかく確認。氏名や社名、部署名や電話番号も聞きます。先日来た男は、電話番号を聞いたとたんに帰りました。(25歳/女性)

居留守を指摘されてもひるまない!

以前、「いるのはわかってんだ! 電気メーターが回ってるぞ」と脅され、新聞をとるはめに。よく考えたら、留守でもメーターは回るんです。以来、勧誘はとにかく無視! (23歳/女性)

エステの勧誘には体験談で断る!

美容エステの勧誘の電話には、「以前、そちらのエステに行ったら、全身じんましんが出たんですよ! 治療費払ってよ!」って言います。たいてい「すみません。ガチャ」と、即座に電話が切れますよ。(28歳/女性)

私のおススメの断わり方

しつこい勧誘にひるまないよう、私は返事を決めています。定番は、「私、留守番なんです」と、「もうすぐ引越すんです」。これでこの5年間、無難にすごしています。(26歳/女性)

覚えておきたい 防犯対策 5カ条

1. 「ワンドア・ツーロック」が防犯の基本
2. 空き巣の弱点は光・音・犯罪にかかる時間
3. 個人情報をむやみやたらともらさない
4. 万一には「ストーカー規制法」を大いに利用しよう
5. しつこい勧誘への断わり方を決めておく

05·03

起こってからではもう遅い！

日ごろの防災マニュアル

Perfect manual against disaster

実家にいたころはあまり意識しなかった
地震や火事や台風などの災害にも、
ひとり暮らしの場合は自分で対処しなければなりません。
身の安全を守り、被害を最小限に食い止めるためには
どうしたらいいのか——。
いざというときに右往左往しないように、
災害についての基礎知識や対処法を、ここでおさらいしましょう！

Part 01

少しでも難を避けるために

地震対策

地震が起きたら まずすることをチェック

1 火を消す

火を使っているときに揺れを感じたら、火災防止のためにすばやく火を消して。ただし、大きな揺れの場合は、やけどの危険があるので、消火は後回しに。大きな揺れはたいてい1分程度で収まるので、そのあとでも間に合う場合がほとんど。天井に火がまわらない程度なら、消火器などを使って自分で消すことができます。

2 ドアや窓を開けて逃げ道を確保

地震後に建物が少しずつ傾いてゆがみ、ドアや窓が開かなくなることもあります。なるべく早く、逃げる方向のドアや窓を開け、逃げ道を確保しましょう。また、ふだんから、玄関まわりをきちんと整頓し、いざというときに逃げやすいようにして。

3 自分の身を守る

あわてて外に飛び出さず、机やテーブルの下にもぐり、クッションなどで頭を覆います。手で保護する場合は、少し頭から浮かせてクッションになる部分をつくるようにしましょう。倒れてくる家具や落下してくる照明など、家の中には、地震の際に凶器となりうるものがたくさんあることを心得ておく必要があります。

避難をするときの注意点

1 まずガスの元栓を閉め電気のブレーカーを落とす

ガスの供給は地震で自動的に止まるものの、元栓との間に残っているガスが地震の衝撃や落下物でもれたり、電気のスイッチが入って過熱・ショートする可能性も。まずガスの元栓を閉め、電気のブレーカーを落としましょう。

2 一時避難場所へ向かう

一時避難場所は、身近な公園や学校などが指定されています。市などが指定する広域避難場所は自宅から離れている可能性もあるので、こちらは「一時避難場所で様子を見たあとに、必要があれば避難するところ」と考えればよいでしょう。

3 歩いて逃げるのが原則

避難するときは徒歩が原則。エレベーターも使ってはいけません。ブロック塀や門柱、自動販売機など倒れやすいもの、看板などの落下物にも注意しましょう。

いざというときのために地震の備えをしよう

備え1 食料を備蓄しておく

水

人が1日に最低必要とする水は3ℓといわれています。いつも家にはペットボトル3本ぐらいの水は備蓄しておいて。水の代わりに、お茶や清涼飲料水でも◯。

レトルト食品

温めればすぐに食べられるので便利。シチューなど野菜の入っているものを。

缶詰

魚や野菜、乾パンなど、手軽に食べられるので便利。最近はパンの缶詰も。

乾燥した食べ物

クッキーやせんべい、ポテトチップスなど、日もちする乾燥したお菓子が最適。

これだけは備えておきたい防災グッズ

卓上用コンロ・ボンベ	阪神・淡路大震災では、これがなくて困ったという声が多かった。小さいものを用意しておくと、非常食を食べるのに便利。
携帯ラジオ	避難情報や食料の配布場所などをキャッチするのに必要。懐中電灯とラジオがセットになったものが便利。
懐中電灯	停電になることもあるので、暗いところでの避難には欠かせない。電池が切れていないか、ときどきチェックしておこう。
電池各種	ラジオも懐中電灯も、電池がないと意味がない。入れてあったものがすぐに切れた！ なんてことのないよう、予備も用意。
軍　手	地震後の作業で、手のケガを防止する。寒い季節には手袋代わりにもなり、なにかと便利。多めに用意しておこう。
ウェットティッシュ	避難中にケガをしたり、避難所でお風呂に入れないことも。傷口や汚れを拭いて清潔を保つのに、何袋かあれば重宝するはず。

備え2 家具が転倒しないようにする

阪神・淡路大震災では、家具の下敷きになった人が多数いました。大きな家具や棚は、転倒防止グッズを使って固定しておきましょう。また、家具のレイアウトも要注意。家具が寝る場所に向かって倒れたり、逃げ道をふさぐ可能性がある場合は、ぜひとも改善すべきです。重いもの、大きなものが高い位置にある場合は、床に近い場所に置き替えます。

備え3 食器棚の扉に鍵をつける

扉のついている食器棚なら、鍵をつけるなどの工夫を。また、オープンタイプの棚の場合は、食器を箱やかごに入れ、入れものごと棚にテープでとめます。

備え4 スチールシェルフの上段には重いものを置かない

扉のついていないスチールシェルフは、地震が起きると中身が滑り落ちてくることも。ベッドの近くに置かない、重いものは下に置く、箱やかごに入れて棚に収納するなどの工夫をしましょう。

備え5 玄関に背の高い家具は置かない

玄関やその近くに背の高い家具を置いておくと、揺れで倒れて、逃げ道がふさがれてしまいます。また、靴箱などの扉が揺れで開いて中身が飛び出し、逃げ道をふさぐこともあるので、固定しておいて。

備え6 ベランダの鉢が落ちない工夫をする

ベランダガーデニングをしている場合は、鉢が落ちて階下の人や通行人に被害を及ぼすことも考えられます。スノコなどを利用して、柵の間から鉢が落ちないようにする工夫が必要です。

備え7 建物内の非常口をチェック

フロアごとに消火器があるか、非常口が荷物などでふさがれていないか、老朽化した壁がないかをチェックしておきます。ひとつでも気になることがあるなら、遠慮せずに大家さんに相談しましょう。

備え8 避難場所と避難経路を確認

ひとり暮らしの人は、意外と地元に土地勘がないので、日ごろから避難場所と、そこまでの経路を確認しておきましょう。ただし、近道だからといって、災害時に狭い道を歩くのは危険！　ブロック塀や看板が落ちてくることもあります。

● Part 02

小さな火種が惨事のもとになる!

火事対策

万一火事が起こったときの逃げ方をチェック

1 逃げるときは必ずドアを閉める

万一自分の部屋で火事が起こり、火が天井までまわったら、自分で消すのはあきらめて、すみやかに避難しましょう。逃げるときはしっかりドアを閉め、空気を遮断して火事の進行を抑えること。できるだけ被害を少なくすることが大切です。

2 恐ろしいのは煙 はうようにして逃げて!

火事で死亡する原因の多くは、やけどではなく、煙を吸い込んだことによる呼吸困難。煙の中では、姿勢を低くし、鼻と口をぬれたハンカチやタオルで押さえて煙を吸い込まないようにして。また、階段を使って逃げるときは、下りは仰向け、上りはうつ伏せの状態で進みます。

自分が火事を起こさないためのトラブル回避ポイント

火事の原因は、たいていちょっとした気のゆるみです。寝タバコをする、暖房器具の近くに洗濯物を干す、火の近くに布小物を飾るなどの火事を起こしやすい生活習慣は、すぐに改善しましょう。

火事の原因に注意!

タバコ

タバコの火は700~800度の高温。消したつもりでも完全に消えていないことがあるので注意が必要です。灰皿には水を入れるのがベスト。灰皿に置きタバコはせず、こまめに吸い殻を捨てて。

コンロ

壁から離して設置し、まわりに燃えやすいものを置かないこと。揚げもの中は、少し離れるだけでも、必ず火を消して。

暖房器具

カーテンや家具、洗濯物やふとん類の近くに、暖房器具を置かないこと。電気タイプの小さなものでも、火事の原因になる可能性は充分あります。

コンセント

コンセントの差し込み口にホコリがたまり、湿気を含むと、通電してショートし、火花や煙が出ることがあります（トラッキング現象）。特に冷蔵庫やテレビのコンセントは、ふだん見えないところにある場合が多いので、要注意です。

コード

コードを束ねたままで使うと、熱の逃げ場がなくなり、高温になって危険です。また、コードの上に家具などをのせて圧迫すると、発熱し、火事の原因になります。

家のまわり

古雑誌や新聞、段ボールなどを、置く場所がないからといって、外に置きっぱなしにしてはいけません。外出中や就寝中に放火され、火事になる危険性も!

小さな火種を即消火するテクニックを覚えよう

消火器の使い方

基本的な消火器の使い方は、❶安全栓を引き抜く。❷ホースの先を持って火元に向ける。❸レバーを強く握る。

ただし「自分で消せるのは天井に燃え広がる前まで」と覚えておきましょう。

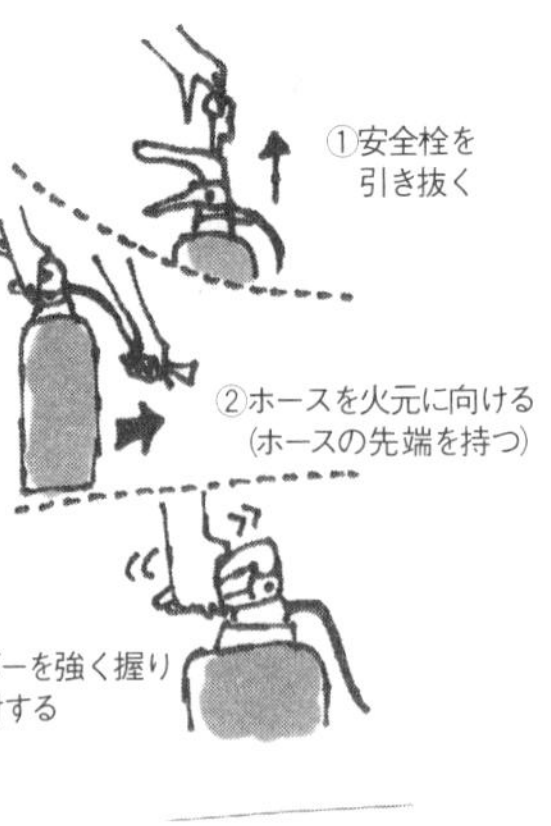

①安全栓を引き抜く
②ホースを火元に向ける(ホースの先端を持つ)
③レバーを強く握り放射する

初期消火のコツ

ふとんが燃えたとき

消えたように見えても、中で火種がくすぶっている場合が。やりすぎかなと思うくらい水をかけ、確実に消します。

電気製品が燃えたとき

水は電気を通すので、むやみに水をかけると感電してしまいます。まずはコンセントを抜き、可能ならブレーカーも落としたうえで、消火器を使ったり水をかけて、消火にあたりましょう。

油が燃えているとき

水をかけると、ますます火の勢いが増してしまうので絶対に避けます。まずは落ち着いてガスの元栓を閉め、ぬらしたタオルやシーツを鍋にかぶせて、酸素を遮断しましょう。

カーテンに燃え移ったとき

レールなどから引きちぎって、まずは天井から遠ざけて。その後、足で踏んだり、水をかけて消火します。自分の衣服に燃え移らないように注意すること！

衣服に火が移ったとき

水をかけてもいいですが、背中などの場合は、床にころげまわって消します。髪の毛は、タオルなどを頭からかぶって。ただし化繊のタオルは燃えやすいので×。

Part 03

毎年のことだから備えを万全に

風水害対策

風水害が起こる前に住環境をチェック

毎年日本列島を襲う台風は、ある程度予測できるぶん、つい甘くみてしまいがちです。しかし実は、その被害は甚大なもの。特に、古い住まいに住んでいる人や、水辺に住んでいる人は充分注意して。

チェックリスト

- □ ベランダのグリーンを室内に入れたか
- □ 建物の裏側に崩れそうな土砂はないか
- □ 建物のまわりの排水溝は掃除してあるか
- □ 建物が高台にある場合、地面に亀裂はないか
- □ 窓枠に水が入り込むすき間はないか

台風が発生したら こんなところに要注意！

「台風」とは、風力8、風速が17m／秒以上の低気圧のことをさします。これは、風に向かって歩けなくなったり、看板が飛んだりする状態です。風速30m／秒になると、屋根が飛んだり、住宅が崩壊することも。また台風には、土砂崩れなど二次災害の危険性もあります。

1 しっかり情報収集する

台風は予測が可能なので、まずは天気予報をしっかり聞きましょう。また、停電にそなえて携帯ラジオや懐中電灯を用意。部屋でじっと待機し、避難の指示が出たら、すぐに従えるようにしておいて。

2 ベランダをチェックする

鉢植えや物干竿が風で飛ばされると、自分はおろか、他人にケガを負わせてしまう危険があります。台風が近づいたら、必ず室内に入れておきましょう。ベランダガーデニングをしている人は特に注意。

3 窓対策をする

窓ガラスを破ってモノが飛び込んでくる可能性もあるので、雨戸やシャッターがあれば閉めておきましょう。ない場合は、テープを×に貼るか、厚めのカーテンをひいて。古い住まいでは、すき間から入る雨水を、テープやタオルで防御。

台風についての知識を身につけておこう！

「暴風域」とは？

前述のように、風力8、風速17m／秒以上の低気圧を「台風」といいます。このなかで、平均風速25m／秒以上の風が吹いている範囲が「暴風域」で、外に出るのは危険です。天気図では実線の円で示されます。

覚えておきたい 防災対策 5カ条

1 災害が起きたときの避難場所と避難経路を要確認
2 万一のときのために家具が倒れない工夫をしておく
3 自分が火事を起こさないようにいつも火元をチェック
4 初期消火の方法を覚えて難を最小限におさえよう
5 住環境のチェックと情報収集が被害を最小限にくい止める要

「1時間に○㎜の雨」とは？

ここでいう「㎜」は、雨水がどこにも流れないと想定した場合、どのくらいの深さに達するかを表す単位です。洗面器を外に置き、1時間後に水深を測れば、それが1時間の雨量。ちなみに「バケツをひっくり返したような雨」とは、1時間に30㎜以上の雨をさします。

「台風の目」って何時間で去るの？

「台風の目」とは、台風の中心のことで、ここに入ると、一時的に天候が回復します。大型の台風（半径５００～８００㎞）で、速度１００㎞／時だと、およそ5～8時間で去り、再び暴風がやってきます。台風の目に入ったら、買い物や家のまわりの補強などを手早くすませましょう。

05·04

水もれ、虫、防音——

住まいの「困った!」克服塾

How to solve the accident in your room ●●

トイレの水が止まらない! お風呂がカビた!
ゴキブリがでた! 鍵をなくした!
ひとり暮らしの小さな部屋なのに、毎日、次々と起こるハプニング——
これからは自分ひとりで解決できるように
住まいの修理の仕方から、大嫌いな虫を退治する方法まで
役立つ情報をたくさん集めてみました。

● Part 01

直せるものは自分で直そう

住まいの修理術

基本の修理道具を用意しよう

モンキーレンチ	幅が自由に変えられるので、さまざまな大きさのナットや六角ボルトなどを締めたり、取り外せる。
プラスドライバー	先が磁石になっているものだと、ネジをドライバーに固定できるので、より作業がしやすい。
マイナスドライバー	マイナスのネジを締めるのに使うのはもちろん、ふたをこじ開けるときなどにも重宝する。
ペンチ	針金を切ったり、釘を抜いたり、小さな作業に向いている。いろいろな大きさをそろえておくと便利。

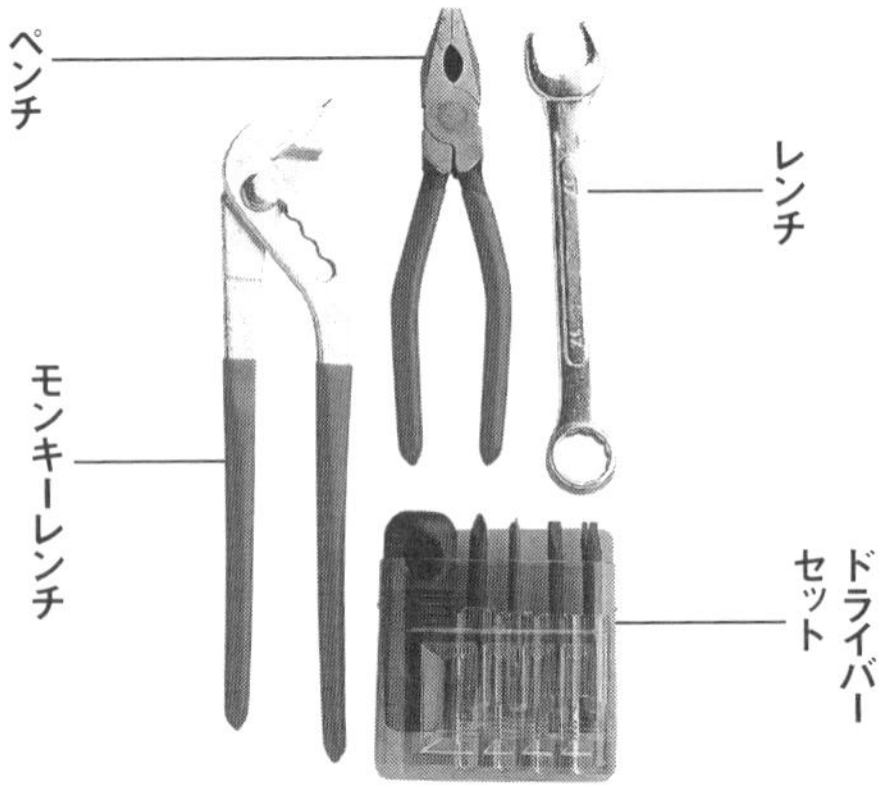

トイレの「困った！」解決法

まずはトイレの仕組みをマスター

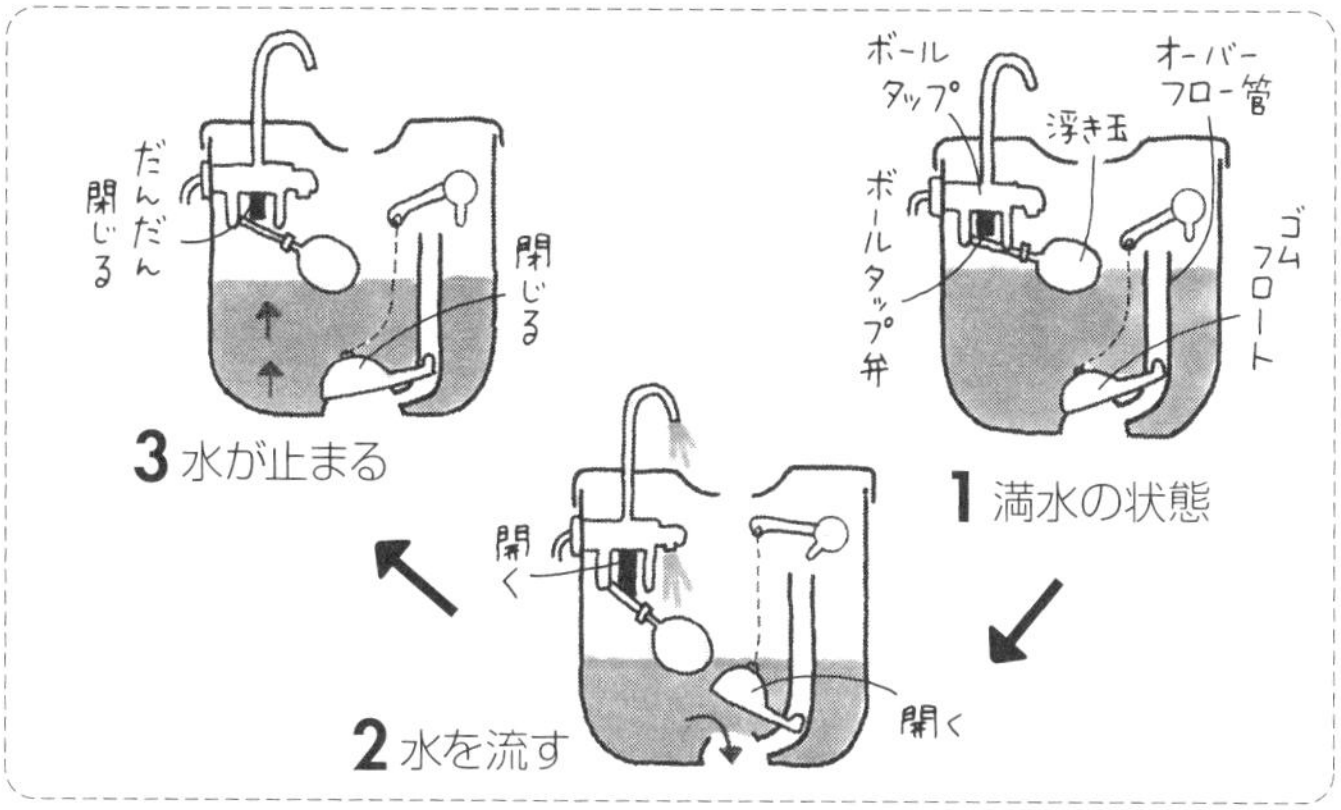

水洗トイレのタンクの仕組みは上図のとおり。水がいっぱいになると浮き玉の位置が上がって、ボールタップ弁が閉じ、水が止まります。逆に水が減ると、浮き玉が下がって弁が開き、水が流れます。そんな水洗トイレの仕組みから、トラブルの原因と修理法を探ってみましょう。

！トイレの水が止まらない！

原因

トイレタンクのふたを開けて、中の様子を確認しましょう。注目すべきは、第一にボールタップ弁、第二に水位、第三にゴムフロートの状態です。

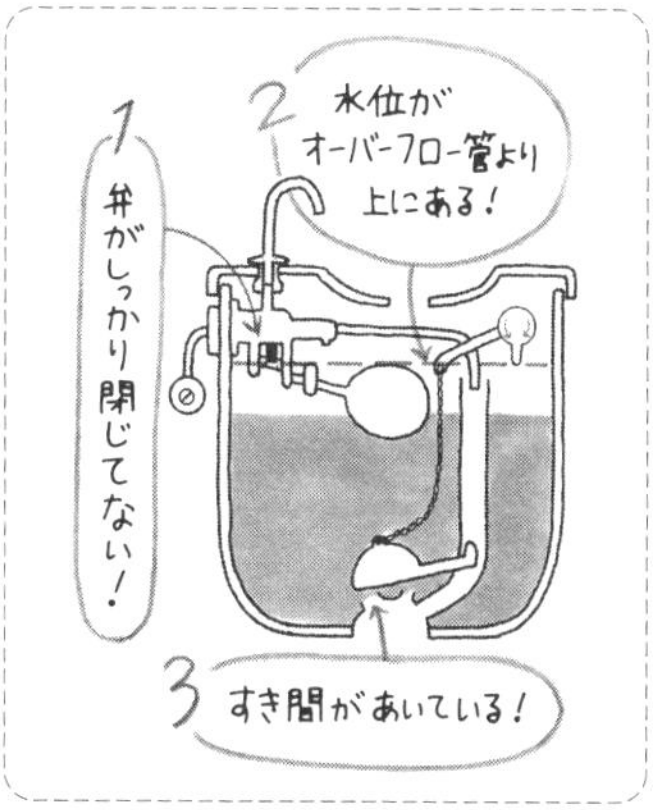

修理法

上図の1のように、ボールタップ弁がしっかり閉じていない場合、疑うべきは弁のサビ。弁のすき間のゴミ、サビつきを除去しましょう。2の場合は、浮き玉に水が入って浮かなくなった可能性があるので、浮き玉を交換します。3の場合は、ゴムフロートにゴミが挟まっていないか、位置がずれていないかをチェックしましょう。劣化していたら交換時期。大家さんに相談して、取り替えてもらって。

！トイレの水が流れない！

Case 1 タンク内の水が空

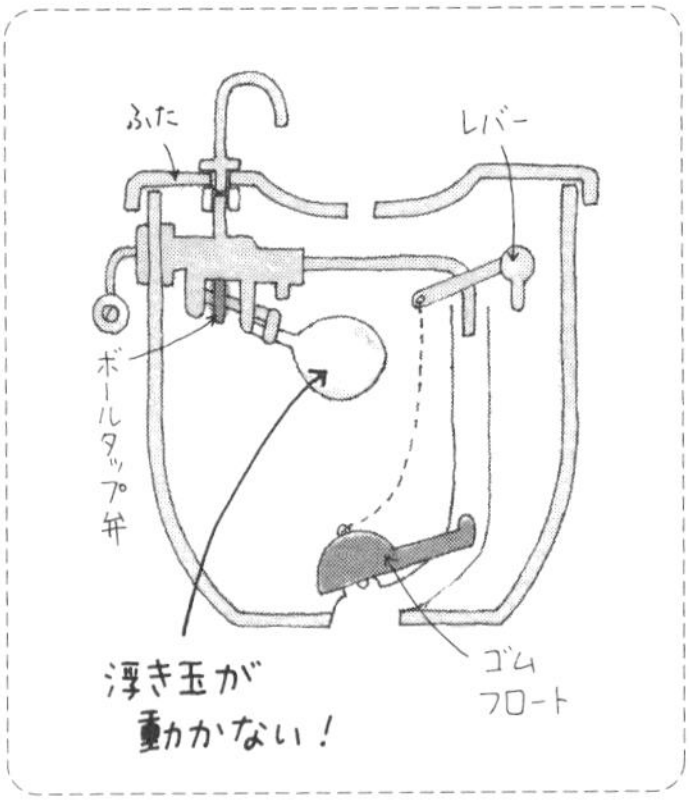

原因

タンクの仕組みとして、水位が下がると浮き玉も下がり、ボールタップ弁が開いて水が補給されるはず。浮き玉が下がらなくなって、水が止まっています。

修理法

浮き玉が鎖に引っかかっていないか、アーム部分がサビていないかをチェックしましょう。それでもダメなら、浮き玉自体が劣化しているので、交換します。

Case 2 便器内の水が空

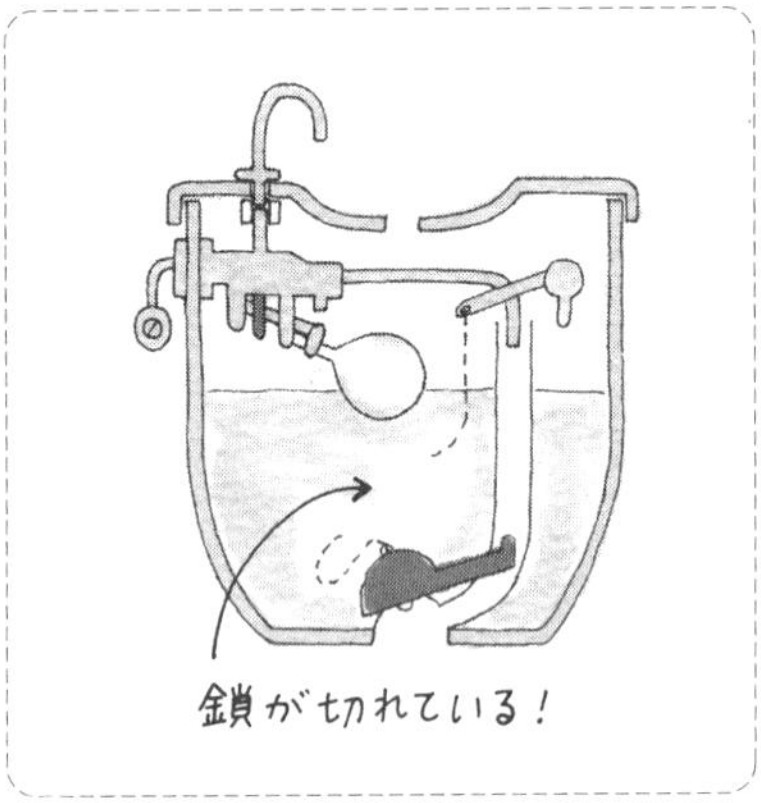

原因

通常、レバーをひねると、鎖に引っぱられてゴムフロートが上がり、タンクから便器へ水が流れ込むはず。鎖が切れているなどの原因で、水が止まっています。

修理法

応急処置としては、手近な針金やひもを使って、ちぎれた鎖を連結し、補修します。その後、新しい鎖を購入し、交換しましょう。

ドアノブの「困った！」解決法

！鍵が引っかかる

原因

おそらく、抜き差しをくり返したことにより、内部のピンの動きが悪くなったことが原因です。

解決策

鍵の専門店などに行き、錠前潤滑剤と呼ばれるものを買ってきましょう。鍵穴や鍵にスプレーしたあと、何度か抜き差しすればスムーズになります。

！ドアノブががたつく

原因

多くの場合、ドアへの取り付けのゆるみが原因です。

解決策

まず握り玉をはずし、さらに丸座をはずしてから、内部にある取り付けネジを、プラスドライバーで締め直します。その後、もとどおりに組み立てれば解消するはず。それでもダメなら専門業者に相談しましょう。

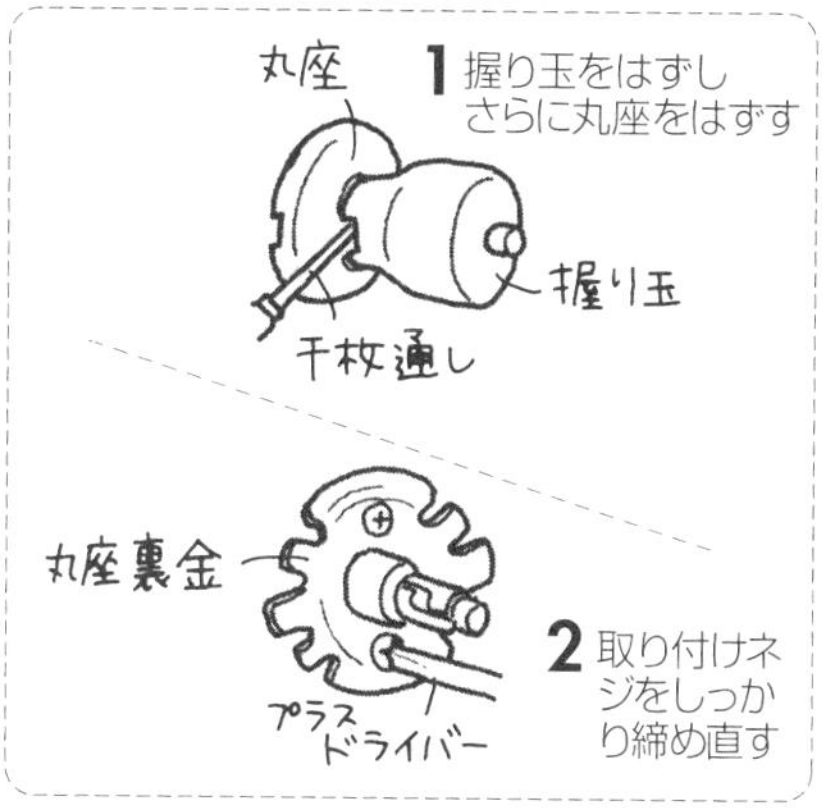

シャワーの「困った!」解決法

シャワーの仕組みをマスター

水の出が悪いなどのトラブルは、温度調節ハンドルによって微妙に湯温を調節する、旧式タイプによく起こります。ゴミを取り除く「ストレーナー」がついているのが特徴です。

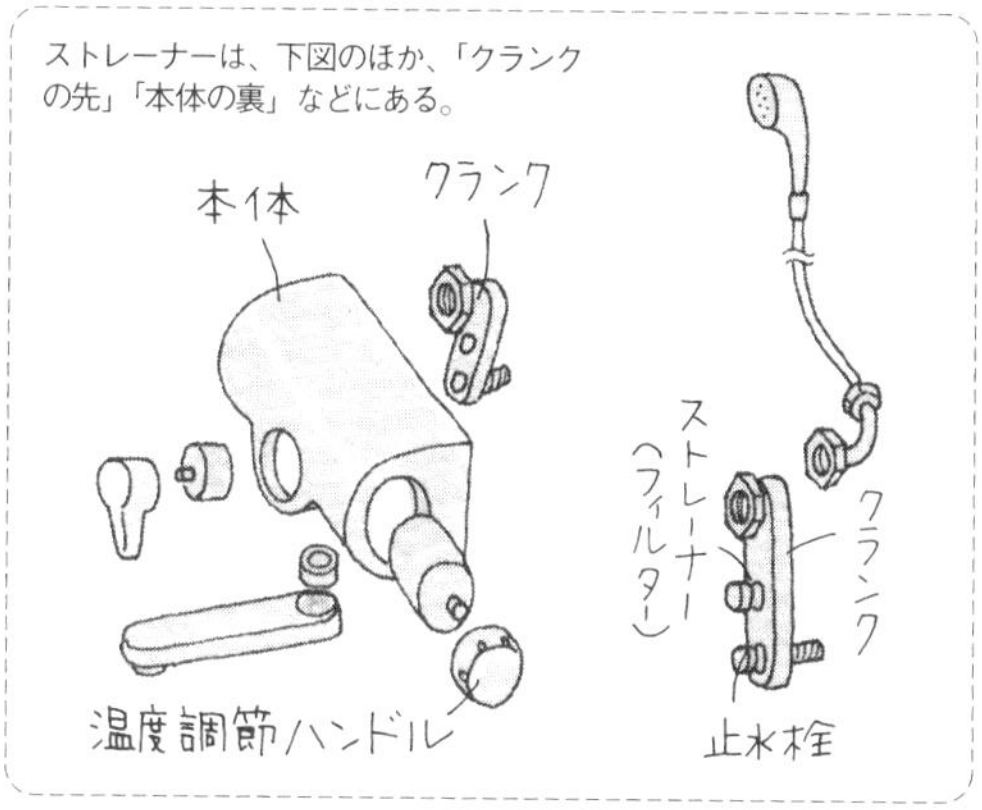

ストレーナーは、下図のほか、「クランクの先」「本体の裏」などにある。

! 湯温が不安定または水の出が悪い

原因

湯温が不安定なのは、湯側のストレーナー(フィルター)にゴミやサビが詰まり、水との混合がうまくいかないのが原因です。また、水に切り替えても勢いよく出ない場合は、水側のストレーナーにゴミやサビが詰まっているのが原因です。

修理法

まずストレーナーの位置を確認。湯側は、たいてい向かって左側のクランクにあります。止水栓を閉め、マイナスドライバーでストレーナーキャップをはずします。ストレーナーを取り出し、歯ブラシなどでサビやゴミを落とせばOK。それでもダメならプロに頼みましょう。

蛇口の「困った!」解決法

！蛇口から水がもれる！

Case 1 ハンドル近くの水もれ

原因

蛇口内部の三角パッキングが傷んでいるのが原因。

修理法　左図の手順で交換しましょう。

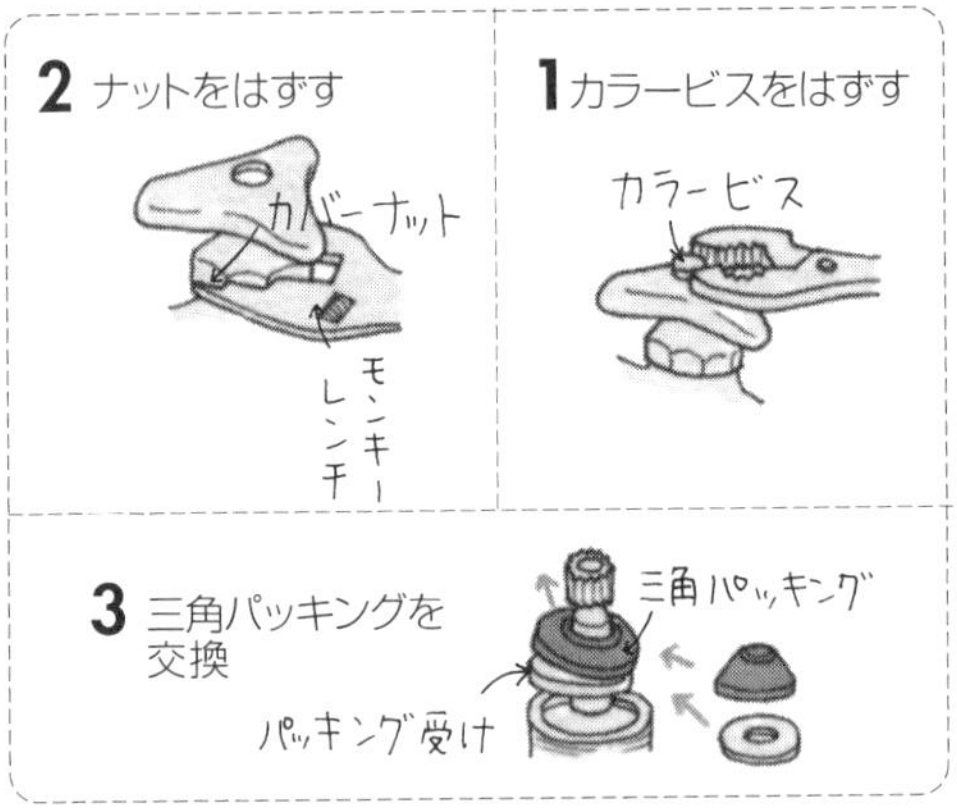

Case 2 吐水口の水もれ

原因

水を止める役目をするコマパッキングの磨耗や変形が原因と考えられます。

修理法

ホームセンターなどで、サイズ「呼び13」というコマパッキングを購入し、左図の手順で交換しましょう。作業する前に止水栓を閉めることを忘れずに。

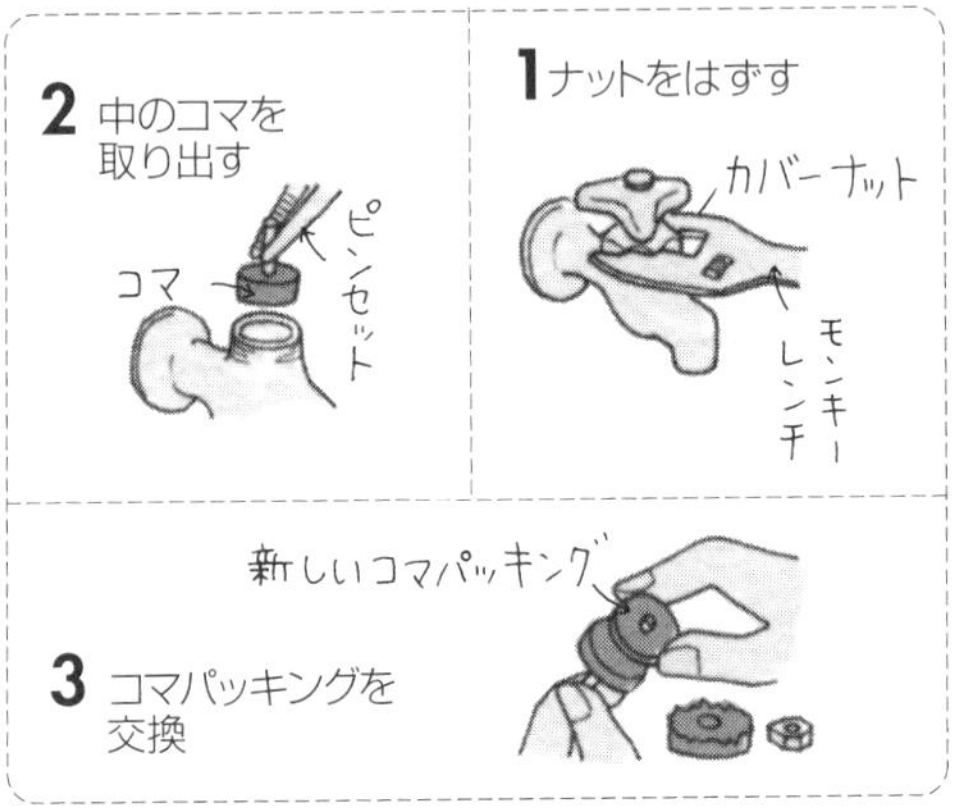

水もれは水道メーターでもチェックできる

水道メーターを見ると、水の使用量を表す小さなコマがあるはず。止水栓を閉めたのに、このコマが動いているなら、水もれしている証拠。

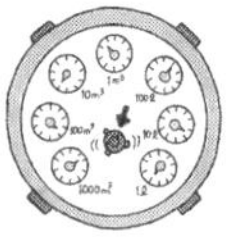

水道メーター

扉の「困った!」解決法

！戸が開きにくい！

原因と解決法

原因として多いのが、わたボコリと戸車の磨耗。わたボコリはピンセットなどで取り除き、最後にオイルを差して。戸車の場合は、取り外して交換すること。

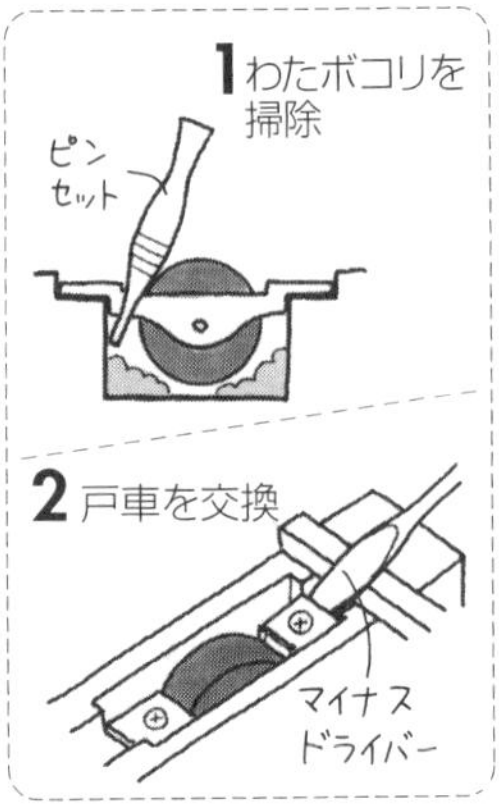

● Part 02

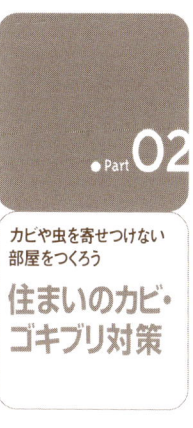

カビや虫を寄せつけない部屋をつくろう

住まいのカビ・ゴキブリ対策

カビ対策

カビの発育条件

カビの発育条件は、20～30℃で湿度70%以上の状態。部屋をこの状態におかないためには、定期的に家の両側の窓を開けて風を通すのはもちろん、結露をこまめに拭く、家具と壁との間に5cm以上のすき間をあけ、スノコを敷くなどの対策が必要です。また、汚れが栄養分になるので、きちんと掃除することも大切です。

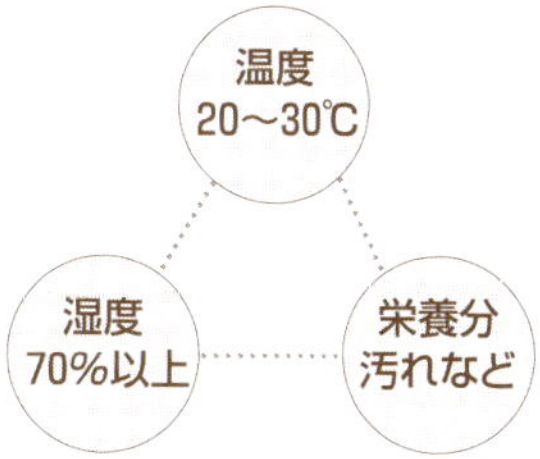

カビの発生しやすい場所

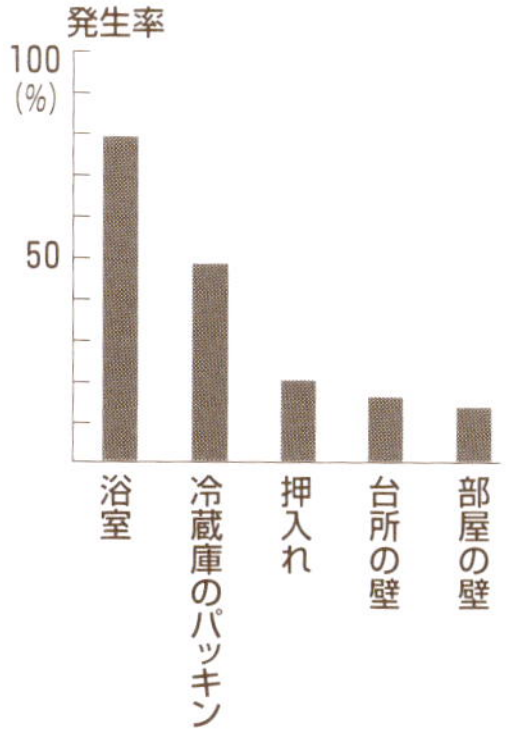

さっそくカビ対策を実行しよう

浴室のカビ対策

入浴後、お湯をすぐに抜く、換気扇をまわすなどして、湿気をとって。また、入浴後に壁や床にお湯をかけて、石けんカスを落としておきましょう。

押入れのカビ対策

押入れに湿気がたまらないようにするのが肝心。そのためには、スノコを敷いたり、ふとんの間に新聞紙を丸めて差し込んで、風の通り道をつくりましょう。要所要所に除湿剤を入れておくのも効果的。

台所のカビ対策

水蒸気や油、調理中に飛び散った汁や洗剤の飛沫、野菜クズなど、キッチンでは、あらゆるものがカビの栄養源です。換気扇を使用し、台所を使い終わったあとはきちんと拭き掃除をしましょう。

室内のカビ対策

床や畳にじゅうたんを敷くと湿気がたまりやすいので、間に防カビシートを敷くか、週に一度はじゅうたんをとって、畳に風をあてましょう。また、室内に洗濯物を干すと、湿度が10%も上がり、カビをふやす原因になります。できるだけ外に干しましょう。

靴箱のカビ対策

雨にぬれた靴、汗で湿った靴――。靴箱も湿気がたまりやすい場所です。ぬれた靴は完全に乾かしてからしまい、靴箱には除湿剤を置くこと。

窓の下のカビ対策

屋外と室内の温度差によって結露が発生し、しずくがガラスをつたって窓の下にたまるため、カビがはえやすくなります。空気がこもったらすぐに窓を開けて、室内の湿度をコントロールしましょう。

ゴキブリ対策

ゴキブリの特徴と弱点

〈生活場所・行動〉

ゴキブリが好むのは、暖かくて暗いところ。例えば冷蔵庫の裏や流し台と壁のすき間、暖房器具の裏などです。また、ゴキブリは一度巣を決めたら定住し、そこを中心に行動します。フンには「集合フェロモン」が含まれており、これに反応してさらに仲間が集まるので、1匹見つけたら徹底退治しないとどんどんふえます。昼間は休息し、夜に活動します。

〈生命力・増殖力〉

ゴキブリは飢えに強い生き物で、水さえあれば1カ月以上も生きていられます。さらに、餌や気温が安定している環境なら、3年も生きのびるのだとか。また、ゴキブリは1匹のメスから1回で30匹の子供が生まれます。単純計算すると、わずか1組のゴキブリが、1年間になんと33万匹まで増殖することに!

〈好物・嫌物・天敵〉

米ぬかや焼肉の汁など、人間の好むものをゴキブリも好みます。また実験から、脂肪やタンパク質よりもデンプンや糖分が好きということもわかってきました。逆に、嫌いなものは乾燥と低温。水分がないと死に、15℃以下では動きが鈍くなります。またゴキブリにはたくさんの天敵がいます。例えばクモのでる場所にはゴキブリはいないといわれています。

ゴキブリの習性を知ったところで徹底的に退治しよう!

対策1 入居前に殺虫剤をまく

引越し荷物を入れてから殺虫すると、家具の裏やクロゼットのすみが死角になるうえ、大事な食器や洋服などに殺虫剤がついてしまいます。入居前に部屋じゅうの窓を開け、殺虫剤をまきましょう。

対策2 手作りホウ酸団子をしかける

仲間の尿やフンを食べるというゴキブリの習性を利用したのが、ホウ酸団子という毒餌。毒餌を食べたゴキブリが巣に戻って排せつすると、それを食べた仲間も毒にやられる仕組みです。毒におかされたゴキブリは水を求めて外へ出るため、死骸が部屋に残る心配もありません。

〈ホウ酸団子の作り方と使い方〉

●用意するもの

ホウ酸１００ｇ、水大さじ1、小麦粉1/4カップ、砂糖大さじ1、タマネギ小1個、アルミカップ

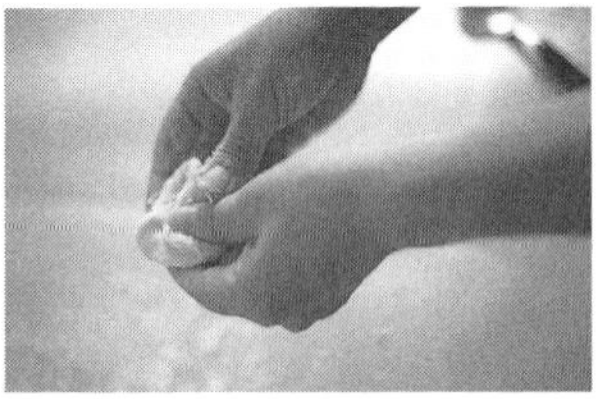

1 タマネギをすりおろし、ホウ酸、小麦粉、砂糖、水と混ぜ、耳たぶくらいのやわらかさになるまで練る。

2 1を丸め、直径2㎝程度の団子状にする。アルミカップに入れ、1週間乾燥させて、部屋の要所要所に置いておく。

対策3 乾燥させて清潔に保つ

生ゴミをためない、掃除機をこまめにかけるなどして部屋を清潔に保って。さらに、換気扇をまわしたりシンクの水滴を拭き取って、湿気を追放しましょう。ゴキブリのフンはほかのゴキブリの餌になるので、発見しだい処分します。

対策4 くん煙剤で物陰に潜むゴキブリを退治

夜間に動きまわり、昼間は巣に身を潜めているゴキブリ。一日のうち4分の3は物陰に潜んで暮らしています。この習性を利用して、すべてのゴキブリを退治できるのがくん煙剤。有効成分が部屋のすみずみまで行き渡り、ゴキブリを全滅させます。最近は手軽な霧タイプもあるので、外出前などに使ってみて。

対策5 洗剤で気を失わせる

バス用洗剤や、台所用強力洗剤、「カビキラー」などをゴキブリに向かってひと吹き。洗剤の成分で気を失うので、あとはホウキなどで室外へ掃き出します。

Part 03

自分が「迷惑な隣人」にならないために

住まいの防音術

対策1 ドアや窓のすき間をふさぐ

ドアや窓のちょっとしたすき間から、音は意外ともれるもの。防音を完璧にするには、ドアや窓のすき間を専用のテープなどでふさいでみましょう。かなりの効果が得られます。

対策2 カーテンをかける カーペットを敷く

意外に効果が高いのが、カーテンやカーペット。カーテンを目の詰まった厚手のものに替えたり、カーペットを敷いたり、壁にもカーペットを張ると効果的。

対策4 防振マットを活用する

冷蔵庫や洗濯機の振動を抑えるのに効果があるのが、防振マット。ゴムが振動を吸収し、振動が床に伝わるのを防ぐので、階下の人への防音になります。音の気になる家電の脚にはめ込むタイプのものや、いくつかマットを組み合わせて使うタイプなど、いろいろ市販されているので、目的に応じて選びましょう。

対策5 ヘッドフォンで音楽を聴く

究極の策がヘッドフォン。テレビを見るのも、音楽を聴くのも、楽器を弾くにも、徹底してヘッドフォンを使う方法です。最近はコードレスのヘッドフォンもあり、便利です。ただし、耳のためにも、あまり音を大きくしすぎないこと。

Part 04

日々のトラブルは
まだまだいっぱい！

さまざまな住まいの「困った」一挙解決

！鍵をなくした！

時刻が深夜なら、専門の業者に頼むしかありません。ただし、免許証や保険証など身分と住所を証明するものや、業者によっては、その人がその部屋の住人であると証明する、第三者の立ち会いが必要な場合も。また、鍵の型番がわからないと業者も手こずるので、手帳に控えておいて。費用は1万～2万円です。

鍵をなくさないための心得

❶鍵を手帳や財布に入れておくのはタブー。万一なくしてもまず出てこないばかりか、悪用されることもあります。

❷ポケットなどにそのまま入れないこと。なにかを取り出すときに、一緒に落として自然消滅、という結果に――。

❸カバンの中などに鍵の指定席をつくること。業者に開けてもらった直後に出てきた、なんてよくある話です。

❹近所に友達が住んでいれば、スペアキーを持ち合うという方法もあります。

！停電した！

懐中電灯やキャンドルは常備しておきたいもの。また、停電でパソコン画面が消えた！　なんてことにならないように、USPという蓄電池を装備しておく手も。電源が切れたときにも、自動的に切り換わるので、データの保存ができます。

！自分の出す煙やニオイは…

焼き魚やタバコなどの煙やニオイは、隣人に不快感を与えることもあるので、配慮が必要です。最近は、消臭スプレーや、炭素材のニオイ消しなど、悪臭対策の商品も充実しているので、活用して。特にペットを飼っている人は要注意です。

住まいのトラブル110番

■住まいの修理

クラシアン　0120-233-244
トイレやお風呂の水まわりのトラブルや、キッチンの排水のトラブルなど、住まいの修理の専門業者。

■鍵の修理

カギの救急車　http://www.kagi1109948.com/
鍵のつけ替えから、深夜に鍵をなくしたときの鍵開けまで、鍵のトラブル全般に対応してくれる。近くの店舗はホームページで。

覚えておきたい 住まいのトラブル解決術 5カ条

1 ドライバー、ペンチなど基本の修理道具を準備する
2 水まわりの仕組みを知って直せるものは自分で直す
3 清潔に暮らすことがカビ・ゴキブリとの遭遇を防ぐ
4 防音策は万全に「迷惑な隣人」にならないように
5 鍵の指定席を決めて紛失を防ごう

05・05

もう、ひとりで悩まないで

ひとり暮らしの寂しさ解消ノート

Don't worry about your loneliness

自由気ままに暮らせるのがひとり暮らしの醍醐味ですが、
いっぽうで、家に帰っても誰もいない寂しさを感じるのも、また事実。
ひとり暮らしは「楽しい」と「寂しい」が背中合わせになっています。
そんな毎日の元気のもとになるようにと、こんなページをつくりました。
ひとり時間を楽しむコツから、
本当に落ち込んでしまったときの対処法まで、
人にはなかなか聞けない疑問も、一緒に解決していきましょう。

先輩に聞く!

「私が本当に寂しい時」

ひとりでごはんを食べる時

「テレビを見ながら、ひとりで食べる夕飯」が寂しいという声が多数寄せられました。食べた記憶すらないのに、気づくとご飯がない……というような例も。

「ただいま」と言ってもシーンとしている時

真っ暗な玄関と静まり返った部屋は、寂しさの象徴。「部屋に帰ると即、テレビをつけずにはいられない」という人も。

メールが1通も来なかった時

パソコンや携帯のメールは、今や「友達とのつながり」を確認するための最重要ツールのよう。「受信が『0件』と表示されると、悲しくなる」という声も多数。

病気になった時

病気になると、「寂しさ」に加えて「不安」もかなりのウエイトを占めるよう。「誰かに『大丈夫?』と言ってもらいたい」という切実な意見が目立ちました。

買ってきたコンビニ弁当をひとりで食べてる時

コンビニ弁当をわびしさの代名詞としてとらえている人も多数。「実家が恋しくなる」傾向が強いみたい。

ひとりでバラエティ番組を見ている時

テレビの中が明るければ明るいほど、よけいに寂しさが募るらしく、「自分の笑い声が響くと空しい」という意見が。

「痛っ」とか「あれ?」とかどうでもいいことを聞いてくれる人がいない時

離れてみてわかるのが、家族の存在のあたたかさ。「足の小指をぶつけても、誰も慰めてくれない……」という嘆きも。

変に頑張って節約しすぎてる時

節約が大事とはいえ、そればかり考えていると、急に空しくなるみたい。

電話を切った時

寂しくて電話をすることが多いだけに、切ったときの寂しさはひとしおのよう。

Step 01

気分の晴れない日が
続くなら

自分の心の状態をチェック!

はじめは小さな悩みでも放っておくと大変

　仕事や恋愛など、日ごろの悩みのために、気分が沈んだり、うつうつとしてしまうことは誰にでもあります。これは、心の病気のなかでも軽い段階の症状。いわば「心がちょっと風邪をひいている」状態です。しかし、悩みを抱えたまま放っておくと、普通の風邪が悪化するのと同様に、仕事や日常生活に支障をきたしたり、胃潰瘍や食欲不振などの体の病気にもつながってしまいます。そうならないためには、日ごろから意図的に休養をとって、心のストレスを取り除くことが大切。自分と向き合って、心が疲れていないかどうかを早めに把握しましょう。

みんなどんなことで悩んでいるの?

現在悩んでいるのはどんなことですか?

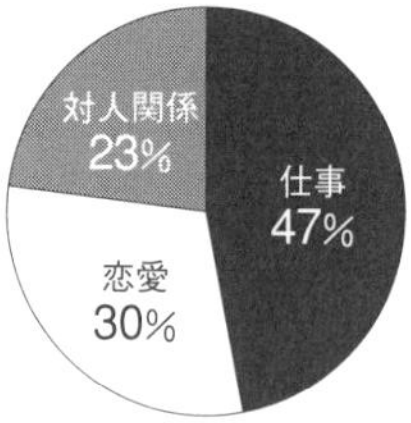

一日に費やす時間の長さに比例して、仕事関係の悩みがトップに。ひとり暮らしだと、帰っても気を紛らわせてくれる家族がいないためか、上手に気分転換ができない人も多いよう。恋愛や友達関係の悩みも、ひとりだと特に長びいてしまうのかも。

仕事編　仕事上の悩みの種はなんですか?

1位　上司とそりが合わない

2位　同僚との人間関係

3位　仕事の失敗や今後の不安

1位の「上司との関係」では、女性の場合は、上記以外に「セクハラ」もあがった。同僚との関係では「陰湿ないじめを受けて孤立した」「性格の合わない人とチームを組まされて、毎日イライラする」など、気の合う人だけの集まりではない、会社ならではの回答も目立った。また、人間関係ではなく、仕事で失敗して自分自身を責めたり、会社や自分の先行きに不安を感じる声も目立った。

恋愛編　恋愛で悩んでいる原因はなんですか?

1位　失恋

2位　恋人の浮気

3位　恋人がいない

「失恋の痛手で恋愛恐怖症になった」「別れた人のことが忘れられず、半年以上もヘコんでいる」など、失恋による悩みは深刻なよう。また恋人の浮気についても「嫉妬で不眠症になった」「裏切られたショックでノイローゼになった」などの例が。家でひとりで泣いていると、なかなか立ち直れないのかも。恋人いない歴が長いと、「このまま結婚できないのでは、と不安になる」との声も多かった。

対人関係編　対人関係での悩みはどんなことですか?

1位　友達がつくれない

2位　他人とうまく話せない

3位　集団の中にいるのが怖い

「自分は魅力的な人間じゃないから、相手も自分がいないほうが楽しいのでは、と思ってしまう」「他人の前に出ると顔がほてってくる」「人づき合いがわずらわしいと思ってしまい、友達ができない」など、さまざまな悩みがあるよう。ひとり暮らしでは、家で「大丈夫だよ」と励ましてくれる人がいないため、相談相手が見つけられないまま、悩みがより深刻化しているケースも見られた。

まずはあなたのストレス度をテストしてみよう！

以下の項目について、自分に当てはまるものをチェックしてください。YESを１点として30点満点で計算し、その合計点数によってあなたの現在のストレス度を調べます。ストレス度がわかったら、次ページからの対処法を参考にしてみて！

（出典：河野友信著『専門医がやさしく教える心のストレス病』（PHP研究所刊）より作成）

1	頭がスッキリしていない（頭が重い）	YES/NO
2	目が疲れる（以前に比べると目が疲れることが多い）	YES/NO
3	ときどき鼻づまりすることがある（鼻の具合がおかしいことがある）	YES/NO
4	目まいを感じることがある（以前はまったくなかった）	YES/NO
5	ときどき立ちくらみしそうになる（一瞬、クラクラッとすることがある）	YES/NO
6	耳鳴りがすることがある（以前はなかった）	YES/NO
7	しばしば口内炎ができる（以前に比べてできやすくなった）	YES/NO
8	のどが痛くなることが多い（のどがヒリヒリすることがある）	YES/NO
9	舌が白くなっていることが多い（以前は正常だった）	YES/NO
10	今まで好きだったものをそれほど食べたいと思わなくなった（食べ物の好みが変わってきている）	YES/NO
11	食べ物が胃にもたれるような気がする（なんとなく胃の具合がおかしい）	YES/NO
12	腹が張ったり、痛んだりする（下痢と便秘を交互にくり返したりする）	YES/NO
13	肩がこる（頭も重い）	YES/NO
14	背中や腰が痛くなることがある（以前はあまりなかった）	YES/NO
15	なかなか疲れがとれない（以前に比べると疲れがたまりやすくなった）	YES/NO
16	このごろ体重が減った（食欲がなくなる場合もある）	YES/NO
17	なにかするとすぐ疲れる（以前に比べると疲れやすくなった）	YES/NO
18	朝、気持ちよく起きられないことがある（前日の疲れが残っているような気がする）	YES/NO
19	仕事に対してやる気が出ない（集中力もなくなってきた）	YES/NO
20	寝つきが悪い（なかなか眠れない）	YES/NO
21	夢を見ることが多い（以前はそうでもなかった）	YES/NO
22	夜中の１時、２時ごろ目が覚めてしまう（そのあと寝つけないことが多い）	YES/NO
23	急に息苦しくなることがある（空気が足りないような感じがする）	YES/NO
24	ときどき動悸がすることがある（以前はなかった）	YES/NO
25	胸が痛くなることがある（胸がギュッと締めつけられるような感じがする）	YES/NO
26	よく風邪をひく（しかも治りにくい）	YES/NO
27	ちょっとしたことでも腹が立つ（イライラすることが多い）	YES/NO
28	手足が冷たいことが多い（以前はあまりなかった）	YES/NO
29	手のひらやわきの下に汗が出ることが多い（汗をかきやすくなった）	YES/NO
30	人と会うのがおっくうになっている（以前はそうでもなかった）	YES/NO

テスト結果

0～5…**ストレスフリー** → P.194へ	11～20…**中等度のストレス**（要相談） → P.199へ
6～10…**軽度のストレス**（要休養） → P.198へ	21～30…**重度のストレス**（要受診） → P.200へ

Step 02

ストレスフリーのあなたは

ひとり時間を楽しんで寂しさ解消

バスタイムを楽しむ

バスタイムが与える効果

入浴は、筋肉や関節のコリをほぐしてくれるほか、新陳代謝を促すので美容にも◎。ひとり暮らしなら好きなだけ入っていられるから、効果も倍増です。

おススメの入り方と温度

リラックスするためには、お湯の温度は低め(38〜40℃)に設定し、ゆっくりとつかること。また、みぞおちから下だけをお湯につける半身浴もおススメです。

肌にやさしい体の洗い方

スポンジに石けんやボディシャンプーをとり、細かい泡を立ててなでるように洗って。ごしごし洗うのはNGです。

さらにリラックスするプラス1

アロマ風呂

エッセンシャルオイルをほんの1〜2滴、浴槽に垂らしてみて。狭いバスルームにほどよく香りが広がり、アロマテラピーの効果を実感できます。好きな香りを嗅ぐと、自然と呼吸が深くなり、リラックスできます。

牛乳風呂・酒風呂

1人用の浴槽に、牛乳なら大さじ4〜5杯、お酒ならカップ1杯を入れるのが適量。タンパク質や糖分が、保湿効果を高めてくれます。

気分別おすすめオイル	
リラックスしたいとき	ラベンダー サンダルウッド(白檀) ネロリ ローズ ジャスミン
ぐっすり眠りたいとき	ラベンダー カモミール ローズウッド
落ち込んだ気分を明るくしたいとき	ローズマリー レモン ペパーミント

フットバスのススメ

フットバスの方法

足だけをお湯につけるのがフットバス。足首から下をつける方法と、ふくらはぎまでつける方法があります。容器は手持ちの洗面器やバケツなどで充分ですが、最近は、さまざまな機能のついた、専用のフットバス器も市販されています。

フットバスの効果

足を温めることによって血行をよくし、血液中の老廃物や疲労物質(乳酸)をすみやかに体外に排出する効果があります。これにより、足のむくみや冷えなどが解消。お湯にエッセンシャルオイルを垂らせば、さらに効果が得られるでしょう。

手軽にできる おススメのフットバス法

キッチンでバケツにお湯をくみ、部屋に運びます。足の汚れを除去したいならタイムやミント、保湿したいならミルクの入った入浴剤を入れ、椅子かベッドに腰かけて、10〜15分足をつけます。

ストレッチを楽しむ

ストレッチが与える効果

筋肉がこわばっていると、全身の疲労やだるさにつながります。ストレッチで筋肉や関節をほぐして、とどこおった血液の循環をよくし、筋肉に充分な酸素を供給することで、疲れやだるさがとれます。特に、お風呂あがりにすると血行がよくなり、効果的です。

全身

腕を耳につける感じで両手を頭上で組み、全身を思いきり伸ばす。このとき背中が反り返らないように注意。

肩まわり

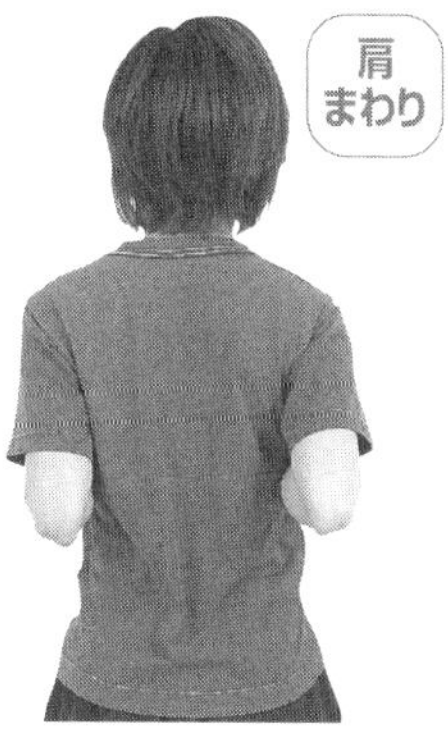

背筋を伸ばし、ひじを軽く曲げ、左右の肩甲骨を背中の中央に引き寄せる感じで、ゆっくり動かす。

自宅でストレッチするときのポイント

ストレッチをするときは、鼻からゆっくり息を吸って、口からゆっくり吐く呼吸法が基本です。伸びている筋肉を意識しながら、呼吸を止めずに10〜20秒、そのままの状態を維持しましょう。1日5〜10分でいいので、無理せず、毎日継続することを心がけて。寝る前の時間を利用して、疲れをとっておきましょう。

背中と太もも

❶写真のように座り、片手を後頭部に、もう片手を膝の上に。上体をゆっくり真横に倒し、脇腹を伸ばす。

❷伸ばした足のほうに上体を前屈し、背中と太ももを伸ばす。あまり無理をしない程度に。

❸いろいろな方向に前屈し、背中と太ももをくまなく伸ばす。

音楽を楽しむ

音楽が与える効果

音楽には人の心を高揚させたり、鎮静させる効果があります。波の音や鳥のさえずりなどを集めたヒーリング系のCDをかけながら、ゆっくりくつろいで。

気分に合わせた選曲が大切

「元気が出ないからノリのいい曲をかけよう」というのは、実は間違い。ストレスを発散してリラックスするには、そのときの気分と同質の曲を選ぶのが正解。例えば悲しいときには泣ける曲、イライラしているときには激しい曲など、自分の気持ちを曲に代弁してもらうと効果的です。

音楽配信サイトで音楽を買う

気分別に音楽を用意するには、インターネットの音楽配信が便利です。いつでも新曲を購入でき、CDの収納にも困りません。試聴もできるので、好きな曲を選んで買えるのも魅力です。多くのサイトがあるので、検索してみましょう。

グリーンを楽しむ

グリーンが与える効果

部屋に植物があるというのは、それだけでかなりホッとするもの。水をやったり枯れ葉を掃除したりと、手をかけて世話をすることで、気分転換になります。

自分に合ったグリーンを見つけよう

●初心者の人に

ポトス　乾燥に強く、根が丈夫なので、ほとんどなにもしなくても、健康に育つ。春と秋は直射日光に当て、夏は半日陰、冬はガラス越しの光線を当てる。

●留守がちな人に

ゴムの木　多少の環境の悪さにも耐えられる丈夫な植物。水やりが2～3日できなくても、ツヤツヤとした葉をつけ、丈夫に育つ。土が乾いてきたら水をやって。

●部屋に土を置きたくない人に

水草　容器に水を張って浮かべるだけで、手軽にグリーンが楽しめる。水温を上げないように直射日光を避け、水が汚れてきたら、半分程度取り替える。

グリーンの基礎知識

グリーンの置き場所

どこに置くのがいいかは植物によりますが、大半の植物は、適度に明るい半日陰を好みます。窓から2mくらい離れた、明るい場所に置きましょう。また大部分の植物は、寒さや乾燥にあまり強くありません。エアコンなどの風が直接当たるところは避け、冬は暖房のある暖かい部屋に置きましょう。

水やりのコツ

春から秋までは、植物の生長期なので、水をたくさん与えましょう。逆に秋から冬は、水やりの回数を減らし、乾燥に耐えられるように慣らすことが大切。基本的には、土が乾いてきたら、底穴から水が流れ出るまで、たっぷりと与えて。

留守中の水やり

小さめの植物なら、洗面器に水を張って、その中に鉢ごとつけておけば、半月程度の外出は大丈夫。また、自動的に水をやってくれる便利グッズもあります。

お茶やお酒を楽しむ

ドリンクが与える効果

眠れない夜にホットミルクを飲むと落ち着くように、ドリンク類には独特のヒーリング効果があります。お気に入りのレシピを疲れた夜のお供にしましょう。

お茶・コーヒーのおすすめレシピ

ホイップ・オン・ココア

ココアを冷たい牛乳で溶く。砂糖を加え、中火にかける。器に注ぎ、生クリームを固めにホイップしてのせ、ココアをふる。

ベトナムコーヒー

カップに練乳を入れる。専用のフィルターをのせ、ひいた豆を入れる。お湯を少し注いで蒸らし、そのあと一気にお湯を注ぐ。

アップルシナモンミルクティー

牛乳と水を2：1の割合で鍋に入れ、アップルティーの茶葉小さじ$1\frac{1}{2}$を加え、温める。沸騰する直前に火を止め、茶こしでこす。ホイップクリームをのせ、好みで砂糖を加え、シナモンをふる。

お酒のおすすめレシピ

カクテルワイン

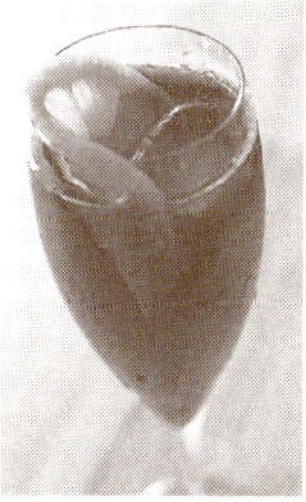

氷の入ったグラスに、冷蔵庫で冷やしておいたトニックウォーターと赤ワインを、1：2の割合で注ぐだけ。あればレモンの輪切りを添えるとよい。

シャンディガフ

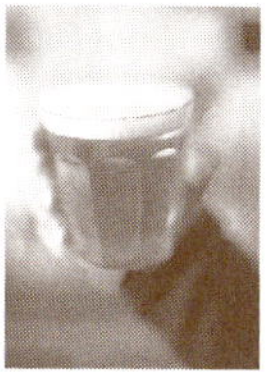

ビールとジンジャーエールの割合が1：1になるように、グラスに注げば完成。また、ジンジャーエールの代わりにトマトジュースを入れれば「レッドアイ」というカクテルにもなる。どちらも簡単だから試してみて！

ホットウィスキー

材料

ウィスキー…45㎖
角砂糖…1個
（または砂糖大さじ1）
熱湯…適量
オレンジ果汁…25㎖
シナモンスティック…1本

グラスに角砂糖を入れ、少量の熱湯で溶かす。ウィスキーとオレンジ果汁を注ぎ、熱湯を好みの分量加える。シナモンスティックでかき回して、香りをつければ完成。

ペットとの生活を楽しむ

ペットが与える効果

鳴いたりじゃれたりと反応があるので、かけがえのないパートナーとして、あなたを癒してくれるはず。ただし近所迷惑にならないよう、ルールを守って飼って。

ペット可の物件を探そう

ペット不可の部屋で、内緒で飼うのはやはりルール違反。ペット可の物件に強い不動産会社を、http://www.advance-real.co.jpなどで検索して、ペット可の物件を探しましょう。また、ペットとの暮らしを前提に建てられたペット共生型マンションにも注目。壁の厚さやペット用トイレなど、充実した設備が魅力です。

部屋を留守にするとき

最近はペットホテルや、ペットと泊まれるホテルもあるので、長く部屋を留守にするときは利用しても。留守中に寂しがって鳴く犬の場合は、甘えグセをつけないなどのしつけが必要です。

ペットにかかる費用を考慮して飼おう

例えば犬・猫の場合は、まず、小屋、トイレ、消臭剤、餌入れ、首輪などで4万～5万円くらい。そのほか、餌やトイレの砂代で毎月1万円程度はかかります。

ひとり暮らしに向いているペット

テグー

鳴くこともなく、人によくなつくので飼いやすい。夜行性。約￥7000

ハムスター

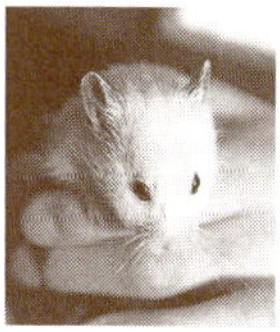

暑さと湿気に弱いので注意。写真はゴールデンハムスター。約￥4000

ミニウサギ

ネザーランドドワーフラビット。しつけもできる。約￥30000

カメ

水が必要なので、ニオイが少しある。鳴くことも、部屋を汚すこともなく、留守番上手。

●Step 03

軽度ストレスのあなたは

上手にストレスを発散させよう

生活のリズムを正そう

ストレス予防には早起きが最適

夜更かしや深夜残業などで生活のリズムが崩れると、ストレスに対抗する自律神経の働きが乱れ、心身に不調が生じます。それを予防するには、早寝早起きが効果的。早朝は、ストレスに勝つための副腎皮質ホルモンが多く分泌される時間帯なので、ストレスが和らぎやすいのです。朝のテレビ番組を見る、朝食を作るなど、早く起きる生活習慣に変えて。

夜型の生活を朝型に変えるには

ゴールデンウィークなどの連休を利用して、就寝時間を一日数時間ずつずらしていくとよいでしょう。例えばいつも午前3時に寝る人は、1日目は午前6時に寝て、翌日は午前9時に……と、眠る時間を遅らせていくのです。数日後に目標の就寝時間になったら、翌日からその時間を守ります。

気分転換の方法を見つけよう

仕事や勉強中、人は左脳で物事を考えています。だから、左脳を休めて右脳を使えば、気分転換になります。

こんなことが気分転換になる

音楽

お気に入りの音楽を聴いたり、楽器を演奏したりという行動が◯。ただし楽器を始めたばかりで、考えながら演奏してしまう場合は、気分転換できません。

スポーツ

自分の得意な競技のほかにも、散歩やジョギングをしたり、ストレッチ体操をするなどの運動で気分転換に。ただし試合などで頭を使ってしまうと逆効果です。

家事

掃除や洗濯、作り慣れた料理を作ることは、なにも考えずに没頭できるので、左脳を休ませる効果があります。逆に、テクニックが必要だったり苦手な家事は、ストレスの原因になってしまいます。

アート

気分にまかせて写真を撮ったり、雑貨を手作りしたり、部屋の模様がえをすることも、右脳を使うことになります。仕事から帰って模様がえをするのは、気分転換として最適といえるでしょう。

P.194～197のひとり時間の楽しみ方も参考にして！

Step 04

中等度ストレスのあなたは

カウンセラーに相談してみよう

中等度のストレスのある人は、カウンセラーに相談してみるとよいでしょう。

カウンセリングでは、解決策が提案されるわけでも、薬が出されるわけでもありません。ただ、相談者が自覚していない心の問題に気づかせたり、自分で克服できるようにする「手助け」が行われます。話を聞いて整理してもらうことで、相談者が自分で解決策を発見していくのです。

カウンセリングではどんな悩みでも聞いてくれる

カウンセラーに寄せられる相談内容は、拒食・過食症や、外出時にパニックに陥るパニック障害、体臭や口臭が気になって外出できなくなる自己臭症などの心の病はもちろん、対人関係、仕事や恋愛の悩みなど、さまざま。つまり悩みの大小にかかわらず、どんなことでも相談にのり、話を聞いてくれるのです。「こんなことくらいで相談するのは、おかしいかな……」と思わず、気軽にカウンセリングルームのドアをたたいてみましょう。

カウンセラーと医師の違い

精神科の医師は、医学的な診断や治療、薬の処方はできますが、患者一人ひとりに充分時間をかけた心のフォローができないことも。いっぽうカウンセラーは、具体的な治療はできませんが、じっくり時間をかけて話を聞き、相談者の心のフォローをします。

頼れるカウンセラーの見分け方

心の病には、カウンセリングだけで解決するケースもあれば、カウンセリング以外に、治療や薬が必要なケースもあります。つまりどんなケースにも対応できるように医療機関と提携しているかどうかが、見極めるポイントです。

基本的なカウンセリングの流れ

電話で簡単に、どんなことを相談したいのか、どのくらい悩みが続いているのかを伝え、面談の予約をする。

←

悩みの原因が自分でもわからない場合
いくつかの心理テストを行い、自覚していない性格や、心の問題を見つける。

具体的な悩みがある場合
具体的な悩みの内容、悩み始めた時期、現在の生活、身体状況、家族構成などについて話す。

←

さまざまな話をしながら、「どうすれば解決できるか」について、カウンセラーと話を進めながら一緒に考えていく。

←

心の病だと診断された場合
精神科や心療内科と連携して、医学的な治療や薬の処方などを行う。

カウンセリングで解決する場合
1～2週間に一度、約1時間のカウンセリングを問題解決まで続ける。

Step 05

重度ストレスのあなたは

病院の門を気軽にたたいてみよう

「心の病」の初期症状とは？

心の病の多くは不眠から始まり、その後、特徴的な症状が現れてきます。誰でもかかりうる「心の病」として代表的なものは、心身症と神経症です。前者は心の問題が原因で起こる体の病気。例えば心身症の胃潰瘍などがそうで、潰瘍を治すだけでなく心理療法も必要になります。また後者は、心理的ストレスが原因で起こる心の病気です。代表的なものにうつ病があり、気分が落ち込んだり、自分を責めるようになるのが特徴。不安感や、くよくよ悲観的に考えるなどの気分低下が長く続いたあと、注意力や集中力の低下、対人関係を避けるなど、意欲が低下していきます。

精神・神経科と心療内科の違い

精神・神経科は、精神病や神経症などの心の病気を診断するところ。いっぽう心療内科は、心の問題が原因で起こる体の病気の診断と治療を行うところで、心と体の関係を研究する内科といえます。例えば心身症の場合は、まず体の症状を和らげるための内科的な治療を行いつつ、これと並行して心身医学的な治療（薬物治療や心理療法）も行います。

診察ですること

まず患者さんの話を充分聞くことから始まります。病気の成り立ち、症状、ライフスタイルを聞くほかに、その背景としての家族構成や性格、今までの人生などを聞きます。また、場合によっては心理テストなどから、心が抱えている問題の原因を探ることもあります。それらすべての要素を考え合わせたうえで、なんの病気か、どんな治療法が効果的かを考えていきます。

「心の病」の治療法

代表的なものは精神療法、行動療法、薬物療法などです。このうち精神療法は、精神医学の理論に従って患者と話をすることで、患者自身が考え方を変化させ、問題を解決できるようにします。行動療法は、症状の原因を解明し、原因になった行為をあえてさせることで、少しずつ克服に向かわせます。薬物療法では、次に出てくるような薬を使って、患者の症状を和らげていきます。

「心の病」に使う薬

普通の内科の病気と同じように、「心の病」も、薬で確かに回復へと向かいます。おもに「抗うつ剤」と「安定剤」があり、症状に合わせて服用することで、心の病と関係している神経伝達物質の異常を改善します。これによって症状が改善、軽減されると、患者自身が冷静に症状の原因を考えられるようになるので、自分から問題の解決に向かっていけるようになるのです。

知らないうちにストレスがたまっていることがある

ストレスにはさまざまな種類がありますが、意外に大きな原因は、日常の些細なこと。特に現代人は日々、「デイリーハッスルズ」と呼ばれるちょっとしたイライラをため込んでいます。「おはよう」とあいさつしたのに聞こえなかったのか無視された、上司の言うとおりにしたのに怒られたなど、ちょっとした心のわだかまりが、知らないうちに積もり積もって、気づいたらストレスになっていたということがあるのです。

ひとりで悩んでいると症状が進行してしまう

放っておくと、ひとつの考え方から逃れられなくなって、ついには自殺してしまった例もあります。ちょっとした悩みでも、気軽にうちあけられる友人づくりがとても大切になります。もちろん友達に言いにくければ、カウンセリンググループなどに相談してもよいでしょう。

病院に通う期間

いい状態が安定して1年以上続くまでは完治とはいえない、とされています。途中で通院をやめ、さらに悪い状態で病院に戻ってくる患者さんもたくさんいるそう。完治の診断が下るまで、油断せずに通うのが正解です。

自分自身が少しおかしいな？と思ったら

心の病を相談しに行くことはちっとも恥ずかしくない！

心身症と神経症に共通する症状のひとつに「不安」があります。しかし、不安は誰しも多少なりとも感じるもの。病気かどうかの差はどこにあるのでしょう。専門の先生によると、「不安には正常なものと病的なものがある」のだとか。正常な不安は原因がわかっていて、解決の見通しがつくと解消するもの。いっぽう病的な不安の場合は、不安がくり返し続き、社会生活に支障をきたすことになります。

そんな状態に心あたりがあれば、早めに病院に行って相談してみましょう。熱が出たら内科に行き、診察を受け、薬を飲んで治すように、心が風邪をひいたときも、気軽に病院に相談に行っていいのです。

オンラインカウンセリング
Peacemind https://www.peacemind.com

ホームページで悩みを相談

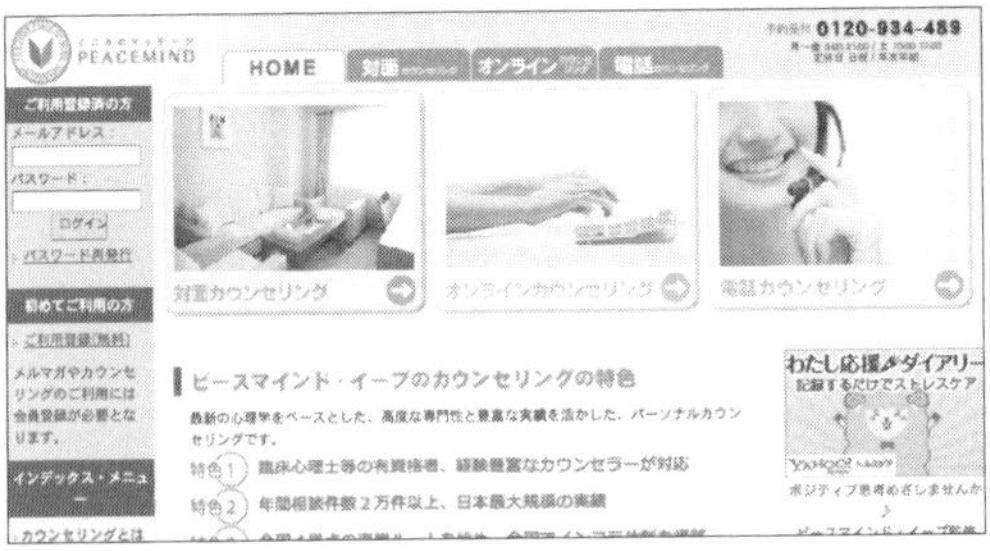

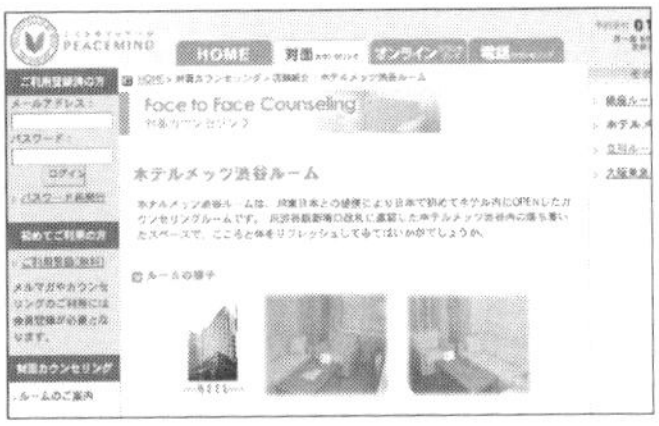

仕事のこと、人間関係、恋愛、性格など、さまざまな悩みを、オンラインでカウンセリングするサイト。会員登録をすませると、専門家やカウンセラーにカウンセリングしてもらえる。また、都内には対面式のカウンセリングルームもあり、ゆっくりカウンセリングを受けることも可能。インターネットで、カウンセラーの性別、ジャンル、希望日時を選択できる。

日本臨床心理士会
http://www.jsccp.jp/

全国の相談所はココで検索

日本臨床心理士会が運営。各都道府県の臨床心理士のいる相談窓口を検索できる。日本臨床心理士会の紹介ページから「臨床心理士に出会うには」をクリック。

悩み相談所
http://www.nayami-kaiketu.net

ホームページで悩みを相談

恋愛の相談から人生の相談まで、さまざまな掲示板がある。相談事を書き込むと、いろいろな人からのアドバイスが届く。顔を知らないからこそ、悩みをうちあけられそう。

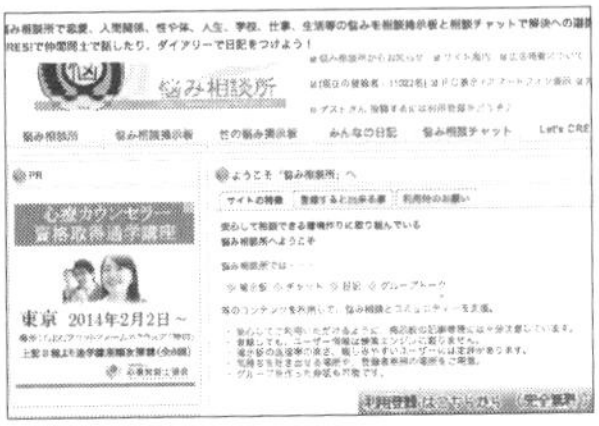

覚えておきたい 寂しさ解消法 5カ条

1 時には自分の心をのぞいて状態をチェックしてみよう
2 ひとり時間を楽しんで一日の疲れを吹き飛ばそう
3 気分転換法の発見がストレス打破のカギ
4 心の不調を感じたら迷わずカウンセリングへ
5 心の風邪も早期発見が大事ひとりで悩まず相談を

心の病にかかってしまったら――

日吉病院

神奈川県横浜市港北区日吉本町2-8-2　☎045-563-7373　初診受付時間／8：30～11：00（水・日・祝日休）
http://hiyoshi-hp.com/

赤坂クリニック

東京都港区赤坂3-9-18BIC赤坂ビル6F　☎03-5575-8198　診療時間は平日10：00～13：00、15：00～19：30　土9：30～17：00 完全予約制。http://www.fuanclinic.com/akasaka/

電話相談

●いのちの電話 ☎03-3264-4343 ●関西いのちの電話 ☎06-6309-1121

最終章

Yellowpage for single life

ひとり暮らしのイエローページ
素朴な疑問解決Q＆A

「近所づき合いってするべき?」
「あの狭いユニットバスにみんなどうやって入っているの?」
「小物の手入れってどうするんだっけ?」——
ここまで読み進めてきても、ひとり暮らしの素朴な疑問は
次から次へと生まれてくるもの。
そこで最終章は、近所づき合いのことから
小物の手入れ法まで、先輩の本音や実情を
たっぷり交えながらお答えします。
ここまで読めば、あなたもひとり暮らしの達人!

●ギモン01

賃貸契約のトラブルを解決するには?

「申込金が契約時に戻らなかった」「急に家賃を上げられた」など、契約に関するトラブルは多いもの。トラブルを回避するには、契約について正しい知識をもつことが必要です。ここでしっかり契約についての疑問を解決しておきましょう。

Q01 入居時に払った保険料でどこまでカバーできるの?

ケース1 不注意でボヤを出してしまい部屋の壁や床が黒焦げに

A このケースの場合は、自分が借りている部屋つまり、大家さんの持ち物を損壊してしまったわけなので、借主は貸主への賠償責任があります。賃貸契約時に加入した保険に「借家人賠償責任担保特約」があれば大丈夫。契約書を確認して。

ケース2 風呂のお湯を出しっぱなしにして下の部屋が水浸しに!

A 水もれなどにより、階下の部屋に損害を与えた場合は、階下の部屋の住人に対して賠償責任を負うことに。加入している保険に「個人賠償責任担保特約」があるなら、その保険でまかなえます。

ケース3 台風でガラスが割れた! 大雨で部屋の中まで水浸しに

A 台風や大雨などの自然災害で窓ガラスが割れた、床上浸水したなどの損害が生じた場合には、借りている部屋の修理費用を「修理費用担保特約」でまかなえます。加入の際に確認しておきましょう。

Q02 いきなり家賃を上げられた 黙って従わなくちゃだめ?

A まず契約書を確認。契約書に書かれている理由による値上げなら、払う必要があります。今までの家賃のみを払い続けても、それ自体は違法ではありませんが、家賃値上げが裁判で認められた場合、遅延損害金を支払うことになります。

Q03 マンションの壁を塗り替えるとかで集金が… 支払わなくてはダメ?

A 賃貸マンションやアパートの場合、建物全体の価値を高めるために、壁、廊下などを修理するのであれば、基本的に大家さんの負担なので支払う必要はありません。ただし、建物の老朽化などで、維持管理をするために充てるお金なら、支払う必要があります。どんな目的で建物を修繕するのか、事前にしっかりと説明を受けましょう。

●ギモン02

ご近所づき合いどうしてますか?

騒音問題などのトラブルを上手に解決し、お互いに気持ちよく暮らすために、近所づき合いは大切な要素。また、「風邪で寝込んだとき、薬をもらった」「しつこい勧誘を撃退してくれた」など、困ったことが起きたときにも、日ごろのつき合いがものをいいます。

Q04 近所づき合いしてる? してない?

A

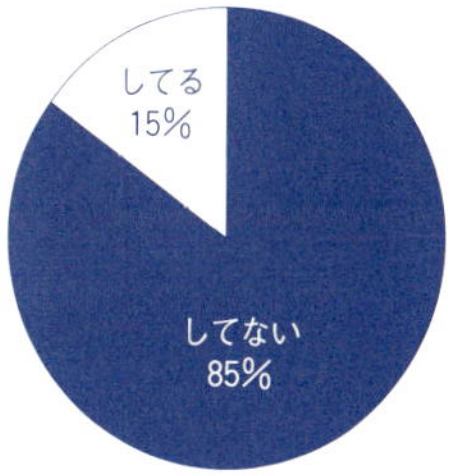

都市部では「してない派」が多数。「してる派」も、すれ違うときのあいさつ程度。荷物を預かるくらいという人も。

Q05 隣人の騒音をなんとかするには?

A 近所どうしのトラブルで最も多いのが、騒音の問題です。しかし、いくら迷惑だからといって、頭ごなしに注意するのはトラブルのもと。「職業が力仕事で疲れていることが多いので……」などと、こちらの事情でお願いする、という姿勢をとったほうが無難です。それでも解決しないときや、直接言いにくい場合は、大家さんや管理人に相談を。誰からの苦情なのかわからないようにして、相手に伝えてもらいましょう。

Q06 ペット禁止なのに隣人がペットを飼ってる!

A ペット禁止と規約には書いてあっても、それに反した場合の強制力は測りかねる場合も。しかし、騒音やニオイなどで困っているなら、大家さんにちゃんと相談して。特に、ベランダの植木をダメにされたり、なにか物を壊された場合には、飼い主が損害を賠償する責任があります。

Q07 隣のBSアンテナでテレビの映りが悪くなった!

A 最近は衛星放送の加入者がふえ、このようなトラブルも多発しています。賃貸のアパートやマンションのベランダは、基本的には共用スペースです。その場合、アンテナをベランダに置いてはいけないことになっています。念のため共用かどうかを確認して、共用なら、大家さんに注意してもらいましょう。

Q08 隣人が盗聴している気配を感じる

A 盗聴は、聞いた内容を他言してはじめて犯罪になります。つまりただ他人の話を聞いて楽しんでいるだけでは犯罪になりません。盗聴されないよう、自分で対策をすることが大切です。最近は盗聴防止機能がついたコードレス電話もありますが、特殊なアダプターをつければ、子機から半径50mの範囲は盗聴できてしまうとか。電話をするときは、なるべく親機を使ったほうが安心です。

Q09 分別しない住人のせいでゴミがいつまでも残っている

A ゴミの分別は、今や当然の義務。分別しない住人が特定できたら、役所のゴミ収集担当部署に連絡して注意してもらったり、ポストにそっと警告状を入れてみるのも手です。周囲の住人からの苦情とわかれば、反省してゴミ分別をしてくれるようになるはず。

Q10 うるさいと苦情がきたらどうしたらいい？

A 苦情がきたら、とにかく謝ること。意地を張らずに自分の騒音をまず認め、「ヘッドフォンを使用します」「○時以降は音楽をかけません」など、今後の対策を具体的に話して理解を求めて。これからきちんと気を使うということが伝われば、相手の気持ちはおさまるものです。

Q11 階下の住人が神経質で何度ももめているのですが

A 何度も苦情を受けている場合は、大家さんや第三者を介して話し合いましょう。どうしても階下の住人の苦情がおさまらない場合には、大家さんが別の物件を紹介してくれることもあるようです。窮屈な思いをしながら暮らさなければならないくらいなら、引越しも選択肢に入れておきましょう。

Q12 ご近所トラブルの相談場所は？

A 大家さんに相談しても、どんな対策をとってみても改善されない場合は、公共機関や弁護士会を訪ねましょう。各市区町村には、住民どうしのトラブルに対処するため、相談窓口が設けられています。

各市区町村の相談窓口

区民課、環境保全課、環境対策課など、各市区町村によって名前は違うが、相談窓口があるので調べておこう。

各地域の弁護士会

法律相談にのってもらいたい場合は弁護士会へ。各地の相談窓口の情報はhttp://www.nichibenren.or.jpをチェック。

各地域の国民生活センター

生活にかかわるさまざまなことの相談にのってくれる。また、トラブルの内容によって適切な相談場所の紹介もしてくれる。

●ギモン03

効率のいい掃除法はないですか？

掃除をまめにするには手の抜き方も重要。先輩たちの㊙テクニックを伝授します。

Q13 どうしても掃除が苦手手を抜く方法はない？

A01 手抜き掃除グッズはズバリ布。棚などに布をかけておけば、拭き掃除を手抜きできます。ソファにも布を。汚れたら洗えばいいだけだから簡単です。

A02 すぐに汚れるガス台まわりには、「換気扇リパック」が便利です。塗って固まると、透明なフィルムのようになって、汚れを防止します。しかも、汚れがたまってきたらはがし、また塗ればいいだけだから、拭き掃除が不要です。

A03 トイレで大きいほうをするときの僕の決まりは、トイレットペーパーを敷いてから、その上に用を足すこと。こうすれば、便器自体は汚れません。ただし、トイレットペーパーがもったいないのが玉にキズですが……。

Q14 「掃除＝めんどくさい」から脱出したい！

A 掃除を面倒と思うのは、実際には数分でできるのに、漠然と「時間がかかる」と思い込んでいるからです。掃除にかかる時間を把握すれば、ちょっとのすき間時間でこなせることがわかるので、面倒に思わなくなります。

15分以内にできる家事リスト

3食分の食器洗い	7分
コンロや鍋を洗う	4分
コンロをさっと拭く	30秒
服をたたむ	3分
ベッドメイキング	1分
床に散らかったものの片づけ	2分
床のゴミを「コロコロカーペット」でとる	3分
フローリングのホコリを「クイックルワイパー」でとる	3分
テーブルの上の片づけ	3分
引き出しの整理	6分
ゴミをまとめる	1分

●ギモン04 小物のお手入れ法を覚えたい！

小物類は高価なものも多いので、手入れ法を覚えて長く使えるようにしましょう。

Q15 ブーツのカビをどうにかして！

A 汗などかなりの水分を吸収しているので、保管前には念入りな乾燥が必要です。カビはぬれ雑巾で残さず拭き取り、中まで天日干し。最後に保革クリームを塗って保管します。靴箱が湿気の多い場所にあるなら、ビニール袋などに密閉して、乾燥剤と一緒に保管しましょう。

Q16 汚れたバッグの手入れ法を教えて

A まず、バッグの内側やまちにたまったホコリをとること。革のバッグは、革専用のクリームを布につけて拭きます。コットンやナイロンのバッグは、うすめた衣類用の中性洗剤で全体を拭き、最後に水拭きして乾燥させればＯＫ。

Q17 革のジャケットの汚れはどうしたらいい？

A 基本は汚れたらすぐに拭き取ること。特に雨の日にそのままにしておくと、シミの原因になります。また、クリーナーは革によって違うので、購入先で確認を。

Q18 スエードが汚れてきたら？

A 汚れがついたら、専用の消しゴムやサンドペーパーでこすり落とします。さらに周囲を均等にブラッシングするのが、色ムラをつくらないコツです。

Q19 ぬいぐるみって洗えないのかな？

A 中身が固い場合は、乾燥しきらずにカビが生えることも。うすめた洗剤で拭くだけにして。丸洗いできる場合は、ネットに入れて洗濯機で洗い、最後に柔軟剤を入れると、ふっくら仕上がります。

●ギモン05

栄養の偏りをなんとかしたい

栄養の偏りは健康に直結する問題。ここで疑問を解決しておきましょう。

Q20 野菜ジュースを飲めば野菜を食べるのと同じこと?

A 市販の野菜ジュースは、トマト、ニンジン、パセリなどの野菜がミックスされていて、それぞれの野菜のいいとこどり。ただし、ビタミンCや食物繊維はわずかで、その点では野菜にかないません。

Q21 サプリメントで栄養は補える?

A 食物からはなかなか摂取できない栄養素も、サプリメントなら簡単。でもその結果、過剰摂取が問題になっています。栄養は食物からとるのを基本とし、サプリメントは「補助」程度にしましょう。

Q22 栄養ドリンクを飲めば本当に元気が出ますか?

A ドリンクに含まれる成分のうち、ビタミン類は、糖質やタンパク質の代謝を助け、カフェインやアルコールは、神経を興奮させる働きがあるので、飲んだ直後は元気になったように感じます。

Q23 玄米は栄養があるって聞いたけどホント?

A 精白米に比べ、カルシウム、マグネシウム、鉄などのミネラル類やビタミンB1などのビタミン類、食物繊維が豊富。玄米だけだと食べにくいという人は、白米に混ぜて炊くと食べやすいでしょう。

Q24 コンビニごはんでも栄養が偏らないようにできる?

A 1日30種類の食品を食べることを目安に、いろいろな材料を使っているものを選ぶのがポイント。丼ものなど単品でなく、副菜に野菜が入っているお弁当を選んで。おにぎりには、野菜炒めやサラダなどのおかずを2品プラスしましょう。

●ギモン06

ユニットバスの上手な入り方を知りたい

狭くて使いにくいユニットバス。効率よく入るコツを先輩に聞いてみました。

Q25 どういう順番で入ってる?

A01 体を洗う→髪を洗う→バスタブを洗う→バスタブにしゃがんでお湯をためる→肩まできたらくつろぐ。お湯がたまるのを待つのが少し寂しいかな。

A02 お湯をためる→つかる→髪を洗う→お湯を抜く→体を洗う。お湯があったら体を洗えないので、抜いてから。

A03 体を洗う→髪を洗う→お湯をためながら、シャワーキャップをかぶって一度部屋に戻る→つかる、の順です。

A04 熱めのお湯をためる→つかる→そのままお湯の中で体と髪を洗う→お湯を

抜く→ざっとシャワーを浴びて出る。映画で見た、欧米人の入り方を真似てます。

Q26 きちんとお湯につかってる？

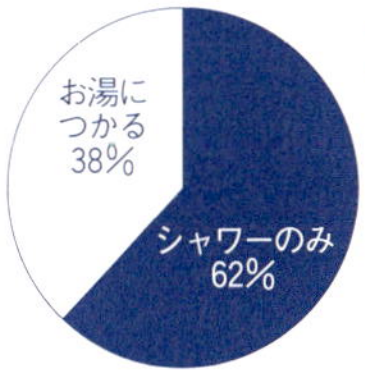

「本当はつかりたいけど、狭いから断念。たまに銭湯に行く」(30歳／男性)、「狭いユニットバスから早く出たいので、カラスの行水状態」(26歳／女性)など、狭いため、浴槽に入るのを断念している人も多いよう。

Q27 バスタイムは何分くらい？

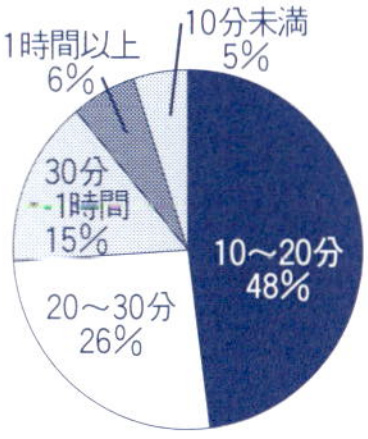

最短は「お湯が冷めるので90秒で出る」、最長は「本を読みながら３時間は入る」などと意見はバラバラだったが、平均すると15分程度。長く入っている人は、途中で熱いお湯を足すなどの工夫をしているよう。

Q28 体のどの部分から洗う？

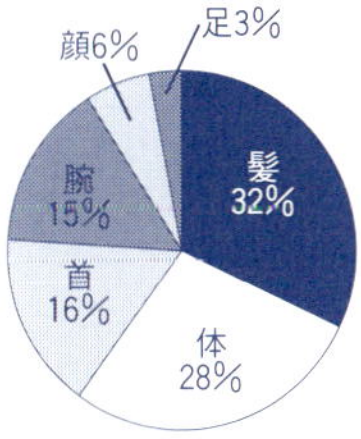

基本的には、「最初に髪を洗って、コンディショナーをつけている間に体を洗う」という意見が多数。なかには「おばあちゃんに、まず首を洗いなさいと教えられた」(22歳／女性)など、個性的な意見も。

●ギモン07

平日に利用できない施設の悩みを解決したい

ひとり暮らしだと、平日に公共の施設や、病院を利用できないことも悩みの種。対処法はないのか探ってみましょう。

Q29 昼間に宅配便が受け取れない！

A 帰ると郵便受けに不在通知……なんて経験、ひとり暮らしなら一度はあるはず。最近は、宅配業者も午前中から夜間まで細かい時間指定に応じてくれます。日本郵便の「ゆうパック」では、不在時の再配達は、日時指定が可能なほか、近所や勤務先への転送、配達を担当した郵便局やほかの局の窓口での受け取りなども可能です。郵便局のなかには、早朝や深夜など通常窓口の営業時間外でも郵便物を受け取れる「ゆうゆう窓口」が設置されている局もあります。

また、ヤマト運輸では「店頭受取りサービス」という、コンビニなど自宅以外の指定の場所で都合のいい時間帯に荷物を受け取れるサービスがあります。

Q30 長期間留守にする場合郵便物はどうしたらいい？

A 長期留守中に、郵便物を郵便受けに入れっぱなしにしておくのはなにかと不安なもの。そんなときは、郵便局の30日間局留めにできる制度を利用してみて。配達局へ不在届と身分証明書を持っていけば、帰宅後にまとめて届けてくれます。

Q31 平日、役所に行けず住民票を受け取れない！

A 多くの市区町村役場では、住民票を郵便で取り寄せられる制度があるので、確認してみましょう。

また、地域によっては、コンビニのマルチコピー機を使って住民票などの証明書を受け取れるサービスを実施している自治体もあります。

ひとり暮らし完全サポートBOOK

STAFF

編集
山岡朝子　峰尾理紀　河森佑子　小林由弥　樋口由夏　所　隼登

ライター
村松千絵　斯波朝子　金澤昌代　平山美範　成島純子
福崎由紀　星野寛奈　別府美絹　梶　謡子　岡西千春

撮影
木谷基一　松下和生　小山修司　山口幸一　山下コウ太
林ひろし　岩崎　昌　川口英克　安田仁志　尾山祥子

イラストレーション
米澤よう子　坂井きよみ　土井ラブ平

アートディレクション
スタジオ・ギブ

デザイン
竹内淳子（JT-AIRLINE）　ビーンズ・ワークス　高橋玉枝

校閲
森谷典子　別府由紀子

編者
株式会社主婦と生活社

発行人
永田智之

発行所
株式会社主婦と生活社
〒104-8357　東京都中央区京橋 3－5－7
　編集部　☎03-3563-8157
　販売部　☎03-3563-5121

印刷所
凸版印刷株式会社

製本所
株式会社若林製本工場

本書は2000～2003年に発行された『ひとり暮らしをとことん楽しむ！』に新規取材を加えて再編集したものです。本書掲載のデータは、基本的に取材当時の状況に基づいたものです。その後変更されている可能性もありますので、ご了承ください。
本書内の価格表示は、一部を除き、総額表示（税込み）です。価格は2014年2月現在のものです。消費税の関係などで変更になることがありますので、ご承知おきください。

ISBN978-4-391-14482-6　© SHUFU TO SEIKATSUSHA 2014 Printed in Japan